尋常的社會設計

一位任性社會學者的選物展

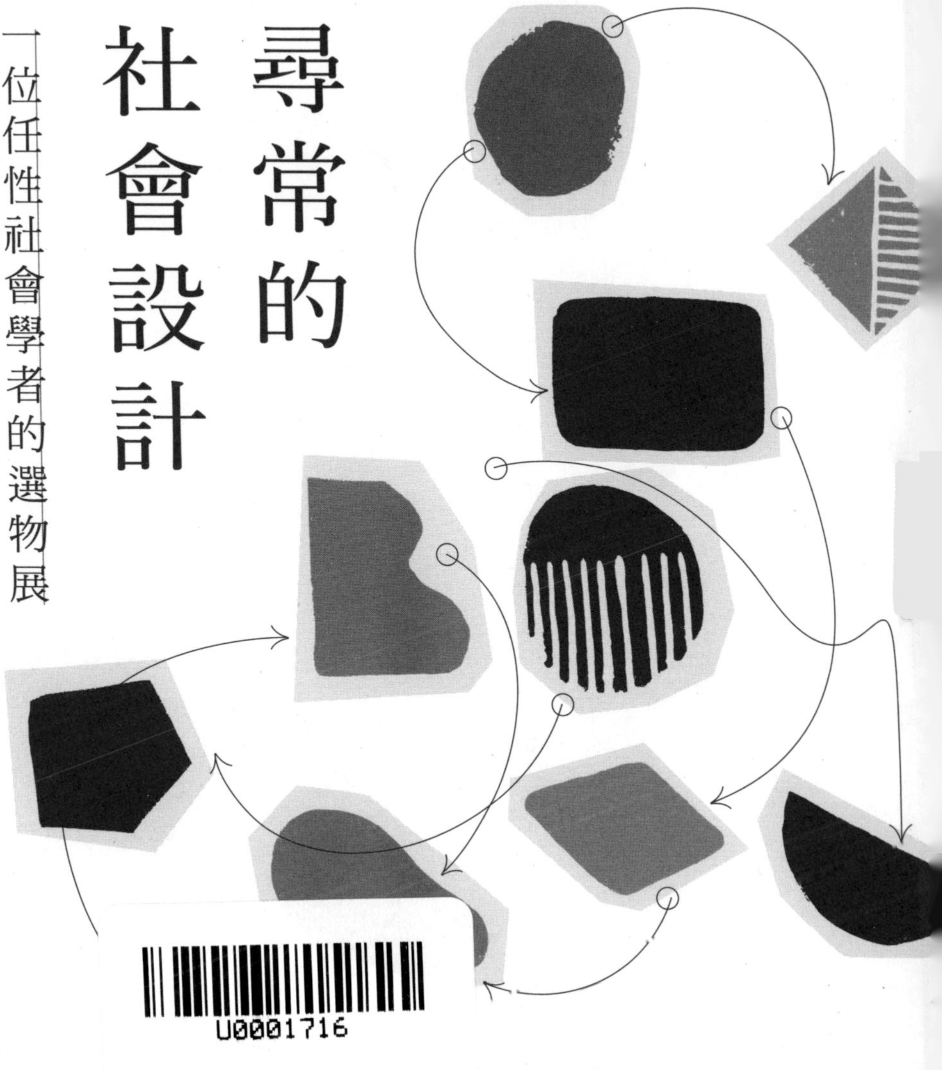

鄭陸霖

拿起工具，成為更完整的你！

How Humans, Tools,
and Environments Might be
Re-composed

The Marriage of Design and Society

獻給所有的威廉・布雷克們

"IF THE DOORS OF PERCEPTION WERE CLEANSED EVERY THING WOULD APPEAR TO MAN AS IT IS,INFINITE."

——William Blake

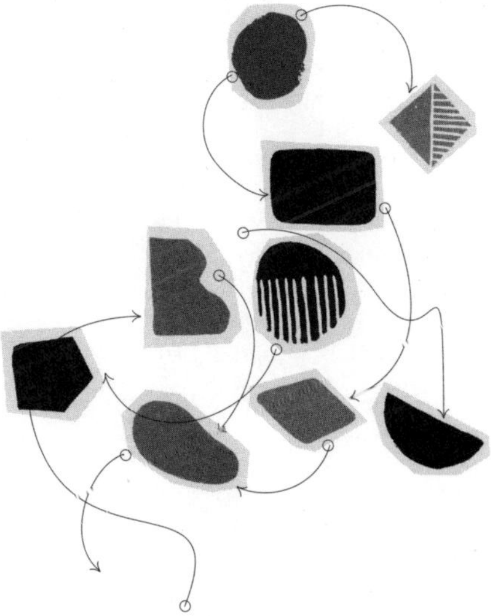

目錄

第二部　古典社會學家在「設計的」當代：群與複數思考

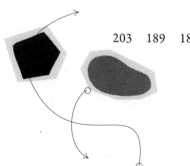

第三部　DXS 實驗室筆記：在複數的軌道中試圖著陸

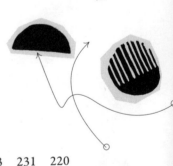

推薦序一

小序——與時代擒抱，在深夜！

撰文　詹偉雄

與這本書的作者陸霖結緣甚早，少說也有十七、八年，他是當年部落格年代裡，書寫得極度勤奮的作者之一，我在擔任《數位時代》創刊總編輯的期間，希望找一些新鮮的寫手——不只是寫作筆法新穎，最好是生活和眼界也要能在光年之外的那種——來擔任專欄作家，因而結識了陸霖。

人稱 Jerry 的陸霖，在網路上開了好幾個部落格，他在美國杜克大學的博士論文寫的是 Nike 製鞋產業的商品鍊，經濟社會學是他的本行，但遭逢新興到來的網路年代，顯然有更多的事物（譬如新科技硬體、繪本、物我關係與道德經濟學）吸引著他，以他在部落格上頻繁貼文的頻率，可以想見，深夜 Jerry 的書房桌前，好幾台螢幕繽紛起舞，思緒和比喻如同 Akira 光明戰士摩托車隊的引擎般，轟隆隆向前擂動。

那個光景很是吸引我，我在他身上彷彿看見了美國《連線》（Wired）雜誌創刊時期的那種樣態，一種把科學知識和人文關懷結合起來，而且在自身的生活中活出完全不一樣行事曆——的那般數位時代風範，因此，我在自己的專欄裡寫了一篇文章〈一個人，與一個時代〉，紀念著我當時的激動以及我們的友誼。

當時間軸挪移到我們的後中年，陸霖與我的生活都經歷了戲劇性的變化。我在二〇一二年因為健康緣由退休離開職場，而陸霖則約莫在前後沒多久離開了中央研究院社會所。揮別學院，對他是個嚴肅的考驗，終於，思想得以自由，可以自己做自己想做的研究，如同猛禽的幼鳥初識天空，但另一方面，失去可預期的、穩定的收入，不免讓快意翱翔兩三趟飛行後，終得回返落地的老鷹，心生躊躇。

但意外或也不意外的是：陸霖創業了，他在他成長的台北大稻埕老社區邊上，開了一家繪本屋，佐以妻子英語教學的才華，他成了服務業老闆。離開中研院前，他投注在設計社會學的心血不少，算是台灣最寂寞的設計社會學者，因此，不意外地，他又在新據點——實踐大學工業設計系教起書來，相較於理論思考的中研院，實踐大學的工作顯然「實作感」更強，又過了一陣子，他居然也和我一齊爬起山來，他的第一座百岳就是北大武山，接著又爬了一日陡上陡下一千七百公尺的志佳陽大山。

陸霖是一個天生的社會學家，我是這麼認為：相較於很多學者，他們的學術像是一份理性的工作，上班與下班的生活內容可以截然二分，他的社會學關懷比較像是生命召喚，無時無刻不感覺到社會與他一齊呼吸，如果我猜得沒錯，他渴望一個「有機連帶」（organic solidarity）非常強勁的社會，其中的人們熱中於分享彼此的價值信念，強健的成員可以拉落水的成員一把，而社會也會生長出一種遠遠超乎個人的凝聚力，隨時把分裂的世界力挽狂瀾一下。

當他進入設計社會學的領域，對於上個世紀日本的民藝思想家柳宗悅非常神往，他看重那些完全不現名號的設計工匠所做出的生活器物，因為在那種關係中，「有機連帶」發揮著不假言詮的作用，社會帶著迷人的甜味；另一方面，他也對西方思想界裡「物件導向」的思維很感興趣，在這種想法裡，比較認為是人類的工具造就了現代人，而不是人為了整全他自己，才發明了工具，這是一種倒轉過來的透視，對習慣性地以人為中心、囫圇吞棗看文明的台灣，頗有啟發作用。

我們都快走完中年了，也都在生命蠟燭搖曳之年，感受到德國哲學家海德格的召喚，就我自身的感受來分析，應該與我們不約而同都遭逢到身體的病痛有關，這倒不是說在海德格的學問中感受到生命即將消逝前的慰藉，而是當身體與世界的感應之門在某個關鍵片刻（疼痛到來之際？）被打開之後，人生有豁然開朗的感覺，年少時並不完全明白「在世存有」（Being-in-the-World）是什麼意思，但中年後的人生，卻使我們的肌肉與神經對著萬物開始敏感起來，而且有著一種詩意的領悟。

一九三〇年，德國文化部長格里姆（Adolf Grimme）寫信給海德格，邀請他由弗萊堡大學轉職到首都的柏林大學擔任哲學教授，對尋常學者來說，這是一樁莫大的榮耀，十九世紀初的普魯士大哲學家黑格爾，就是由鄉下大學轉到柏林後，開始聲名大噪。但是海德格卻拒絕了，而且還寫了一篇文章〈創造性的地景：我為何選擇留在鄉間〉，作為解釋與答辯。有趣的是，海德格專論存有的哲學著作十分晦澀難讀，但是這篇散文，卻很清晰澄明地解釋了什麼是「在世存有」。

當時的海德格，居住在德國南部阿爾卑斯山北麓黑森林的鄉間，他的山間小屋，是他思考與研究的居所，夏季與冬天，都常有觀光客來此鄉間瀏覽壯美的地景，但他卻這麼說：

> 嚴格說來，我從來沒有觀察過這片地景，但我經驗著它每一小時的變化，無論是在白晝與黑夜，或季節變換的盛大到來與逝去中。森嚴的群山與其上堅硬的原始巨岩、緩慢卻深思熟慮成長著的冷杉、百花齊放中閃耀著簡單光芒的草地、在漫長秋夜中奔流的山溪、鋪蓋著凜然極簡白雪的平原——所有這些的變動與流動，都穿透了這高地上的日常

存在，它不是在所謂美學沉浸（aesthetic immersion）的強制片刻，或是人工的共感體驗（artificial empathy）中誕生的，而是只限於當一個人自身的存在，站立於它自身的事功中（stands in its work）。……在一個狂野降下暴風雪的深冷冬夜中，小屋周遭全被鋪平淹沒，這才是哲學的完美時刻。*

海德格接著解釋他對城市生活中「寂寞」（loneliness）與鄉間生活中「孤獨」（solitude）的不同：前者只是一個人的物理狀態，是獨身，而後者則是把自身與周遭的萬物感應在一起，才是「在此存有」（dasein），而他不去柏林，是想維持著他這樣的生命狀態。

在我的朋友中，陸霖是最社會學的，其實也是最哲學式的，平凡人如我們常常腦筋是不活動的，像一朵雲停在那裡，這有好當然也有不好，但陸霖是思考個不停的人，有時不免想勸他早些上床，不要再去敲鍵盤了。但是身為讀者，我們卻還是高興能得到這些由夜未央的最深處書寫來的文字——關於設計、關於社會與社會學家、關於身體，全都來自他的「哲學完美時刻」。

*譯自 Martin Heidegger 原著英文選集：PHILOSOPHICAL AND POLITICAL WRITINGS, ed. Manfred Strasser, New York and London: Continuum, 2003, pages 16-18., 2003，英譯者是 Thomas Sheehan。

推薦序二

重新丈量我們與物的距離

撰文　李明璁（自由學者、作家）

一、先說一個十三年前的預言

本書另一位推薦者偉雄大哥，某次約了Jerry和我，很認真地「進行了一個挖角的動作」。他說：「你們倆一個在中研院社會學所、一個在台大社會學系，看起來都很不錯，但這並不是你們最適合的地方。兩位要不要考慮離開，我們一起來搞個新型態的智庫、前所未見的東西，卻是最為貼近市場與生活『現場』的研究工作。」

沒有心動是騙人的，但當然也沒行動。一方面，就是膽怯。最高學術機構的保護罩很厚，穩定日子怎敢打破。另方面，也是樂觀。以為自己就算有點格格不入，甚至政治不正確的研究傾向，終有一天能被學院同儕肯定接受。

直到六年前，Jerry離開中研院，兩年前，我也離開了台大。偉雄當年這個奇怪邀請的前提和預想，竟然相當程度地應驗。雖然現在我們還沒有真正「一起搞個新型態智庫」，但現在陸霖有DXS Lab（設計×社會實驗室），而我也創辦了探照文化（Searchlight Culture Lab）。兩個不約而同的「實驗室」，都在做著偉雄當年希望我們一起來做的「貼近市場與生活現場的研究工作」。

而且終於，千呼萬喚始出來，陸霖老蚌生珠（是絕美珍珠無誤）地產出他這本處男作，並希望我們三人，至少能先在這本書裡「合體」一下。也算是在苦笑中，小小完成這個十三年前（或許怦然心動卻無疾而終）的奇妙預言。

二、再說一個兩年前的搬家心情

兩年前的夏天，我從一個居住超過十年的地方搬回老家，開啟彷彿沒有止盡的藏物整理過程。那不僅是打包和移動的搬遷工事，更涉及一連串時空重整的問題。比如隔間不同，什麼東西該放哪的邏輯改變了；櫥櫃不夠，有些東西就得調整收納甚至丟棄。此外，在面對記憶物件或處分故障物件時的兩難情結，更常不知所措。總之，那是一個無限放大的「行李箱難題」。

許多人都會在旅行出發前面臨抉擇：什麼才是此行我必需放入行李箱的東西？這

難題大致可歸納成兩點：一、因為構成每個人日常生活的物件體系，總是一物扣連著一物，除非你不顧重量全都帶上，否則暫離日常的旅途就必須斷捨鏈結裡的某些物件。二、因為旅行總是伴隨消費購物，為了騰出「想要（want）物」的行李空間，你必須預先節制攜帶出門的「需要（need）物」。

行李箱難題，無論大小，其實就是發達資本主義社會中，個人與物件不斷靠近又拉開的麻煩關係。裡頭帶著矛盾張力的愉悅快感，很難完全保持自以為的安全距離。畢竟消費這檔事，歷經跨世紀的社會變遷，早已涵納各種對立命題，持續不斷地衝突、協商——我們與物的關係，既是需求也是慾望、既歸屬世俗也涉及神聖、既耗損物資又生產意義、既遭受支配又尋求解放、既個人主義也集體從眾……

物人關係就是文明演進的縮影。這也是陸霖這本書所帶領我們進入浩瀚旅程的出發點，一篇篇由人與物所交織投射出的迷人史詩。同時也在這裡，我看到了自己和陸霖在同一主題、不同切入點上的研究差異。這差異相當程度決定了他專注於設計人類學、而我則埋首於市場人類學。前者論述物的產製如何創造人的演化，後者關注物的消費如何改變人的關係。

三、借說一下我的研究關懷

以學術研究而言，陸霖毫無疑問是我敬重的前輩。但就大眾出版來說，我倒是勉強可說是他的「學長」。也因此這本書在寫作方向與策略的擬定，與有榮焉地我都在最初就參與了這令人興奮的計畫。能見證他一步步深入淺出描繪思想的版圖，我必須誠實而白目地說：中研院可惜了，但閱讀大眾與莘莘學子有福了。

陸霖從設計人類學一路談到古典社會學理論，火力全開，讀得過癮。雖是推薦序，我卻不打算做太多歸納導讀，畢竟對極其精采的作品來說，是多此一舉的破梗，我建議直接翻閱才是王道。無論從任何一篇開始試讀，都能被陸霖獨特的史觀、物觀與人觀，立刻吸引進去。

先從這本書的第一部分共鳴開始。人類從最初為了維生，採集與狩獵自然生物，演化到能製造各種工具，當成身體的延伸、強化或替代。廣義的「設計」誕生了。起初，這些物件的存在意義僅在於它的使用價值（use-value）。隨著農牧技術發展，人對物的控制與生產力愈來愈強，便開始有了剩餘便可以物易物。物（things）從單純的物自身，變成了可交換的貨物（goods），其交換價值（exchange-value）出此浮現。接著是貨幣誕生，將世間多數物件抽象化，使之能與各類物資，進行等值化的對價關連。於是，物又進一步演化成可交易的商品（commodities）。

陸霖鉅細彌遺考究了工具（及其設計）史，令我大開眼界，而我還想與之進一步切磋的，則是物的多重面向（不只是作為實體工具、更是象徵物件甚至是抽象概念）的消費史。

由此，蹦出了馬克思，陸霖在書中第二部分不斷提及的名字。但微妙的是，馬先生在本書所占的總篇幅，似乎不如另外三大古典社會學家孔德、涂爾幹和韋伯。陸霖甚至認為「孔德的激進不下於馬克思，卻被長久忽視」，陸霖敢於政治不正確的叛逆性格，完全展現在他幫孔德翻案的熱情辯詞。

四、補說一點馬克思和他的後繼者

請容我稍稍平衡報導一下吧。

在物件商品化（commodification）的過程中，馬克思精準指出，每一分勞動的辛苦投入、及其剩餘價值的剝削，其實都是商品價格的核心構成，但這在資本主義社會裡卻被掩蓋起來。比如一個貴重首飾、或一款高價手機的行銷，都不曾述說它帶著血汗的生產流程。商品必須神祕化，才能成就一種「拜物教」（fetishism）——「由於這種轉換，勞動產品成了商品，成了可感覺而又超感覺的物。」馬克思如此說明。

當物品能產生交換價值的龐大勞動投入，被商品拜物教故作模糊神祕的話術所遮蔽；有時甚至還會刻意將昂貴的價格，直接本質化到它的使用價值屬性（「因為此物所使用之原料珍貴稀有」），人們才不會看穿自己投入在創造物件價值的勞動，是如何被剝削，當然也就不會萌生反抗。

這是馬克思在改變世界的經典大作《資本論》裡闡述的核心觀念。陸霖（似乎）沒有全盤否定這樣的看法，但他更在意的是這觀點的後續效應。他提醒讀者：「生產力提升的設計改進如果沒有配合生產關係改變的解放，就只是盲從於資本利益的刺激消費廣告迷惑而不自知，大部分社會學者對設計保持戒心，要跟預設『以購買解決問題』的『膚淺』設計保持清醒距離，上述這些直覺大半還是受了馬克思的影響。」

換句話說，教條化地使用「商品拜物教」觀點，而忽略了設計所可能蘊涵的協商含義，以至於將設計化約為「勸敗」的一種高明共鳴手段，是陸霖毫不客氣對「社會學道德恐慌」的一針見血。

我在想，如果陸霖還可以據此更深入和馬克思之後、論述物人關係的馬克思主義者進行對話，那肯定是火花四射。比如羅蘭・巴特在《神話學》中，透過對日常物件的透視，找出它們看似純真中立，其實內藏著主流社會意識形態（ideologies）的教化效果。在進化的消費主義社會裡，物件甚至被言說出某種「個性」（比如玩具、紅酒，乃至行銷物件的廣告自身）。而這在布希亞（J. Baudrillard）《物體系》、《消費社會》等系列大作中，討論得淋漓盡致。他甚至以「符號價值」（sign-value），增補了馬克思所建立「使用 vs. 交換價值」的二元框架。

「要成為消費對象之前，物必須先成一個符號。」布希亞這句名言，為討論物人關係樹立了另一座里程碑。也就是說，物的存在，可能不再是需求使用或商品交換，更涉及深刻的象徵文化。意義（meaning）逐漸重於使用（using），成為消費欲望與行為的判準。而設計，在商品演化中又扮演什麼角色？是追進促成？還是抗拒反思？抑或來回拉鋸？真想「追加菜單」，呼喚博學又犀利的陸霖，左右開弓，補上料理。

五、另一個任性社會學者的選人站台

既然這本書的副標叫做「一個任性社會學者的選物展」，這篇推薦序的最後，我也要任性地再選出幾位大師，幫陸霖站台應援一下。

第一位是陸霖在書中對其盛讚不已的英國社會學家坎貝爾。誠如陸霖指出，他既承襲卻更扭轉了韋伯的經典理論。坎貝爾將浪漫倫理——重視個體意識和自我表達，與不斷追求體驗愉悅的消費主義精神結合起來。據此，人擁有物的動機已不只是「需求滿足（效用）」，更是「體驗追求（感受）」。從這點切入，「設計」的空間整個被打開了，古典社會學以降的包袱也被甩開。

第二位也是有現身書中的英國人類學家米勒，他在《購物的理論》中完全超前部署、大力應援了陸霖。他說：人們決定如何購物前，會去感受與物品合而為一的感覺——你讓它進入自己生命，自然地成為「你的一部分」。這不就是陸霖在書中最後大聲疾呼的「（自我）身體性」。

第三位遙遙呼應陸霖論點的，是已故的社會學大師包曼。他指出我們的社會已從工作倫理導向，過渡到消費美學至上。人們的自我認同不再被固定職業所單向決定，更取決於彈性零碎的消費選擇。換句話說，「我消費，所以我存在」——我選擇與擁有的物，投射了我是誰。

最後一位是沒有出現在本書裡、但我個人深受啟蒙的人類學家道格拉斯（M. Douglas），她與陸霖花很多篇幅深入討論的涂爾幹路數相近。在其經典著作《物品的世界》中，即開宗明義地說：「物是中性的，但其效用卻是社會的。物可被當作圍籬也可以是橋樑……物是溝通的符碼。」是不是，根本契合到直接可以借來當本書的文案了。

陸霖這本大作，對台灣理解當代消費社會的複雜性，有著「學院左派」沒有的地氣底蘊，這無疑是（不只）十年磨一劍的功力之大成。與其說陸霖駁斥了社會學者心心念念的馬克思批判命題，不如說他是如此努力地在進行「滾動式修正」。那些將事物同質化的商品化力量，固然令人憂心，但其實並無法直接抹煞設計介入、對事物賦予特殊性的意義。持平而言，這兩股衝突力量或許並行不悖。

於是「物」，不只變得比我們以往認知的更有活力，而且在設計的引導下有著更高的可塑性，以此適應新時代意義的轉換與競爭，這些都是人類追求自由的能動性所賦予的。正如法國哲學家德瓦（R. Droit）所說：「我們對待事物的態度，也顯示出我們與自己的關係。假使事物擄獲我們、令我們著迷，我們便會不知自己身在何處；但如果拋棄並蔑視事物，我們也將偏離自我。或許我們該處於兩者之間，總是準備好與事物相遇，準備好讓它們混入我們之中，甚至侵吞我們所謂的自由空間。我們若想處於自我的『中心』，就只有忍受沒有這個中心存在的事實。」

十三年前，我和陸霖與偉雄大哥萍水相逢，在台灣「設計」能量正逐漸噴發的轉折時刻，我們都關懷相信，物和人一樣，有其「生命」軌跡，必須細緻對待，因為他們彼此都會在不同階段相互影響。也由此，我始終認為一種物人關係的傳記式考察，才是在新世紀重新丈量「我們與物的距離」最好的取向。感謝陸霖遲來不晚的這本書，做了絕佳示範。

序曲：一位任性社會學者的選物展

二〇一四年七月，我主動離開了中央研究院社會學研究所，自從取得美國杜克大學博士學位返台後，便進入服務了十八年的學術高塔，失業的一年在大稻埕開了家「JFK繪本屋」書店，專門販售英文為主的繪本，也為孩子們說故事。二〇一五年八月受邀加入實踐大學工業產品設計系擔任專任教師，到這本書出版的二〇二〇年八月剛好五年。過去幾年裡，我的知識生活因為這意外的「第二生命」經歷了許多不可思議的事，其間卻也從未停止收到來自社會學界與設計圈的好奇詢問：「究竟發生了什麼事？」前者問我：「你這社會學者跑到設計學院都在幹什麼？」後者好奇：「設計學院究竟哪裡需要一名社會學者？」這兩造的疑惑意外地接近，讓一位社會學者的跨界尷尬從這難得的「共識」中獲得了肯定。

社會學者的日常生活並不單調，跟其他社會大眾一樣享受著各式玩物的樂趣，也明白「工欲善其事，必先利其器」，不論休閒或工作都需要妥當裝備，持續升級工具的尋常道理。總之，與大眾並無分別，同樣具有擁抱設計的熱情。但一旦被問及給人間困擾與出路的「社會學解釋」，卻很少社會學者願意鬆口，給器物留點自主的發揮空間。主張「好設計」可以帶來「好社會」的社會學者必需甘冒被同行懷疑（講好聽一點）「過於天真」的風險。若是學生這樣說，大概會被師長同儕質疑「大一社會學導論」需要重修。

反觀設計專業，儘管設計師與設計學者對於「好設計」的標準存有爭議，無疑地「好設計」一直都是現代設計教育的地基與前提。這幾年「**好設計應該改善社會**」更是風行的設計新願景，「**社會設計**」（social design）在二〇一五年十月的「台北設計城市展」後開始在台灣各地點燃傳播的火種，當年我擔任策展顧問，為構畫社會設計的國際論壇多少添了助力。這反映了社會學這門學問對任何冠上「社會」一詞的事物（anything social）擁有學院話語權，坦誠來說，並不意味社會學有足夠的能耐（或決心蛻變）擁抱設計。雖然設計師們私下討論設計是否應該（或者能不能）扛下「改變社會」的重擔時，多半抱著謹慎的態度。相較之下，設計擁抱社會學的開放態度看來勝過對面的社會學許多，不然在國際設計圈頗有名氣的實踐工設（SCID）怎麼會向我揮手表示歡迎？

實踐工設到底怎麼了？當年意外受邀的我也是半信半疑，再三確認對方沒有搞錯，最後才加入教學團隊。這個理由直到二〇一七年的 Global Design Initiative (GDI) 國際設計教育五校聯盟的台北工作營才被我找到！那年大會由實踐工設主辦，我這新進的

「外行人」竟獲得同事的信任，負責規畫國際設計工作營的主題概念與執行架構。更令我驚訝的是日本武藏野美術大學由校長親自領軍；德國科隆國際設計學院、英國中央聖馬丁設計學院、新加坡拉薩藝術學院也都由院長全程出席。各國設計圈的大忙人們一起放下手頭的繁重工作，跟著各校學生代表齊聚台北一週。老師與學生跨校、跨國密集交流，彼此學習、探索設計教育未來的熱情著實感動了我。閉幕當晚的宴席上，他們得知我社會學者的真實身分後不約而同地秒回：「喔，社會學在我們那裡正夯啊！」細談之下，社會學者跨界在設計圈裡大亂鬥早已不是新聞。德國科隆國際設計學院更是在兩位知名社會學者麥可・埃爾霍夫（Michael Erlhoff）與烏塔・布蘭德斯（Uta Brandes）手中草創。難怪同事們碰到國內設計同行對實踐工設聘用社會學者的不解時，腦海裡直覺閃過的念頭反而是「不然呢？」原來這正是以國際化著稱的實踐工設的「超前部署」。

那麼回過頭來看，社會學跟熱情造物的設計刻意保持「社交距離」（social distancing），究竟發生了什麼事？社會學對於「物」的保留與存疑其來有自，幾乎是透過社會學者養成訓練代代相傳的遺傳基因，直到近年才被拉圖（Bruno Latour）及其學術友人們稍稍動搖，我們只需檢視所謂「古典社會學三大家」對待物件的態度就能略知一二。

法國學者涂爾幹（Émile Durkheim）是現代社會學專業的創始人，他建立了社會學最初的方法規則，其中開宗明義第一條就是：「**當視社會事實如物**」！這個修辭技巧高明地挪用了人們對「事物」（thing）具有外在與強制特性的直覺來鋪陳「社會」出場。但這頂多是個優秀的修辭技巧，一心要建立社會學為一門獨立學問的他想強調的，當然不會是比訴諸個體心理解釋甚至還要更化約的「物」。涂爾幹雖然利用了人們對「物」的直覺理解來推進社會學的獨立，卻過河拆橋從不承認原本就有外在強制性的物，能夠拿來解釋社會。

德國學者韋伯（Max Weber）是創立德國社會學的古典大師，他的歷史分析最關鍵的地方，在於強調決定歷史軌跡的「轉轍器」不是物質因素，而是人們看待自己的作為與合理化世界秩序的「觀念」。在韋伯的文明悲劇中，人們將隨著資本主義工具性理性的膨脹而不可避免地喪失了關切目的價值的靈魂，官僚制原本應是「身外之物，如聖者肩上隨時可以甩掉的輕飄飄斗篷」，如今卻變成了一具禁錮人類自由意志的鐵籠！韋伯對於「物」最精采的修辭想像莫過於此，但不管是斗篷或鐵籠，儘管他的方法論立場與涂爾幹針鋒相對，「物」同樣是不得造次的乖巧順服於社會意義之網。

古典社會學三大家的最後一位是鼎鼎大名「唯物」的馬克思（Karl Marx）。他雖然認為生產工具的擁有與否決定了資本主義下的勞資命運，但批判勞動者在資本主義商品生產中異化於自身的論證，所謂「商品拜物教」（commodity fetishism），卻也最深刻地種下社會學對於「頭腳顛倒」地**崇拜物的防衛恐懼**。生產力提升的設計改進如果沒有配合生產關係改變的解放，就只是盲從於資本利益的刺激消費廣告迷惑而不自知，大部分社會學者對設計保持戒心，要跟預設「以購買解決問題」的「膚淺」設計保持清醒距離，上述這些直覺大半還是受了馬克思的影響。

還好，除了書本裡社會學大師們的諄諄教誨，我還有在經驗研究的「社會田野」裡「與物共舞」的學習體驗，讓我有機會擺脫同儕眼光的自我監視，直接觀照「物們」活潑多樣的社會面貌，最後隨著研究閱歷的積累自省，下了一個乍看之下矛盾但絕無懸念的結論，為了回到當年踏入社會學時的初衷，必須冒險翻過中研院的學術高牆，從專注學術的中央研究機構到鼓勵設計創作的私立應用型大學，前進到幾乎落在「座標斜對角」的實踐大學設計學院。現在回想我將近二十多年「一路走偏」的研究旅程，主題儘管多樣但都是單純跟著物的足跡樸素徇行的發現之旅，也因此遇著凡俗世間許多動人而豐富落地的社會學故事。

我的博士論文是關於國際運動鞋採購供應鍊的研究，我從美國零售專賣店櫥窗裡光鮮亮麗的明星球鞋一路往設計與製造的上游溯源，蹲點台灣中部的鞋巢、駐足菲律賓蘇比克灣的鞋廠、進入中國南方東莞一帶城鎮裡轟隆隆的生產線，接近到珠江三角洲窮鄉觸目驚心的鞋料加工廠，發覺到不同設計、不同樣式的運動鞋竟然可以提起一串串跨越國界人們的不同命運。每一雙運動鞋都是「人接手物、物牽動人」細密綿延全球商品鍊的產物，而且每一雙鞋子的藍圖，所有元件的材料、形式與其間的結合規範，也同時是組織起這麼多命運歧出在商品鏈中交會陌生人間關係的隱形架構。

從亦步亦趨跟緊運動鞋中自學，我很快直覺任性地體會到這些「不那麼社會學正確」的道理，回國進入中研院之後，於是靠著追蹤物件的研究腳步持續跨入又鑽出，串連起一個又一個「設計物的社會世界」：自行車、有線電視、汽車、室內設計、繪本、網際網路、智慧電視……每個物件都無私地客觀敞開給我上了一次全新的課程，教會我放下學院派理論框架問題的成見，研究起始總是先直觀面對在每一次停駐月台上登場的物件，而通過它們揭開的人物故事總是讓我心醉著迷於困惑而發問不已，勤奮地格物致知讓我領略到一堂堂社會運作的道理，直到有一天我恍然大悟，發現所有這些人與物故事的背後都有著一個社會學理當擁抱卻一再偏見無視的主題——「設計」！

研究現場的直覺終於顛倒了社會學大師們要我「保持距離以策安全」的教誨，反而越是仔細端詳越感受到社會學與設計的親近，兩者根本是在同樣的歷史時空中誕生卻被迫離散多年的一對雙生子，可惜啊，怎被錯放到座標中相隔遙遠的斜對角？為了要找到用對我而言親密如第二母語的社會學重述「物語」的方式，我升上中研院副研究員後決定離開被代工經濟的框架綑綁心靈的台灣，就近前往最早的東亞設計之都日本東京，在盡可能靠近設計的地方蹲點觀察它活躍的社會姿態。我知道時間一定要夠長，因此努力籌資湊足了兩年的經費補助；距離一定要夠近，因此中年惡補日語以便直接聆聽田野裡日本設計的現場原音。時光荏苒，一轉眼不留神，我追根究柢的社會學研究熱情，竟把我推出了社會學專業正統研究機構的核心高塔，加入了專注造物的實踐大學工設系教學團隊，成了在台灣或許仍舊是違和存在的「設計學院裡的社會學者」。

「社會學者在設計學院裡都做些什麼？」其實我在實踐設計學院裡絕少提及「社會學」，直到第二年開設「給未來設計師的新社會學」課程，才通融允許自己只在這門課裡跟設計系學生談到社會學。一方面是出於要快速融入教學團隊，刻意降低旁人對我存有差異感；另一方面是更積極逼迫自己對設計現場的對話謙卑開放，減少過早透過社會學理論概念的視野觀看設計所帶來的粗暴詮釋。樸實地與設計系師生碰面，學著從他們的角度來仔細端詳物件，具體地「描述」眼中看到的設計風景。放棄社會學的腔調，摸索跟未來設計師們的創作熱情可以自然地對話，久而久之混了濃濃「設計地方味」的社會學新語彙，如果它最後不被主流認證是「社會學」，那就當成是一位任性的社會學者野化的獨白吧！

「設計個案剖析」是適合分享我如何透過課程實作的好例子，我從可以想到的各種人文現象領域，在城市、政治、視覺、移動、教育、市場……中刻意各挑出一個融入社會到甚至不被認為經典的尋常個案，一個一個慢慢累積雖口不出社會學概念、但必然是出於社會學者的直覺對設計個案的綿密描述。像在實驗室裡屏氣觀察預期（或意外）結果般，興奮地盯緊設計系學生的反應。反覆檢討，不斷地調整內容與表述，直到在設計系學生身上看到社會學跨界設計的對話共鳴，一種「社會混設計」土著化的群學新方言於焉誕生！從第一年才清理出五個設計個案開始，不慌不忙地傾聽累積，三年後終於由十五個個案接力登場講述，起承轉合分明，高潮迭起的「日常萬物論」的設計物語。當中一部分順理成章成了我受邀在《週刊編集》書寫「親近工具」（Access to Tools）專欄的材料養分，也形成了這本書的最初骨架。

同樣地，誰說在設計學院掛牌「社會設計」的課就要順服社會學對「社會」獨占的話語權？我的課只是帶著設計系學生們翻過同溫層的設計學院圍牆，一起站在更靠近社會現場的地方，來思考設計的可能。讓他們有機會開放自己承受資訊混亂的衝擊，享受茫然不知所措的困惑，然後在「新物件」的提案過程中重組他們身為設計師的認同。意外地，透過這些與物共舞的跨界轉譯對話，學生們開始回饋給我他們真切感受到社會學「**複數思考**」窮究物理的溫熱存在。一些跟我有緣的勤奮學生開始主動接近，穿梭在大學部、研究所、在職班中我的課堂裡，如拼圖解謎般試圖捕捉他們在設計教室裡感受到活的社會學。

正統社會學機構出身的社會學者，又在一所素有國際聲譽的設計學院專任教書，單這件事就足以讓許多人合理期待你是「社會設計」的某種權威。但我自從二〇一五年的「台北設計城市展」後就推辭任何相關活動以壓低這種連結。五年之後的此刻看來，在「設計」之前加上「社會」（socio-）只是過渡時期的權宜。設計永遠兩頭在外，起點來自社會，最終也要回到社會，追求「新奇」（novelty）固然是設計師的宿命或挑戰，但真正值得設計師與社會關注的設計是那些「足以成為尋常」的新奇，作品能夠「成為尋常」是設計師能夠獲得的最高讚賞，不管它是商業還是非商業。同樣地，我也無法想像不牽涉物件的社會活動，物質性（materiality）是如此深刻地嵌在「作為人類這件事物」（Being human is a thing.），將設計排除在社會觀察的眼光之外注定只會使社會學變得「既不現實也不理想」，而這在我看來，正是在設計時代趨勢下社會學的迫切危機！

為「設計時代」加上「趨勢」兩字有其必要，最好別把**社會設計**（socio-design）看成主流設計邊緣地帶冒出的額外新領域，它是當代設計應時蛻變，自然或應該努力走向的型態。「社會設計」是演化過渡期的權宜就是這個意思。**理想的社會設計，如果成功達到目標，應該見證「社會」這個前置詞的消失，成爲莫名其妙、多此一舉的「贅詞」**。相反地，在這條路上，最驚悚的畫面是，因為甩不掉舊慣性的社會學者對「社會」分析的學院話語權，認真從事為了公益的那種額外的社會設計（social design）的設計師也開始主張認為：「社會設計是即便沒有物件也無妨的設計」，甚至為它冠上人本主義感覺良好的美名！在野生混雜了設計物語的社會學還在牙牙學語之際，「社會設計」的風行已經先讓設計專業本身面對物件憾然失語！你說，社會學者出於倫理與謙卑的單純道理，能不在進入設計學院後給自己下社會學「禁語令」嗎？

DXS Lab（**設計×社會實驗室**）的成立希望在「設計」與「社會學」間建立一種平等對話、混雜共生的知識×關係，打開一個設計與社會學可以提攜彼此成長的共享視野。社會學透過敘述設計的故事摸索足以適應時代的新語，設計透過將自身編織到社會的脈絡肌理而洄游入世，一種小寫、遍在、權宜、尋常的「社會設計」。究竟這個不僅不再排斥設計，甚至跟設計融洽交流到不分彼此的社會學混種方言一旦規矩地文字現身，會是怎樣的一番全新混音過的社會學面貌？怎樣一種五感尺度被微妙重新配置過的設計新感知（new design sensiblity）？於是，我有了「紙上策展」的奇妙念頭，搭一棟設計與社會學可以親密同居的文字小屋！

「選物店」最近成為報章雜誌上的流行話題，好的選物店總是店主用個人任性的眼光，從雜亂的物件中挑選出合乎設計道理的精品，透過這些選品的穿插組合、細膩的鑑賞解說，得以展示出一番風格獨特的世界秩序與生活提案。獲得每日設計賞的設計師長岡賢明，就是根據「歷久不衰又具有意義的物件」（Long live and meaningful objects）這樣的指導原則而整理出了「D & Department」店裡由選物們所構成的獨特世界觀。想想，這不也是我這個曲折意外「踏入座標斜對角設計學院的社會學者」在翻牆的五年後，天命般該回頭做的事？

我想，把那些穿梭設計世界多年從來用不上手，早就證明對我以及這些年相遇的年輕設計師們沒有意義的「社會學物件」帥氣地丟掉。把那些在我與物件邂逅的田野中一再迴響共鳴的精挑出來仔細擦亮，在文字世界清爽留白的排版空間裡直率不彆扭地大方擺設出來，辦一個**任性社會學者的選物展**！邀請自我西出陽關多年，久別重逢的社會學老友們來看看我依然帶在身邊的一些老收藏如何隱然閃著新眼光。鼓勵這幾年我在設計圈裡結識的新伙伴們來盡情探索，看看自己或許從沒想過的「設計／社會觀點」如何串起再尋常不過的選物，**重說一遍人類與世界的驚異故事**！

想像這個選物展在倚靠著真實世界的大山旁搭建的一棟文字建築裡舉行，雙併的這棟二層樓小屋入口設在樓上，你從山裡過來剛剛走過「序曲」的空橋來到兩扇大門之前。較近的右側大門上寫著「設計」，從這裡進去是第一部分的「設計人類學」。沿著展場動線的規畫，你會從時間最早、尺度最小的舊石器設計物件開始，一路走到最深處也最接近現在，龐大尺度的地球儀。你也可以選擇從左側後方、門上寫著「社會學」的大門進入第二部分「群學與設計」的展場，你會依序拜訪三位古典社會學者的思想展區，先是為社會學命名的孔德（Auguste Comte），接著是分頭從「集體」與「個體」接近社會的涂爾幹與韋伯，三個展間的後半我都預留了跟當代設計對話的空間，譬如準備好在你逛過以為很老舊的「孔德展區」後，看到高科技的最新數位穿戴裝置！

不用擔心，不管你選擇從建築右翼的「設計」或偏左的「社會學」大門進入展場，從設計走入社會，或者從社會貼近設計，最後你都會在屋子的二樓後方會合，DXS Lab的策展一如其名，設計與社會總是平等互通的。請你從X型的後側大階梯下到一樓大廳，這是選物展的第三部分「DXS大爆發」，經過樓上的觀展熱身，請就不要跟「對向來的朋友」區分彼此了，我為大家輕鬆交融（mingle）做朋友，準備好了五花八門的話題展位，包括Kindle電子書的數位觸控板、都市公園裡的特色遊具、人與物合唱共舞的精采影片……不一而足，希望你在文字小屋裡的這檔選物展玩得愉快，走出展場之後可以交到新朋友，看到外頭從此大不同的真實新世界！

第一部　設計人類學：一個工具，一個座標

重寫人類歷史，一字一百年，一個「人與物」交織而成的史觀。

以梛頭，地圖，地球儀，手推車等工具，標誌出人類在各個演化階段的座標。

不是人類打造了工具；而是工具創造了人類。

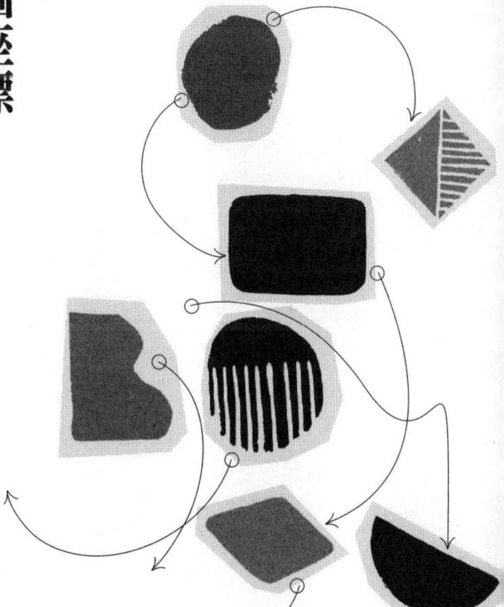

榔頭：最初的工具與完整的人

序曲之後，我們馬上跟著啟程，要用三萬多字的篇幅，進行一趟橫跨五大洲，穿越三百多萬年的人類漫長歷史之旅。我們將如同偵探辨案般，串連起物件勾勒出人的形象，由人的行為與夢想拼湊出世界的滄桑。以一個字推進一百年的速度看來，無論是對寫作者與閱讀者勢必都是一場冒險。至此，似乎已經聽到「不可能！」的質疑，但讓我們不要一下就想到繞行地球，先縮小範圍到科隆這樣的一座城市好了。一位旅行者需要停留多久才能聲稱「到過」一座城市？需要多麼鉅細靡遺地遊歷「所有的角落」才算認識一座城市？即便只是停留在瑞士山脊上的登山小屋與山友舉杯暢談的一夜，都可能藏著改變人生的旅行意義。相反地，對心如槁木的旅行者，就算行千萬里路，大概也是無動於衷吧？擁抱意外驚喜的期待與對啟蒙了悟的身心開放，應該才是旅途中點滴的偶然相遇，總是格外被人們珍藏不忘的意義所在吧？

德國科隆，對以社會學者身分跨入設計學院的我來說意義重大。二〇一五年十二月中旬，剛加入實踐工設未滿一個學期，便在同事的鼓勵下飛往科隆國際設計學院（Köln International School of Design）舉辦人生的第一次（五年後仍舊是唯一的一次）設計工作坊。出發前的心情異常興奮，理由說起來慚愧，身為一位社會學者，這也是我第一次踏上歐洲大陸——席捲全球的**現代性起源地**，古典社會學理論篇章幾乎都覆蓋著歐洲的印記。那年冬季寒風刺骨，科隆街道上的商店在我這好奇旅客的眼裡，滿是聖誕節前濃郁的溫暖氣氛。那來去匆匆的短短一週，不過只在偌大歐洲中的一角——科隆市區——漫步，卻五感全開，無時無刻猛力吸收，貪婪享受著身處歐陸的珍貴經驗。

在科隆忙碌緊迫的那幾天，最難忘的是拜訪創辦科隆設計學院的麥可・埃爾霍夫與烏塔・布蘭德斯，這對歐洲設計圈的社會學傳奇俠侶。走進他們位在科隆鬧區的住處，四面牆上滿滿的藏書幾乎溢出了書架，一如歐陸知識份子的博學，還有世界各國名設計師相贈的作品。女性主義設計學者烏塔做了幾道拿手料理，賓主快意談笑之間仍不忘偷襲銳利的父權批判。麥可則是整晚雪茄不離手，以大前輩的權威和自信給了我醍醐灌頂般的深刻提示：「這世界上最好與最壞的事，設計都脫不了關係！」「社會學者除非堅持在外，不然就要聰明地混進來！歡迎，乾杯！」

氣氛熱絡時，卻出現了意想不到的尷尬插曲，「你最喜歡的德國思想家是誰？」麥可脫口就問，我也不假思索地回答：「海德格！」他倆一聽滿臉訝異，受了驚嚇般停下了手頭的動作。麥可的直率回應解釋了他略帶壓抑的不悅（畢竟喜歡海德格的人很多啊！）：「我是阿多諾（Theodor Adorno）的學生！」阿多諾是出了名的海德格（Martin Heidegger）批判者，在他看來海德格的思想正是法西斯納粹的幫凶。而且我也當場意識到，海德格惡名昭彰的反猶太《黑色筆記本》（*Black Notebooks*）才剛在媒體披露，我的回答極端失禮，刺傷了德國主人，但也在那一瞬間把我拉扯到戰後德國文化的時空座標，身處歐陸無需費力便刻骨銘心。

餐桌上的尖銳尷尬在一段簡短內斂的學術客套後，主客雙方便優雅地轉到了其他話題，但**海德格**畢竟是我在愉快輕鬆的氣氛下的直覺回答。離開烏塔與麥可家後，接下來的幾天裡，在科隆的設計工作坊上，在歐洲古城街頭漫步之際，在與好辯的德國設計學者一次次坦率的交流中，海德格如影隨形，揮之不去。為什麼是**海德格**？為什麼在同樣跨入設計的德國社會學前輩面前，我直覺選擇戴上以刻意稱呼「人」為「在世存有」（Being-in-the-World）的海德格眼鏡，尋找融合**社會**與**設計**的視野？這個 DXS 的實驗探問，大概就是那年跨界設計菜鳥社會學者「新生訓練」（orientation）的旅行意義吧？

「理解榔頭就等於理解了海德格！」提出「物件導向本體論」（Object-Oriented Ontology; 簡稱 OOO）而聞名的哲學家葛萊漢・哈曼（Graham Harman）斬釘截鐵地這麼說。榔頭作為具有高度象徵意義的**工具**開啟了**人類世**（the Anthropocene）的再啟蒙契機，喚醒人類謙卑地將自身重新**如實地放回到世界秩序當中**。在我們寫意地揮擊榔頭的那一刻，隱蔽到我們意識之後的工具客體界定也支持了人，哈曼所強調「工具存有」（Tool-Being）的本質狀態。總之，海德格之後，榔頭就不再只是榔頭，它一躍沖天來到歐陸哲學、文化思辨的精神高度，鳥瞰世間萬物，等待開啟「人，工具，世界」謎樣三角關係的大門，一把解開「在世存有」祕密的鑰匙！從科隆飛回台灣後，我急切地直奔實踐校園，刻不容緩建立了「**DXS Lab**」（**設計 × 社會實驗室**），告別抽象的學術高塔後，正式展開在設計教育現場立意「**跟隨工具、洄游世界**」的落地研究新旅程。

五年後，那把在科隆意外拾起的海德格鑰匙還在手中，但經歷過五年來思想實驗反覆衝撞的我已非當年的跨界菜鳥，興起了念頭要出門遠遊，帶領讀者走一趟「**設計人類學**」的歷史之旅，繞過非洲，重返歐洲，鳥瞰世界，用一個字一百年的冒險速度印證海德格五年前提示過我的路徑，在三萬多字的長途跋涉之後，從過去再度回返現在，看看這把鑰匙能否讓我們**在亂世中面向未來**，提供開啟下一道大門的啟示與線索？我們刻意虔誠拜物旅程的第一站？自然要從海德格推薦的榔頭開始，按照他對「人是工具存有」的看法，我預期我們也將在榔頭那裡遇見**最初的人**，還有那迎著文明的晨曦曙光開始對人類敞開的世界！

獨錘榔頭的現代哲學祭酒

從沒有人向海德格提問何以獨錘榔頭。或是因為舉起榔頭敲擊是人類對抗環境，集中氣力正面回擊時最原始的動作。不管「環境」被象徵為資本主義剝削、被壓迫民族的悲運枷鎖或家庭中的霸權體制。原本是身外之物的榔頭，在出擊那一刻，客體從服膺於主體的意志，與駕馭工具的人體渾然作動，給原本孤單脆弱的人類關鍵的「加持給力」（empower the people）！在眾多關於人類為萬物之靈的描述中，「唯一會製造工具的生物」是相當常見的說法（這個說法有些誇張，因為像是猩猩、海狸、烏鴉……等不少生物都能粗淺地運用工具）。在一定意義上（我們跟著就會明白）**榔頭**不只是人類創造的第一個工具，**榔頭**也代表著一切工具的工具，它是人類工具的本尊！

榔頭的文化地位向來崇高，眾所皆知榔頭象徵著勞動的普羅大眾，從社會主義革命的老大哥前蘇聯開始，每一幅共產國家與政黨的紅旗上幾乎都有一把榔頭。右翼法西斯也不惶多讓，惡名昭彰的納粹德國旗幟「勾十字」（Swastika）是以北歐神話中雷神索爾敲擊神錘妙爾尼爾（Mjölnir）引爆閃電的力量為象徵，激勵雅利安民族團結的集體記憶圖騰。榔鎚象徵集中所有力量**孤注**一**擲**與環境對抗，是出於人類文化潛意識的普遍直覺，難怪左翼右翼通吃，令人情有獨鍾。美國民權運動年代名曲〈如果我有把榔頭〉

（*If I had a hammer*）又是一個有力的證據。只要看到**榔頭**，那「如果我有……」後面沒說的，任誰都可以心領神會。想想榔頭上手後使用它時，人們通常使用的動詞：「打擊」（hit）、「敲碎」（strike）、「破壞」（break）、「粉碎」（smash）……盡是最能釋放人們渾身力量的動能，直接連結人類肢體情緒的日常詞彙。

講到這裡，有些朋友忍不住嘀咕起來，推崇榔頭到這種地步很難不引起狐疑，尤其在處處廉價地宣稱「以人為本」（工具主義相反地是個糟糕字眼）的腦的時代，榔頭不過是個身外之物，與人腦中的無窮創意距離遙遠，甚至是一個比擬任人擺布的「工具人」像工具般的笨重物件。即便退一萬步，當我們談論工具時，選擇何其多元（像是同樣仰賴敲擊發出樂音的鋼琴如何？）也

榔頭的形象

人類最初的工具，在人類演化的旅途上開展了不同的面貌，象徵神祕力量的雷神之鎚，敲碎一切不公討伐體制的紅旗上的圖示。而真正拿來敲打鐵釘的榔頭也低調的宣稱改版。

沒必要遷就榔頭吧？畢竟敲擊是個極其粗暴野蠻，恐怕是失去理智之人才會熱中的原始動作，偉大的哲學家怎麼說，怎麼書呆子就真的相信了？

原本，我也跟你有一樣的念頭，但出於對海德格的敬畏不敢小看了榔頭。於是懷著半信半疑的心理約訪熟識的木工職人，直接到他們的工房現場貼近觀察、求證。必要時還當場要他們停格動作，仔細詢問職人們握鎚敲打的細工心法，瞭解那一秒不到的敲擊瞬間，究竟發生了什麼事。結果，你猜怎麼了？毫無意外地，職人經年累月熟成的技藝早已內化，面對這些苦苦相逼的問題，支吾半天也回答不出具體的「眉角」。

譬如，明明是右撇子的職人卻用左手握鑿刀，反而以慣用的右手握住（照理講「只不過」設計來省力的）榔頭。我困惑不解問道：「為何要把敲擊的簡單動作交給靈活自信的右手？使用鑿刀時需要控制細微的角度不是更重要嗎？」職人聽了我的怪問題愣了一下，跟著回答：「順手啊！」這樣的回答等於換個方式重複了我的提問，實在無法令人滿意啊！

只好辭謝離開，轉向圖書館的研究文獻裡尋找答案，結果出乎意料地有了柳暗花明的開展。我被捲入一個由腦神經演化、認知考古學、語言心理學、動物行為學交織的熱門跨領域，然後發覺你我都錯了！榔頭的身世之謎隱藏著人類誕生的契機，極端地說，榔頭的故事告訴我們：**「不是人創造了工具，而是工具創造了人！」**

現代人的祖先是這樣來的：大約在三百萬年前，盧貝松電影《露西》（Lucy）裡的南方古猿在地表上活動，因為氣候變遷的緣故，牠們離開了相對安全的樹叢，膽怯地下到地面，腳踏實地的後肢不再需要握住樹枝攀爬，改為扮演支撐人體上身挺直站穩的新角色。抬頭挺胸的好處極為明顯，人類行進時保持從更高的更遼闊的視野，觀察四方平野的動態預警避險。另一方面，站立的人類前肢不再需要厚實的前掌撐地前行，專注發展新技能，於是掌心有別於其他靈長類逐漸縮短比例，相對地五指隨著採集抓握的需求提高日益拉長。「手」與「足」的分化構成了人類特立獨行的演化分水嶺，拇指與其他四指向外分離九十度的特徵，尤其宣告了南方古猿露西跟現代人之間的關聯。

最初的原始人類仍悲慘地居於生物鏈下端，甚至需要緊跟在禿鷹、鬣狗之後，爭逐牠們的殘食苟活。一不小心甚至就會成為猛獸的腹中飧，遭遇危險時使用新增的才能——抓起石頭用力投擲回擊，大約是唯一的防禦手段，但這個看似原始的「起手式」卻為現代人類的誕生埋下了伏筆。

從二百五十萬年前開始製作第一個石器的「巧人」（*Homo Habilis*）到一百八十萬年前挺胸跨步的「直立人」（*Homo Erectus*），考古學家挖掘出大量前人類使用雙手緊握兩塊石頭互相打擊敲製的石器，以及生產過程中掉落的大量石頭碎片。巧人製作的石器非常簡單，動作也極其普通：右手（假定是右撇子）緊握質地堅硬的石頭（如花崗石），用力敲擊抓在左手掌心質地較脆的石頭（如石英）讓它一端破裂，一個幫助巧人迅速刮乾淨殘骨上的餘肉得以充飢的工具於焉誕生。這抓在右手的硬石頭，考古學家毫不猶豫就稱之為「槌石」（hammer stone），一個「**製造工具用的工具**」，為石器時代掀開了序幕！

原始人類的腦容量從南方古猿（*Australopithecines*）的四百毫升演化到直立人的一千一百毫升增長了將近三倍，到了二十萬年前現代人類祖先的「智人」（*Homo Sapiens*）終於頂著一三五〇毫升腦容量在地球上現身。這當中最驚人的智力進展時期，其實並非後世子孫驕傲地以智慧自稱的智人，而是在巧人到直立人間的七十萬年間，腦容量整整增加超過一倍，之後的智人相較之下幾乎可說緩慢遲滯，花了一百二十萬年才增加了二百五十毫升。

開始大規模遷徙與主動出擊進行狩獵的直立人為自己配備了多樣的石器，尤其包括巧人遠不能及的攻擊武器。這些石器的製作有了長足的進步，形式上左右對稱，各種特殊功能的石器類型清晰可辨，方方面面削薄尖銳的各種手斧、手鎬、薄刃……不一而足。這不只暗示了原始人對於「產品」已經有了一定「規格標準」的認識，而且製作流程與學習還牽涉到許多複雜，卻可以因應產品不同而彈性組合的成套施工步驟！

智力增長與**石器工藝**快速又同步的演化，提供考古學家洞察人類誕生之謎的強烈暗示，這期間也是現代人類的手掌骨骼結構成形的關鍵階段。人類的拇指長度逐漸拉長，可以輕鬆內彎碰觸其他四指進行細膩的協作，手腕的運轉日益靈活，可以應付各種角度的製作手藝。

腦與手、工具與產品，彼此緊密連動、激烈進化的「勝利方程式」

依賴出土的殘餘骨骸與石器進行研究的原始人類考古學，近年來得力於腦神經科學的進展，漸漸有了讓人驚豔的突破發現。與我們預設的「當然是腦先變聰明，手跟著才變靈巧」，人類的行為必然靠「由內而外」的直覺相反，為了因應環境的挑戰與製作工具的需求，越來越多的證據顯示：人類的大腦是在**製作工具**的手腦協作中開啟了加速的進化！

各國的跨領域研究團隊利用「功能性近紅外光譜」（fNIRS）等腦部顯像技術的加持，在實驗室中重新演示並且詳細紀錄、比較了巧人簡易的「奧多萬」（Oldowan）石器與直立人複雜許多的「阿舍利」（Acheulian）石器工藝的技術學習過程。這個熱門研究領域眾說紛紜，但「技術教學假說」（technological pedagogy hypothesis），也就是認為原始人是在石器工藝的學習過程中演化出高級智能的論點，可以說是多數學者接受的主流共識。

研究發現，巧人的石器製作只需簡單的視覺檢視與手部運動，但製造直立人的「精密武器」需要調動大腦皮質大範圍的諸多神經元，牽涉到神經網絡高階的認知協調，而且意外地製作之際被不斷啟動的腦神經串連，位置集中在諸如「額下回」（inferior frontal gyrus）等同時也是主司人類語言的大腦皮質區塊！

如果我們理解人類語言的演化乃是經歷臉部表情、手勢語言到發聲語言循序漸進的階段，那麼應該會對亞利桑那大學「石器時代研究所」（The Stone Age Institute）的謝爾比・普特（Shelby Putt）教授驚喜的發現會心一笑，她發現到：精熟「阿舍利石器」工藝的職人在專注「敲石做工」之際，腦中參與協作的神經認知網絡，竟然與鋼琴師彈琴時運用的「大腦部位」幾乎一致！

原始人類靈巧敲擊石塊的韻律，就如同當代鋼琴師彈奏的動人弦音！想像一下舊石器時代直立人們老少圍坐一起的工作場景，年輕的直立人緊盯著長者的示範，心中手上模擬想像，反覆嘗試學習著攸關生死的石器製作絕活，重複敲擊石器上百上千次的聲響同時也在洞穴裡迴盪。他們臉上的溝通表情（甚至腳板不由自主打著節拍）如何相輔相成地刺激著他們日以繼夜增長的技藝與記憶，敲榔頭與敲琴鍵，兩個乍看之下南轅北轍的「工具」竟然可以旋律共鳴？你大概就會對暢銷作家哈拉瑞（Yuval Noah Harari）在《人類大歷史》（*Sapiens: A Brief History of Humankind*）中有趣動人的狂飆論點有所保留，他把人類的語言能力推後到農耕時代，歸給「智人」的後代敘述虛構故事，純粹想像力的認知革命。在研究原始人類腦神經演化的考古學家看來，應該像是對直立人傲慢無禮的侮辱吧？

現在，讓我們從石器工藝的「製造」端切換到「使用」端來看看直立人的空前成就。稍早說過，從巧人到直立人的七十萬年間，是讓考古學者屏氣凝神、讚嘆連連，最精采的一段人類演化史！這期間出現了三個關鍵的手勢演化突破，值得我們以幾次停格仔細回味。首先出現的是，姆指壓向食指前端側面，用兩指用力捏住石刀割開毛皮肉片的**捏握**（precision grip，像是店員拿著你的信用卡順著刷卡機槽溝刷下的快速動作）。

再來是，手掌向上托住石頭，靠手指的翻動調整石頭在掌心中的準確位置的**搖籃握**（cradle grip）。這是一個通往各種後續複雜動作的過渡期代表的**準備動作**，你可以想像它一路演化到王建民站在投手丘上，藏在挺直站立時的手套裡，或者彎腰望向捕手時藏在背後的握球手掌對下一個出手球路的手指盤算。

最後，是看起來非常簡單，但意外地要到直立人演化的後期才出現的高級動作：拇指與食指緊扣環握住石頭，輔以中指從下方托住，猛力敲擊時還加上利用手掌心吸收反作用震動的**棒球握**（baseball grip）。那不就是……沒

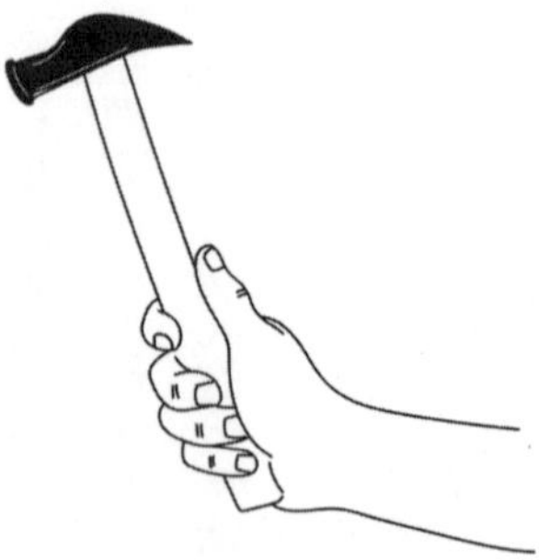

棒球握

將榔頭牢牢握在手中準備敲擊的姿勢，與棒球選手握住球棒的姿勢相同，既要求釋放強大的能量，還要顧及敲擊（揮擊）的準度。歷經了漫長的演化過程，人類終於學會棒球握，拿起榔頭，成為更完整的自己。

錯，沒錯，正是你我握住榔頭準備敲擊時的手勢！還是不覺得敲榔頭的動作有什麼高級？有什麼了不起嗎？讓我用慢動作分解重播讓你仔細看看被我們錯過的精采演出：

你熟稔地拿起榔頭握在手心，拇指、食指、中指巧妙分工各就定位，你連接手掌與前臂的腕骨順勢拉直，前臂與榔頭木把連成一線拉長了力臂，好，就定準備位置。

你的心情就緒，「來吧！」於是握住榔頭的手臂開始抬高，肩骨跟著配合微微外翻轉動，直到身體鎖定在蓄勢待發的高處，這時的榔頭就像上膛的子彈，含住扳機停留在發射倒數的位置。

你的臂肌開始繃緊，分泌化學物質快速積蓄能量；幾秒後能量儲備到達飽和高點的那一瞬間，你的大腦下令「發射！」手臂跟著拉開保險解除了「煞車」，你繃緊的肌肉頓時放鬆，啟動了儲存在人類遠古身體記憶裡前甩的丟擲動作！

榔頭與你的手臂一併重力加速度飛出，但這時你扣住榔頭的手掌反向加倍了握緊的力道，因為你心底清楚，萬一手心的握力加摩擦力沒能壓過手臂「投擲」的滑力，榔頭將會偏離你腦中預設的軌道，衝向你不希望它去的地方。那一瞬間，同樣的一隻手臂，彷彿一分為二因背道而馳的動作劇烈爭吵的手臂，進行著保證彼此不相干擾的細膩合作，才能避免鐵鎚失控脫手的危險，並且集中氣力地一擲，準確地運送鎚頭命中你鎖定的目標！

我們慣用右手的職人朋友怎能放心把這麼細膩又重要的工作隨便就交給不可靠的左手？榔頭比起石器，關鍵多出的是握柄，它讓敲擊的力臂變得更長，撞擊時的力道增強許多，當然也更加堅固耐用，避免從手掌中飛出的摩擦力提高，防震吸震的效能也有了改善。但是，從原始前人類用「棒球握」的高級動作抓在手心敲製石器的石頭，演化到為了像 TI14MC 這把網路上被讚譽有加的改良榔頭究竟夠不夠經典而爭執不休的現代工匠，上述敲擊動作的細節從來沒有改變。

榔頭是人類頂天立地有別於其他生物的象徵，不僅因為它是工具，畢竟動物也懂得靠丟擲石頭來打開貝殼或果殼。人類不只製造細膩的工具，從抓在右手心敲製石器的槌石演化而來的榔頭，可以說是人類拿來製造工具的**最初工具**，重點是，人類本身就是在握著它辛勤不懈地打造工具的過程中演化生成長出了傲人智慧的工具產物！所以，下次拿起榔頭釘鐵釘時，請帶著人類萬物之靈的演化驕傲地微笑，你那暢快的砰然一擊，可是人類花了七十萬年的歲月才得精采演出的戲劇性一幕！

海德格到底要我們盯緊榔頭看什麼？哲學家的提醒乍聽之下弔詭無比，他說：「榔頭只有不被我們一直盯著看時，才能發揮**榔頭的作用**，一直被『看成』身外之物的工具，不可能成為跟我們的身體作動融為一體**眞正的工具**」。就像讓近視的你平日眼聰目明的眼鏡，時時架在鼻梁上我們卻渾然忘了它的存在。笨重的跑車一旦上了高速公路嘶吼狂飆，你才會覺得人車一體渾然忘我。工具只有在故障喪失了功能時，成為無效的工具時，我們這些自視聰明不知感恩的智人後代才會意識到它做為工具的存在價值。

海德格清楚這種拿起榔頭奮力一擊，翻轉了人與環境關係的暢快感受，但更重要的訊息卻是，承認工具跟我們休戚與共，把在順手的工匠們手中謙卑地「匿跡」（withdrawal）的工具找回來，重建我們與世界的親密關係，才是我們哲學清醒時該虛心承擔的責任。工具催生人類也催促我們進化，不是距離我們遙遠，只有考古學者才會關心的遠古故事。榔頭的身世是你我每個想要活潑快意，自由伸展地活著的現代人當下的故事，因為每個完整的人都需要找到物我兩忘，成為生命的一部分的工具伴侶。

地圖：空間的資訊工具與人造的文化環境

東京，常住人口一千三百多萬人，日本的政治經濟中心，亞洲最大的都會城市，創新迷人引領科技與時尚的潮流。你一旦走入東京很快就能理解，所謂「都市」並非只是高樓建築與密集道路交織的巨大空間，而是多樣異質且高密度互動人群聚集的活動總合。那麼，我們該如何丈量這「活的東京」的人文體積，如何感受大都會人群的活動規模？東京地鐵圖提供了思考的線索，東京都擁有十三條地鐵路線與一條荒川路面電車線，二百七十八個地鐵車站連接起總長三〇四公里的軌道，如果再加上與地鐵站連結延伸的鐵道運輸（諸如環狀山手線），那麼在東京地鐵管道中如過江之鯽快速穿梭來往的總載客量每天將高達四千多萬人次，實際的東京比起其居住人口還要大上三倍，是海洋世界裡宛如南太平洋大堡礁的巨量珊瑚群聚。

地鐵圖——按圖索驥的一張電路板

以電車運輸來估算都市人的活動量的原因在於——人在持續移動中創造經驗、尋找機會。從三百萬年前從樹梢下到東非草原四處奔走尋找生機的直立人，到羅丹（Auguste

Rodin）雕像〈行走的人〉儘管少了頭顱、沒了手臂，仍兀自跨步前進的**人的精神象徵**，持續獲得呼應。東京吸引外人與異人紛紛熱情赴約的魅力不也在此？每日四千多萬人次匆忙奔走於車站、月台、閘門、通道之間，為了就職、談判、購物、求學、觀展……等無限可能摩肩接踵穿梭彼此而過。由高速人群流動所構成名為東京的龐然巨獸竟然可以井然有序，甚至美妙地翩然起舞，祕密只因一個小小的**空間資訊工具**——東京地鐵圖，無論它是立在車站出入口的大型看板、懸吊在自動售票機上方的提示，或順手摺疊收進皮夾裡的小卡。想像一下，這張處處可見的地圖如果突然消失，東京恐怕面臨哥吉拉（Godzilla）上陸般系統崩潰的都市災難吧？

包括東京與台北在內的世界各大城市地鐵圖，都是向一九三三年的倫敦地鐵圖致敬，有趣的是，它最初現身時竟引起了「這到底算不算一張地圖？」的爭議。倫敦地鐵從一八六三年開始運行，是全世界第一個擁有地下鐵道的城市，但現今不做二想的地鐵圖繪製法直到一九三三年才自工程師亨利・貝克（Henry Beck）手中誕生。

貝克製圖的手法顛覆了當時人們對「地圖」的常識理解，不只刻意避開倫敦地表任何地理風土的實體對照，所有的運行路線都被拉成或縱或橫的筆直線條，不得已需要轉彎時也一律調成四十五度的斜角，圖面上唯一的地表線索泰晤士河也只能斜直展開。每個小黑點代表一個捷運站，幾乎等距地在路線上一字排開。倫敦市中心因為地鐵站密集在被不知不覺間被放大，而郊外相距遙遠的車站則被壓縮到很近，路線交叉所在的轉乘車站被畫成鮮明的中空圓點。製圖當時還是個失業工程師的貝克只收到地鐵局九英鎊的微薄酬勞，還被同事們笑說那不過是一張電路板，他隨後真的自嘲畫了張活像地鐵圖的電路板以「證實」這個指控。貝克改變了全球都會通勤介面的倫敦地鐵圖，當年被地圖繪製專家嚴厲批評「根本不是一張地圖！」對於「不是地圖」的專業批評，他的回答意外坦率：

「一旦鑽到地底下，誰還管什麼地理？**人們在乎的是連結**（Connections are the thing）！」

進車站、找路線、出車站，還有旅途中最重要的轉乘點，現代人在都市叢林中敏捷地移動所需要的資訊不就是這些？終日在倫敦街區遊走、擔心迷航的外地旅客尤其熱烈擁抱這張地圖。這張**不是地圖的地圖**被倫敦市民暱稱為「管子地圖」（Tube Map），終日陪伴他們上下地表進出倫敦，如此切身有感的資訊工具怎麼可能不是地圖！

有趣的是，地圖的形蹤隨著科技的時代演進而詭異多變，我最近談及東京地鐵圖做為**移動的空間資訊工具**時收到一位朋友幾乎反向的直覺回應：「拜託，這年頭有誰還在讀地圖啊？」「跟著手機走不就行了？」貝克聽了應該會很高興，他的地鐵圖終於被認定是張「地圖」！但取代它的也還是「地圖」啊！我給朋友的提醒很簡單：請問那個手機裡的軟體叫什麼名字？不就是「谷歌地圖」（Google Map）嗎？瞧，又來一個不被直覺認定是地圖的「地圖」！

谷歌地圖——我們都是渺小的製圖員

事實上，在二〇一三年之前，**谷歌地圖**一直都是全球手機使用者經驗調查中最常使用軟體第一名，想想，這值得大驚小怪嗎？「移動」電話（mobile phone）當然跟**移動中的身體**最需要的**空間訊息介面**（地圖）息息相關啊！地圖在人類歷史誕生的關鍵原因，是人類與地球環境間關係的根本變化，或者說人類對「環境」一詞意義的認知改變（我們稍後回溯第一章談及的直立人移動史就會看到。）

谷歌靠資料搜尋引擎（Google Search）起家，到現在我們還是會把谷歌當動詞使用，不信你 **Google** 一下。二〇〇五年新推出谷歌地圖時很多人反應：「谷歌瘋了嗎？

搞什麼地圖！」往前一年谷歌收購地理資訊處理公司 Keyhole 後，賴瑞・佩吉（Larry Page）指出了一個谷歌開發地圖的重要原因，谷歌搜尋中有兩成五是直接跟地點有關，是的，人們移動的時候自然向手機要地圖資訊（廢話不是嗎）！

不過講到底，就算搜索的不是地點，所有的事情都發生在空間裡！這是谷歌先發制人，商業競爭中釜底抽薪的高段出手。人類整理歸檔的方式，決定了這些資訊被搜索取得的準確與效率，按照**名稱**的排列順序整理資訊（像是辭典）；按照事情發生的**時序**排列（像是年表）；依照事情的**空間定位**則是後來居上的第三利器。我們印象中的谷歌地圖只是衛星與街區底圖，但每一個 GPS 的經緯定點都可以任意堆疊有用資訊的指標（index）：氣候、交通、影音、歷史、商家、山徑、房價……等任何你想像得到跟人的活動意欲產生關聯的資訊都可以構成一個圖層。紙本的東京地鐵圖當然可以被輕易消化後，轉移到手機裡的谷歌地圖。

谷歌比誰都清楚地圖的本質，它是人與環境的互動介面，而且只有在活動發生的接點上才能確定其意義。這也意味著**人的身體活動**就是空間的資訊本身，因此人們儘管認識自己為地圖的消費者，消費時移動的身體同時也是**有意義的地圖**的生產者！如今時時刻刻現場移動勘查塗塗改改豐富著谷歌地圖的，反而是隨身攜帶手機，頻繁打卡、按讚或被默默加上 GPS 注腳的「製圖員」：我們。

貝克當年的顛覆製圖現在看來高度符合谷歌的地圖學。每個仰賴手機接收雲端伺服器即時資訊回饋，孤獨移動著料理日常的都市陌生人們都瞭解：支撐環境與身體在生活中親密互動的空間資訊，就是**地圖**。自然也包括上世紀初倫敦市民在月台上跨步前進時，握在手中的那張「電路板」。

我們從二〇〇五年的谷歌地圖回頭看清了一九三三年倫敦地鐵的管子地圖，但或許又讓你因此產生了新的誤解，認為地圖是到了現代才轉變成一種空間資訊系統。讓我們一口氣把時間撥回史前時代，看看一八六二年在馬紹爾群島出土的**木條海圖**（Stick Chart）。德國海軍軍官溫克爾勒（Winkler）原本認為它們只是島民呈現美感的編織工藝品，在將近三十年的民族誌研究後才恍然大悟，揭曉古老海圖的謎底。原來「工藝品」上的貝殼代表分布於周邊海域的大小島嶼，棕櫚葉脈交錯的直管代表貫穿群島的幾道大洋流，而平行排列的彎管則標記了撞擊島岸後迴盪擴散的湧浪（swell）。

藉著出海前閱讀熟記這些「海上捷運圖」，密克羅尼西亞（Micronesia）以海維生的島民乘坐當地稱為 Vaka 的舷外支架船（Outrigger）在茫茫大海中乘風破浪前行之際，不時壓低身軀「體察」湧浪的走向對照記憶中的地圖便得以找到「轉乘站」適時切換路徑，沿著宛如地鐵路線般的隱形海上捷徑，穿梭於六百海里廣袤海域的南太平洋島嶼之間。

第一張地圖——在路上的我們無法勾勒未來

那麼，繼上一章所有工具的工具榔頭之後，我們不禁好奇：人類歷史上最初的地圖是何時出現？與工具共生的人類在「榔頭」之後，伴隨地圖的誕生有了什麼關鍵的演化？如果按照我們從東京開始的旅程啟示合理推論，地圖應該與人類移動的歷史同步，那沿著史前的南島木條海圖往前尋找，第一張地圖應該就在人類開始大規模移動之際等著我們吧？事實是，地圖要在那之後很久很久才會出現。而地圖誕生的理由將為我們到目前為止的地圖理解帶來意料之外的轉折，「環境變遷」構成地圖的最後一個祕密特性，也將為人類當代的困境揭開序幕。

話說從頭，直立人突破了巧人時期石器製作瓶頸的工藝演化，已經握有石器工具，在協作與傳承石器製作技藝的同時，直立人的腦容量快速擴充，語言能力也有了驚人的突破，演化出尼安德塔人（*Homo neanderthalensis*）、丹尼索瓦人（*Homo Denisova*）與我們祖先智人（*Homo Sapien*）在內的三支人族。但腦容量與精巧工藝並無法讓人類在上古世界物競天擇殘酷的生存競爭中取得優勢，依靠採集與狩獵的人類曾經是地球上最脆弱的生物之一，考古發現指出，我們的祖先在很長的一段時間裡，虛弱無助地尾隨非洲鬣狗與土狼之後爭食腐肉；或者不懈地追獵，等待小型動物體力消耗後才一擁而上。由於殘食無幾，敲擊破骨以吸食骨髓是家常便飯。許多出土的骨頭透露了人族反而被大型食肉動物啃食的悲慘歲月。

不管是採集或者狩獵，人類的祖先都生活在氣候變遷等各種大自然力量的支配下，一旦食糧來源消耗殆盡就要往下一個棲息地移動。**移動**從遠古人類誕生開始就是這個直立行走的猿類生存的宿命。最初的地圖並未因應而生，事實上（看似弔詭地），移動不僅不是地圖出現的充分理由，更可能是地圖一直沒有出現的主要原因。

壯碩耐寒的尼安德塔人無論在移動能力、身型、體力都遠優於智人，率先跨出東非草原進入北非和西亞，更在四十萬年前走進歐洲。丹尼索瓦人更長途跋涉深入到西伯利亞，在六十萬年前抵達蒙古的北方。在這裡描述的，是許多小單位的人族部落以千百個世代接力的方式，在家族不斷分化與甚至滅絕的斷續碎步中，緩慢完成的人類空間全球移動。

比較起其他兩支人族，我們的祖先智人可以說「肉腳」許多，十萬年前一度跨出非洲立即遭遇尼安德塔人，慘敗後被逐回老巢。直到八萬五千年前在氣候變遷的生存逼迫下，出於無奈大膽改經紅海出走才有突破。從此智人開始漫長的跨洲大遷移，沿著印度洋相對溫暖、安全而且資源豐富的海岸線推進，經歷了七萬多年前蘇門答臘島的火山爆發後差點滅種的冰河試煉；人類的足跡在一萬五千年前抵達亞洲極東，一舉跨越白令海峽踏入北美洲；一萬兩千年前在冰河期結束之際來到中美洲；最後在五千年前輾轉抵達美洲大陸溫暖的南端。除了南極洲尚無人跡，人類終於完成長征布滿了整個地球，而且隨著更早從東非移出的其他人族滅絕，我們的祖先智人後來居上，成為地球表面唯一的人類。

採集到農耕——從此我們有了家園

在這耗時十萬多年，跨越全球的人類遷徙歷史中，目前最早發現的地圖估計是西元前二三〇〇年的泥板地圖，地點在兩河流域間的美索不達米亞平原，這也是人類最早發展出農耕文明的地方。繪圖者在泥板上刻畫了居住地巴比倫城內外空間的地景與許多人造建築物，包括農田、渠道、農舍、神廟、原野、道路……範圍最大的「世界地圖」包括了中央的巴比倫城、屹立北方的高山與周邊的波斯灣海面，這些地圖所勾勒的是他們世代傳承的家園環境。

最初的地圖出現在最初的農耕文明並非偶然，人類在採集與狩獵的階段，尤其面對冰河時期變化無常的環境，處於不斷遷徙尋找食物的狀態，沒有地方等候他們回返，下一個落腳點總是令人不安的未知之境。對這些人類原始部落而言，移動身體的歇息之處除了資源依賴之外缺乏「地方認同」，透過繪製「地圖」紀錄與保存環境面貌，並不符合現實生存需求。

農耕定居才是地圖在人類歷史中登場的契機，其中的關鍵就在人類透過「設計」對於「環境」意義的改造。

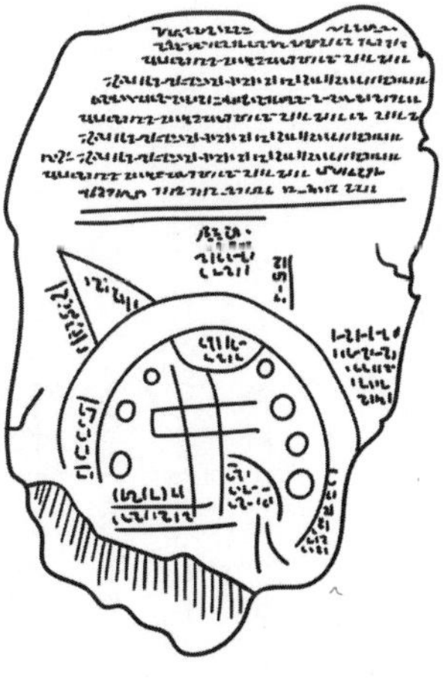

現存的第一張地圖

當人類的祖先定居下來，開始認識週遭環境，明白居住環境的地理關係後，嘗試將調查的成果繪製下來，也就是地圖的開始。

人類扭轉宿命化被動為主動，控制（譬如學會用火）甚至創造了「人造」的環境條件，是人類演化到定居生活的前提。農耕代表著人類跟土地產生深度而且穩定的連結，它不僅是採集與狩獵之外的第三種生存形態，人類對動植物的「馴化」（domestication）過程，在自然界打造出一個服侍人類需求的「文化」環境。如此，我們也不難理解為何「文化」（culture）一詞究其語源有「培育」（cultivate）的意思，在歐洲中世紀更直接有空間的指涉，意味「物種培育的土地」。

稻米、玉米、豬、羊、牛、狗等作物與家畜，實質上是人類透過反覆挑選與配種，經過許多世代的「純種化」終於穩定了人類對生物遺傳染色體DNA的資訊控制。小麥一旦成熟便快速落種，人類排除了小麥的自然競爭優勢，反而刻意栽培留在頂端方便摘取的「劣質」麥粒；不夠凶狠不夠獨立的野狼，笨拙地接近營地被人類輕易殺害，在人類的引誘慣養下開枝散葉，繁衍出極為親人的後代：犬類。

人擇的設計「反淘汰」取代了自然界的天擇，「馴化」本來就有帶到家裡來的意思，以農耕為基礎的定居生活創造了「家園」的文化環境。人類馴化動植物，發展出農耕定居文化經歷漫長的試誤摸索，但這個模式一旦穩定，隨著人口增長就開啟了之後財產、市場、城市、奴隸、軍隊、法典、城邦……乃至帝國一一誕生的人類文明擴張之路。冰河時期結束的一萬兩千年前是個關鍵，也是國際氣候會議界定我們目前所處「全新世」（Holocene）地球史的分隔線，全球氣候的回暖成為各地農作試驗成功的珍貴契機。

尼安德塔人與丹尼索瓦人為什麼在冰河結束前就滅絕？許多過去言之確鑿的理論已被推翻，不管就體型耐力、語言溝通能力、用火的能耐、集體狩獵戰略、石器工藝技術、壁畫儀式的表現，智人與他們都沒有明顯差異。因智人大屠殺而種族滅絕的想像固然非常戲劇性，但從沒發現古戰場作為廝殺證據。真正的原因極可能是智人在馴化定居的過程中所增強的競爭優勢，狗的祖先是最早被智人馴化的動物，為狩獵行動增加了人犬協同作戰的優勢，狗的嗅覺循跡與追逐速度也擴大了智人狩獵的作戰半徑，相對之下也就限縮、掠奪了其他人族的生存資源。隨著智人馴化植物家畜的摸索過程而逐漸增加的「基地」（homebase）切割了其他人族小部落接觸繁衍的基礎數量，讓他們在生態資源的物種競爭中逐漸失去人口再生產的內在動力。

地圖是人類在空間中移動的**資訊工具**。人類從古猿人露西開始就一直被大自然逼迫著四處奔走苟活求生，這樣意義的「環境」變化無常、冷酷無情全然引不起人們動手「抽象製圖」的動機。我們追蹤了人類從東非出發到席捲全球的漫長移動歷史，定位了比預期較晚的「地圖」誕生座標，確認了一個道理：地圖的繪製預設了觀看地圖、伺機準備移動的人類身體對於環境的本體安定感（ontological security）。只有經歷世代的在地化帶來傳承定居的家園，人們才會對早就在那裡的環境萌生資訊理解的渴望：我們什麼時候來到這裡？我們身在何處？我還沒走到的世界還有多大？定居範圍之外的世界是什麼模樣？

馴化野生動植物是人類倒轉與環境的主從關係的設計關鍵，人類從選種到配種、操縱動植物的DNA染色體，取代天擇創造了符合人類所需各種工具性品種，靠馴化動植物為己所用創造出定居其中日益豐富的文化，才開始有了地圖以圖像抽象掌握空間的意義。文化（別忘了它的一個語源是「因培育馴化而出現的土地」）於焉化身為地圖上的故事，在這過去、現在與未來重疊一起的空間舞台展開，標記描繪出關於「我們」的過往傳說、當下行動與未來野望。我們繞行許久的地圖之旅終於在人類移動的歷史中找到起源的「文化之地」，也揭開了理解地圖的最後一塊拼圖。

找到自己——回首來時路的每一步

讓我們從遠古回到未來，再思考一次我朋友「這年頭誰還在用地圖？」的發問，很多人都會同意她的看法，不是嗎？看著手機裡的谷歌地圖邊在大都會裡匆忙奔走的我們，請你回想看看，為什麼會模糊了自己正在使用地圖的身體感受？

試著喚醒你的身體經驗回答這個問題：「使用地圖的第一件事是什麼？」我收到的回答幾乎千篇一律，讓我感到驚訝：「當然是先找到目的地！」是的沒錯，地圖是人們企畫各種活動不可缺的一環，東京都地鐵每天四千多萬次的搭乘就有四千多萬個移動目的，在大都會華麗多樣的人類文化大堡礁中遊走，我們需要先有個「目的地」才有移動路徑的盤算與規畫。「行走的人」始終以跨步前傾的姿態存在，總是懷著夢想在前往某個目的地的路上。但我認為正確使用地圖的方式是：「首先，**找到自己在哪裡！**」

不知身在何處，無法將身體與地圖上的某處疊合，目的地與規畫路徑都將失去參照。谷歌地圖的導航功能極為便利有效，在我們動心起念移動時，它快速提供了「客製」（tailor-made）路徑建議。攤開傳統全觀地圖閱讀的瞬間，難免有「嗯，我在哪裡？」的喃喃疑慮，也在谷歌地圖「放大」（zoom in）貼近你此刻週遭的貼心服務中消失了！如今反覆拿起、放下手機讓使用地圖的過程變得片段且零碎，但為何我們身體在地圖上移動的直覺依舊統合

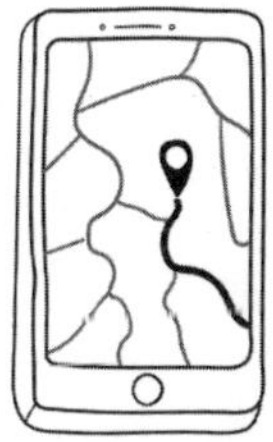

「從你的位置出發」

在心中決定目的地後，拿出手機，點開地圖，輸入目標資訊，軟體立即規畫出最便利的路線。螢幕上一閃一閃的藍點回覆著人類展開地圖時的永恆問題：「我在哪裡？」

流暢？原因是，**找到自己在哪裡**照理更直覺原始的第一個動作被手機殷勤迅速的 GPS 定位服務給取代了！

但不要忘了，地圖仍舊與我們同在。回到地圖原點的歷史旅程提醒我們，人的移動無論穿越時空的距離、不論載具與動力有多大差異，速度與路徑如何轉轍變換，始終是**帶著身體移動**內在親密的經驗。從真實生存所在位置的熟悉確認出發，到邊界之外未知世界的試探好奇，固然「**地圖爲探索而生！**」彰顯人類不懈地拓邊冒險的精神偉大，但不管是大航海時代的船隊艦長，都市叢林裡奔走不懈的企業戰士，翻山越嶺夢想攀高的登山客，或者電影《星際效應》中困在與時間競賽兩難的寂寞太空人，最終能夠回到**原點的家**才是沒有遺憾的完美旅程。

我在哪裡？我來自何方？我的目的地在哪裡？怎樣的人與物在路途上等著我？下個左／右轉的決斷時刻將出現在哪裡？蜿蜒曲折的長路末端之後，我將會成為怎樣的人？最後，無論到達目的地與否，我可以找到回首的歸鄉路嗎？在**人類世**成為眾多糾纏人類困境的爭議主題的當代，人類分辨得出**家園**的面貌嗎？人類找得到回家的路嗎？人類還有家可歸嗎？這些看似鄉愁的發問不再浪漫，已經成為我們無法迴避的嚴峻課題，我在翻頁的下一章等你會合再出發。

地球儀：人與萬物的星球故事

一眼掌握整個地球

谷歌除了地圖軟體還有一款乍看極類似的產品叫「谷歌地球」（Google Earth），提供人們在數位時代觀看「地球儀」（globe）的全新體驗。地圖與地球儀同是人類掌握環境的圖像工具，但究其背後的動機卻是截然不同的人類深層欲望，物件形式上自然也有根本的差異。

地圖對應的是人類的移動經驗，從身體所在的當下起點到行動目的地的未來終點，地圖幫助我們建立點對點的路徑。谷歌地圖的使用經驗尤其體貼，它提供的是兩地連結當中，細切分的許多點之間「連續轉彎」（turn-by-turn）瑣碎具體的耐心指引。地球儀的設計願景恰恰相反，它純粹為了觀看而誕生，甚至可以說無涉於使用者的身體，與身體所站立的地表。地球儀的「觀看者」處在一個想像的外太空虛擬位置，再沒有比這個自始就離地的觀看者更遠離於地圖的使用者了。

維基百科如此界定谷歌地球：「一款 Google 公司開發的虛擬地球儀軟體，把衛星圖、航空照相和 GIS 資料疊加在地球的三維模型上。」事實上它最初的名字正是「3D 地球觀看器」（EarthViewer 3D）。不同於地圖，除了純粹觀看與脫離肉身，3D 立體與**整體觀**（whole view）才是觀看地球儀最具吸引力的神奇重點，面對具體就在眼前的地球做各種角度、最大面積範圍的自由探索，滿足了人類一**眼掌握整個地球**的千年渴望！

「有這麼值得興奮嗎？」如果你這麼想，那麼找個孩子給他看看你手機裡的谷歌地球，展示一下彈指之間把玩地球的魔術吧，他們會幫你喚醒早已遺忘的童真好奇。一顆晶瑩剔透的「藍色彈珠」（Blue Marble）從小螢幕的暗黑宇宙中慢慢浮現，與美麗星球初次邂逅的孩子發出驚呼，手指按住地球橫向輕刷，它便如迷你籃球般順著指尖旋轉了起來。魔術還沒結束呢，在地球表面輕點兩下，毫無預警地你們急速往地面墜落，剎那間飄浮在地球表面的某處，一個城市、一座火山、或者一片汪洋譁然在你眼下展開。觀看地球儀的你們擺脫了身體的束縛，玩賞夠了隨心所欲點擊畫面，瞬間便又拉回到浩瀚宇宙中，那千萬年來高不可攀人類夢想著接近神的觀看高度。

媒體哲學家傅拉瑟（Vilem Flusser）很早便點出了人們著迷於地球儀背後的狂想——超越人類認識的先天侷限！原本受限於最遠處的「**地平線**」（horizon），擺脫了觀看地圖時的兩個預設：肉身與地面之後，便再沒有東西躲藏到地平線下方（或後面）的「**視野**」（horizon）之外。我們可以在「地球」外的任何觀察點間移動，遠近左右自由自在地調整距離，整個世界無所遁逃地被迫全面展開在人類的眼下，那一刻我們彷彿不再那麼「人類」，為既反映真實又極不真實的視覺體驗感到興奮。

人類終究不是神祇，「彷彿」一詞透露了觀看地球儀的本質，極致表現的谷歌地球清楚坦白只是一款虛擬軟體。但是，也正是在地球儀這個人造物的創作欲望上，我們看到了神學家巴斯卡（Pascal）口中脆弱的「思想蘆葦」對「完整地想像與掌握世界」拚足氣力的驚人欲望！這個偉大的全球想像裡藏著我們對被稱為「**人類世**」的當代愛恨交加、舉足無措的曖昧：一方面地球儀勾引人類的野望，就如咕嚕為之癲狂錯亂的魔戒寶物足以引誘出人類摧枯拉朽、遺害眾生甚至毀滅地球的破壞力；另一方面，地球儀也被認為是啟蒙喚醒萬物之靈，承擔哲學家海德格所謂牧羊人（shephard）的責任，團結人類懸崖勒馬拯救地球於危殆之際的契機！

開啟全球想像的「球體」

那麼，地球儀究竟在何時，為了什麼原因出現的？這顆引人狂想的魔戒如何顛覆翻弄了寰宇眾生的歷史命運？我們又該如何面對「一眼掌握整個地球」的視覺欲望？上一章我們已經跟著人類祖先的足跡踏出東非，接著往歐亞大陸甚至大洋洲擴散，最終抵達美洲最南端。在途中我們找到了地圖誕生在人類社會由狩獵採集演化到農業定居時的關鍵。短暫停頓後，我們現在繼續跟著地球儀往前滾動，這次要壓縮篇幅來個大跨步，把我們關照人類歷史的眼光一氣拉到令人困惑的

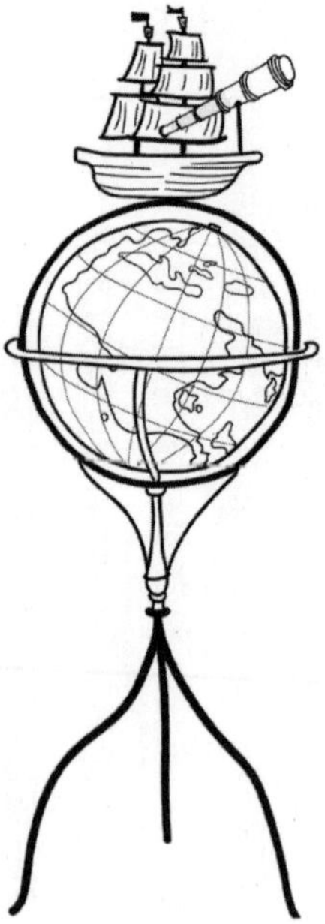

馬丁・貝海姆的地球儀

人類相信地球是圓的那一刻，就預告了地球儀的誕生。馬丁・貝海姆製作的地球儀上，日本與歐洲只隔一片海。探險家帶上望遠鏡乘風破浪，宣誓將在球體上畫出新大陸的輪廓。

當代。所謂的「全球」（Globe）是人類自我欺騙難以逃脫的陷阱，還是在「人類世」的末日打開另一道認識之門的啟蒙鑰匙？讓我們藉著追蹤地球儀歷史中的一些關鍵的插曲來重新開啟對全球想像的當代思辨！

地球儀的製作工法比地圖複雜，不像月灣平原的泥板易於保留，讓這次工具起源的搜索變得困難許多。現存最古老的地球儀是德國人馬丁・貝海姆（Martin Behaim）在一四九三年製作的，幾乎與哥倫布發現美洲開啟「地理大發現」同時出現，在貝海姆的地球儀上日本與歐洲僅有一片海洋相隔，距離不遠。哥倫布受不了誘惑為了「西行日本」而四度遠航，卻至死也不願相信當時抵達的是貝海姆地球儀上不存在的美洲大陸。

美洲於地球儀上首次出現是在一顆一五〇四年的鴕鳥蛋上，蛋殼上描繪的北美洲只是兩座小島，在較大的南美洲上寫著警語：「小心火龍！」可見「新世界」仍是刺激想像的未知之境。至於美洲大陸後方浩渺的太平洋更是毫無頭緒，直到一五二一年麥哲倫（Ferdinand Magellan）的船隊在超乎預期的百日航程後飢餓疲憊、精神潰散地抵達菲律賓霍盟洪島，歐洲人才成功繞行地球開發亞洲新航線，占地表七成的海面終於全數到齊，一個忠實反映地表的地球儀於焉誕生！

現在，我們來回頭尋找已經不存在的第一個地球儀。首先，地球儀無疑出現於地圖之後，不管就內容或形式，它都是平面製圖的高階技術。而這個挑戰的重心仍是地圖本位，放在如何透過各種「投影法」（projective techinque）在最小扭曲下將「立體的全球」化為「平面的地圖」，這樣人們就可以享受到地圖易攜易讀的好處。以一五六九年麥卡托發明我們比較熟悉的投影法（Mercator Projection）為例，他將地球上的經線與緯線垂直交叉，製作出我們最常見的世界地圖。但這熟悉親切的地圖卻是高度扭曲了地球的實際樣貌，越遠離赤道越接近球體兩端的區域越被放大，南北極的兩個極點反而成了地圖的上下邊線。每種投影法都有無可避免的相應扭曲，就像將完美剝開的橘子皮壓平，所有被壓平的地球都是非真實的，世界地圖的先天缺陷更加對照出地球儀完美呈現地球的俾倪地位。

我們歸根究柢回到動心起念處，地球儀的技術難題，很單純就在繪圖師看待「**球體**」（sphere）這個地理事實的觀念開竅。在發明人造衛星之前的漫長歷史中，人類無法以肉眼看到地球，雖然月球不斷暗示，地球儀的起源是關於人類大膽推測「地球是圓的！」的人類學課題。人類由樹梢爬下到地表後，便基於各種生存繁衍的理由不斷移動，但不管移動得再快，視覺從腳下的地表往遠處延伸，總是無法擺脫在盡頭等候的地平線，對

地平線之後的世界懷抱著好奇，必然也是驅動過人類移動的高級認知動機，地平線是無法靠身體移動而逼近的。「地球儀的誕生」瞬間或許也是在薛西弗斯式的徒勞，無止境的頓挫與困惑極限，人類突然認知跳躍大膽推測出**地球是球體**的那一刻！

西元前三百多年，泥板地圖誕生兩千年後的某一天，年輕的希臘哲學家亞里斯多德（Aristole）在月食的深夜裡仰望雅典星空，他看到遠方月亮被覆蓋的陰影，突然意識到（哲學家的腦袋果然特殊）最近距離的自己以及身體相連的綿延地表，那弧形的陰影該不會是地球阻隔太陽照射月球的剪影？於是，他恍然大悟自己正身處於一顆**球體**當中，也就在那一刻「地表」（earth）成為了「地球」（Earth）。或者說，我們開始有了**全球**這個準備好脫離地表，改變人類與地球萬物命運的抽象概念！

球體發現之後的兩百多年，托勒密（Claudius Ptolemy）在《地理學指南》（*Geography*）中首次記錄了製作地球儀的要領，同時也用自己發明的球面投影與圓錐投影鉅細靡遺地描繪地球表面製成世界地圖。托勒密並非第一位繪製地球儀的人，最早提及地球儀的文字紀錄早他五十年前，所以我們揣測地球儀誕生日的誤差範圍縮小到一百五十年間。托勒密也不是第一位繪製世界地圖的人，但他在世界地圖中放入了最大量的地理資訊，甚至寧可填上自己的大膽想像也不願留白，這顆既完整巍然又細節誘人的「托勒密地球」因此散發著無法抵抗的魔力。

可惜（或者幸運）托勒密的地球儀在後來的動亂中煙滅，中世紀羅馬教廷統治下的黑暗時代裡，「宗教正確性」取代了人們世俗的地理視野。神學地圖的地平線是面向耶穌誕生地的「東方」（Oriental），地圖上指引人們往東移動，滿足觀圖者的志向（oriented）。反倒是托勒密《天文學大成》（*Almagest*）中以地球為宇宙中心的學說被教廷沿用成為一五四三年哥白尼（Nicolaus Copernicus）《天體運行論》（*On the Revolutions of the Heavenly Spheres*）「日心論」提出前唯一的權威顯學。拉丁文版本的托勒密《地理學指南》直到一四八二年才在德國出土，托勒密的「魔戒」匿跡千年後終於重現江湖。地球儀邀約人們「擁抱全球」的熱情再度被燃起，只是歐洲人的目光回轉向西，垂涎著美洲大陸，歐洲人的西遊記無意間發動了資本主義席捲全球的轟隆引擎，甚至改變了所觀看**球體**的生態。

重返球體的亞美利加

一四九二年，托勒密地球儀的頭號粉絲哥倫布帶領西班牙船隊抵達中美洲的瓜那哈尼島（Guanahani），原本只是發生在地球微小角落的一件小事——歐洲人踏上新大陸的一小步——事後證明卻是人類改變地球生態的關鍵轉折。瓜那哈尼在土著語言裡是「甜蜜與溫柔」的意思，哥白尼將它命名為「聖薩爾瓦多」（San Salvador）意謂「救世主」的福音到來。歷史證明後續發生的美洲巨變痛苦而暴烈，在地球南極冰芯中留下了清晰線索，證實人類的活動足以影響（危及）萬物世界。

這次「邂逅」距離上次人類踏上美洲已有一萬兩千多年，西伯利亞的智人部落趁著冰河期結束前，踩著白令海峽上的薄冰遷入北美大陸。這批美洲原住民的後代花了五千年抵達了美洲最南端，所到之處與早先智人在歐亞移動時有著相同狀況，大量狩獵加上農業定居的棲地排擠之下，大型動物被澈底殲滅。人類固然從此遍布全球，但其實零碎分布在許多大大小小的聚落，常有彼此相距不遠，只因湖泊、山岳、洋面的阻隔，便不知彼此的存在。

譬如在南太平洋，高度發展農業文明的毛利人，直到澳洲捕海豹船的通報才得知在他們的東南方有查坦群島（Chatham Island）的存在，於是在一八三五年登島進攻莫里奧里人（Moriori），演變成一場幾近滅族的大屠殺。在毛利人眼中，以狩獵採集維生的莫里奧里人如野獸般未開化，但是他們卻擁有相同的祖先：西元前一二〇〇年左右逐島上岸的南海玻里尼亞人。莫里奧里人更是到西元前五百年才跟毛利人分道揚鑣的兄弟啊！農業發展程度在短時間內就拉開了這兩群南洋島人「競爭力」差距，印證了上一章〈地圖〉提到，大規模的動植物馴化與廣泛運用，是人類聚落能否透過生產力與人口增長往帝國文明發展的關鍵。

得天獨厚的歐亞大陸擁有自然界相當少數可被馴化的動、植物，加速了兩河、黃河、長江等大河流域農業經濟文明的累積發展。賈德・戴蒙（Jared Diamond）追蹤歐洲取得文明競爭霸權的遠因，歸結到這個生態歷史的分水嶺，他主張歐亞大陸相較於南北緯度跨距極大的美、非兩洲，以及被海面切割分散的大洋洲島嶼具有「創新擴散的橫軸先天優勢」。同區域中落後的狩獵採集聚落，在相似天候條件下很容易採納先進的家畜農作生產模式，改變為定居生活。我們以這個歐亞大陸橫軸優勢的歷史起跑線為背景，讓十五世紀中葉哥倫布的西班牙船隊正式揚帆登場，接著從「地理大發現」的生態影響往前快轉地球時鐘，返回當代的**全球處境**。

十五世紀的歐洲正進入義大利引領的文藝復興高潮，托勒密地球儀的出土與被大量複製只是眾多「希臘智慧」回返的一個片段。當時的歐洲霸主葡萄牙捷足先登在非洲建立殖民地，並控制了繞行好望角通往亞洲的貿易要道。亟思突破的西班牙皇室聽從哥倫布只要看一眼托勒密地球儀就不會懷疑的新航線提案——往西直行很快就能抵達日本列島，中國與印度也在不遠處。歐洲兩強海上爭霸的同時，大陸另一端的明帝國正值孝宗朝的中興盛世，農作生產力、技術革新、人均壽命、人口增長各方面完全不輸歐洲，甚至兩度在廣州擊敗葡萄牙軍隊。但隨後幾個世紀，歐洲靠科學革命與工業革命加速超越選擇封閉的中國。哥倫布不願承認的發現新大陸開啟了全球範圍的連鎖反應，地球在歐洲與美洲接觸後逐漸被殖民擴張縫合為一個具實質意義的**整體**——不只是資本主義消費文明的世界貿易體系成形，還包括「一體兩面」地球氣候變遷與生態依存的全球連動。

西班牙人在哥倫布後蜂擁進入美洲，也將歐洲的傳染病毒透過馴化的家畜帶到新世界。除了史上最惡名昭彰的天花，包括肺炎、瘧疾、痲疹、傷寒等病菌快速的肆虐下，數百人的騎兵部隊吹枯拉朽襲捲美洲大陸，將阿茲特克帝國和印加帝國上百萬的部隊澈底殲滅。美洲頓時成為慘絕人寰的人間地獄，二十年間，美洲八千萬的人口有七千六百萬人喪生，歐美大陸相隔一萬多年後的人類重逢，以全球十分之一人口人間蒸發、兩個大型古文明帝國的滅亡收場。

病毒毀滅印加文明的傳奇故事許多人早已熟知，但直到我們自己身陷全球暖化與氣候變遷的危機中，才警覺到這也是人類的集體行動足以直接地對全球生態與氣候造成**全面影響**的開端！美洲人口在短時間內巨量萎縮，造成整個美洲大陸的農耕系統幾乎一夕間徹底崩潰，大自然的力量跟著接手。熱帶森林在六十年間覆蓋了荒棄的農地，同時吸收了大量的碳排放，據估計移除了高達一百三十億公噸的二氧化碳。造成地球暖化的長期趨勢中出現了一段戲劇性逆轉的「小冰期」（Little Ice Age），從一五二〇年開始出現的降溫跡象到了一五七〇年隨著森林大面積覆蓋美洲出現明顯陡降，直到一六一〇年之後歐洲占領者再度大量砍伐森林，地球才又回到持續暖化的狀態直到今日。傑佛瑞・帕克（Geoffrey Parker）認為不僅美洲受到劇烈溫度變化影響，甚至擴及全球，氣候變遷造成全球性的農作歉收，飢荒與農民暴動是十七世紀許多起義與革命的深層理由。包括中歐環繞神聖羅馬帝國的三十年戰爭（1618-1648）；日本江戶初期爆發的島原天草一揆，信奉基督的農民起義戰爭（1637）；在英國，苛稅與歉收點燃了圈地運動下農業受牧業壓迫的怒火，爆發了為之後光榮革命奠定民主基礎的英國內戰（1642-1651）。

人類星球——活在人類世界裡的地球

你或許會好奇，如何知道千萬年前大氣層的空氣品質？答案就在南極洲堆疊的冰層，就像樹木的年輪，儲存了不同年代冰封氣泡中的空氣樣本。人類在南極鑽探從冰芯取得了地球最近八次「間冰期」的二氧化碳濃度，歸納得知 240ppm 是地球開始要進入冰河期的二氧化碳濃度指標。除開一五二〇年到一六一〇年間的小冰期，人類貪婪的消費物質需求導致十八世紀工業革命後消耗了巨量的煤炭、石化能源，再加上大量砍伐森林破壞植被，不只創造了地球史上的「超級間冰期」，二戰後氣候暖化的驚人加速度甚至造成了南北極冰原的不斷裂解與縮小，二〇一九年測得了人類歷史的二氧化碳濃度的最高紀錄：415ppm。二〇二〇年二月南極洲氣溫來到史無前例的攝氏二十度，報導估計如果地球發燒不退，全球企鵝數量將銳減一半宛如一場寧靜大屠殺！

地球從未被人類如此「全面而親密地擁抱」，事實上與其說人類活在地球，倒不如說是**地球活在人類的世界裡**！恐龍曾經是穩坐全球生物鍊頂端的霸主，但它再巨大凶猛終究仍是氣候變遷下脆弱的被動適應者。原本羸弱無比與豺狗爭奪殘食的卑微生物「人類」卻膽大向天借火，靠雙手創造的工具逐漸自主演化，竟足以在地球史的最新階段堂皇討論起是否冠上「人類」的名號。馴化動植物是人類逆天的最早跡象，人類聰明地顛倒了天擇的自然意志，透過配種控制生物基因資訊的傳遞奠定了農業定居的生物基礎，從而創造出狩獵採集時期的人類所無法想像，以第二個造物主的姿態設計出自以為可以隔絕於自然之外，人文自足的文化環境。人口成長是人類文化工程最清楚的業績指標，農業初始之際的全球人口只有五百萬；發現美洲後的西元一五〇〇年，即便消失了七千六百萬的美洲土著，地球人口仍增加到五億，接著在工業革命與能源突破（更有效率汲取利用地球資源）的生產力大爆發支持下，短短五百年後再次飛躍成長一舉到了七十八億人口。人類確實已站到**彷彿**置身地球事外神的位置，加入了形塑地球生態的主要力量。

運轉這個預估三十年後將達到一百億人口的**人類星球**，需要無比驚人的技術生產力，需要在地球整體的尺度上汲取調度各種能源與資源。地理大發現後，美洲被迫加入歐洲主導的「全球化」正是這個現代資本主義文明誕生的助產動力。美洲的熱帶森林為殖民者大量砍伐，以支持歐洲工業生產力快速增長必然短缺的能源。非洲大批被迫成為人肉商品的奴隸被引入美洲的殖民莊園，成為棉花、菸草、糖的生產勞動力。金、銀礦的挖掘讓歐洲人得以從美洲「調度全球資金」向中國與南亞購買絲綢、香料、陶瓷等奢侈消費品。葡萄牙與西班牙殖民帝國炙熱的海外競爭為三個世紀後從英國起跑的工業資本主義熱身，甚至埋下當代消費主義的欲望種子。咖啡、茶與蔗糖向新興的歐洲工人階級提出了刺激工廠勤奮勞動的消費誘因，十九世紀一到午後放下手頭工作、搭配甜點的「下午茶」成為英國平民奢華的國民文化傳統，追其根源是早在十八世紀工業革命前的「大航海時代」便打下「全球一體」的貿易體系！

我們把關注歐洲崛起的眼光移向臨近的東亞，大航海時代前中國國力領先歐洲，鄭和七下西洋打開海上絲綢貿易之路可以為證，歐洲征服美洲後挖掘的白銀少則五十七噸多至八十六噸為換取瓷器、茶葉、絲綢等奢侈品源源流入中國，白銀也成了順差大國的流通貨幣，但好景不常小冰期造成的氣候嚴寒從北而南甚至最後廣及珠江三角洲，農作寒害歉收、牲畜也大量死亡，農民暴動頻傳，北方民族更為生計而入侵中土，最後是明朝於一六四四年滅亡。清朝在以騎射為傳統的滿族統治下，對面向海洋的南方國際貿易不感興趣，選擇閉關自守阻斷與西洋接觸，中國因此錯過了與工業革命歐洲的交流聯繫，直到一八四〇年第一次鴉片戰爭敗於英國艦隊，中國被迫開放口岸進入近代的全球秩序中逐步就定次殖民地的位置。

眼見老大哥的悲慘下場，「黑船」到來讓幕府上下驚慌失措。當時日本發生了一則觀看地球儀的傳奇故事，讓我們看到了東方與哥倫布的觀看差異，藏在一個地球中早被我們遺忘的啟蒙多重文本。

一八六二年（文久二年）的江戶，剛脫藩的阪本龍馬前往當時負責幕府海軍的勝海舟住處，據說原本意在刺殺，卻在見到勝海舟家中地球儀時一眼看清世局而震撼不已，聽完勝海舟一番全球動向的分析與勸說後，反成了門下弟子。五年後從龍馬的「船中八策」到勝海舟「無血開城」的會談，靠著從地球整體回看日本的開闊視野，這對師生扭轉了近代日本的命運。那天的龍馬經歷了天翻地覆的覺醒，從美國民選總統的故事中跳脫土佐的封建禁制，原本頑固衝動的脫藩浪人發現了**現代個體**的全新自我；從風雲際會的歐美國際政治對比到侷限東亞一角的渺小日本，在藩政之上看到了團結的日本國族；最後還從地球儀上占據大部面積的汪洋大海領略到世界的遼闊，看到個人與日本都該敞開擁抱的豪邁出路！

但如果我們細看當中的心情，哥倫布觀看地球儀的出航冒險有著西洋佈道傳教、教化蠻人的文明自信；龍馬觀看地球儀激起「走向世界」的男兒熱血，卻是帶著亡國滅種威脅下孤注一擲的豪氣。**人類星球**的形成不是一個故事，而是許多命運交錯的人類與更多無聲消失生物南轅北轍的曲折經歷！地圖之後，我們追尋地球儀、看過一圈人類踏入現代中流轉世間的各種全球眼光，從大航海時代後加速繞過一些曲折旅途，終於回到了**人類世**的當代。

面對眼前鋪天蓋地無法逃避的困難，該如何想像「我們」，以協力度過挑戰？一九八五年由於嚴重飢荒導致的人道危機，兩位美國歌手萊諾・李奇（Lionel Richie）

和麥可・傑克森（Michael Jackson）聯手創作了〈*We are the World*〉，邀集眾家歌手合唱為衣索匹亞難民募款，數週內賣出七百萬張唱片，將所得捐助給人類星球**四海一家**的兄弟們。遠眺三百萬年前那場驚心動魄的人類序幕，南方古猿「降落地面」的非洲衣索匹亞可說是人類全體的祖國故土，這不正是相信全球想像足以喚醒人飢己飢人類團結力量的最佳寫照？但是，回想人類一路走來的歷史軌跡，**看到整個地球**背後的眼光都帶著一樣的心情嗎？**人類星球**的現狀與未來裡有我們一致利益的認同？全球想像真的只有帶來啟蒙，沒有遮蔽？真的只有喚醒，沒有什麼因此而被遺忘？

就在我寫作的此刻，新冠病毒正以極快的速度肆虐全球，地表五大洲幾乎沒有一個國家得以倖免，據說最終全球七成的人口將會染病，而根據美國約翰霍普金斯衛生安全中心（Johns Hopkins Center for Health Security）的科學家艾瑞克・透納（Eric Toner）做出的冠狀病毒傳染模型預測，我們需要有心理準備可能有四千六百萬人將會喪生。這一切都只是起因於一隻狡猾變態的全新病毒，它謎樣地成功穿越了我們一直以為隔離自然於外的文化保護膜進到了我們當中。諷刺的是，唯一沒有感染病例的地方是高燒不退的南極洲，半數企鵝或將因氣候暖化而滅絕，但因為我們太輕易就可歸之於「自然」，而不知如何持續關心的漠然遠方。請留意這個防疫的小插曲，「武漢病毒」被聲稱代表世界整體的世界衛生組織（WHO）給改名，堅持要用統一抽象的「COVID-19」來取代，原因是擔心提及具體地點會在正需要彼此的**我們**之間製造歧視、分裂。千年之後現代的我們，仍舊默默相信地球儀背後視覺想像的魔法，但不要忘了（世界衛生組織非常努力塗銷地名試圖讓我們遺忘），事情最初必然是從地球表面的一個「地點」（place）開始發生接著才蔓延開來，而那窄小侷限的具體地點（會不會小到只是P4病毒實驗室裡一間被錯誤地設計或使用的房間？）也有可能存在等待啟蒙你我的關鍵線索！

比基尼環礁的天空爆炸了

所以，我想邀請你跟我降落地面到一個南太平洋有名有姓的具體小島，拜訪我們上一章剛認識的老朋友們的家，看看他們在全球化的當代生活過得好嗎？

還記得馬紹爾群島的島民們嗎？他們僅憑著木條與海貝編織而成的海圖，對照駕駛船帆時身體貼近海面感受到的四周洋流走向，就可以在方圓六百海里的南太平洋海域上移動自如。一如東京都靠著一張隨處可見的地鐵圖，讓每日四千多萬人次的龐大人群井然有序的匆忙往來。我們這些自認活在舒適都市生活裡的現代人，其實跟承繼史前文化傳統與地圖航海技藝的他們沒有兩樣。我們的登陸地點是不久前剛被聯合國教科文組織登錄為世界文化遺產，位於馬紹爾群島西北側的「比基尼環礁」（Bikini Atoll）！喜歡吧？名字如此引人遐思的浪漫南洋島嶼！

答案剛好相反，從法國海灘開始流行，因瑪麗蓮・夢露而爆紅的這款兩截式泳裝反而是想沾這個南太平洋礁島的光藉此出名。「比基尼」在當地語言是「椰子樹的地面」，這個可以想見綠意盎然的環礁屬於一九八六年才獲得獨立的年輕國家馬紹爾群島共和國，密克羅尼西亞人於西元前兩千年登島定居，西班牙船隊抵達後成其屬地，後來一度賣給了德國，二戰期間為日本所占領，戰後歸戰勝國美國代管。一九四六年美國在此投下兩千噸的原子彈引起全球譁然，同一年法國廠商為新推出的泳裝取名「比基尼」以傳達它在歐美避暑海灘上突然出現時核彈級的爆炸威力。美國軍方在比基尼環礁前後進行了二十三次試爆，分別從天空、海面、礁岩到海底各種高度引爆，所有當地的動植物包括事前毫不知情的島民無辜盡遭核汙染。

一九五四年三月的氫彈試驗尤其驚人，威力遠超出美國軍方原先估計，是廣島核子彈的一千倍，幾個島礁幾乎在瞬間就蒸發消失，遠至日本、印度都感受到震動，輻射粉塵甚至飄到歐洲與美國本土。事後各國急忙查明震央，才知道是美國在殖民屬地超乎自然的核子試爆，繼柴薪、煤炭與石油之後，人類靠自己的科技力開發的新能量，證明其爆炸破壞力足以撼動地球！碰巧經過該海域的日本遠洋鮪魚船「第五福龍丸」兩週後由東京的築地靠岸，船員與漁獲都遭核粉塵毒害，引起日本民眾極大的恐慌。後來全國所有漁港澈底調查後竟發現，日本的遠洋漁船累計有四六〇噸的漁獲汙染，這顆核彈試爆造成多大範圍太平洋海域的汙染可以想見。就在這年十一月，東寶影業推出了首部哥吉拉（Godzilla）電影，關於一隻靠吞噬南太平洋核爆輻射而成長成巨大身軀的怪獸如何遠渡重洋，登陸日本大肆破壞的災難片。

但馬紹爾群島的苦難不止於此，這次沒有核彈粉塵，沒有美國軍方，沒有巨大暴怒如哥吉拉般的具體加害者，單純只是海水溫度與海平面靜悄悄地逐年上升。過度消費造成沒有節制的碳排放，森林遭大量砍伐不再大量吸納二氧化碳。如今全球九成升高的大氣溫度全靠海洋吸收，於是問題潛入了海底。從兩千年起，海洋溫度逐年提高，高溫的海水首先減低了含氧量，接著導致珊瑚礁的死亡白化。全世界最大的澳洲東北岸大堡礁約三十四萬平方公里（相當於九個半台灣），從二〇一七年起就逐年面對珊瑚大批死亡的惡化，短短幾年間已經讓三分之二的大堡礁陷入白化危機。珊瑚礁群是許多海洋生物棲息繁衍的基地，所以海洋生物大量快速地跟著滅絕，因果鏈繼續滾動，依賴魚蝦貝類維生的鳥禽只能挨餓或是離開。最後我們以海維生的老朋友南洋島民，也跟著陷入營養不良或生計問題的緊迫威脅。

全球氣候暖化的症狀都在馬紹爾群島具體發生，其中最嚴重的是溫度飆高直接造成熱氣流捲起大量蒸發的海水，曾被稱為「聖嬰現象」的颶風暴雨頻繁出現。這一切最後總結到馬紹爾群島難以阻擋的最終生存危機，暴雨洪水侵襲淹沒屋舍尚可努力恢復，最大的威脅是海平面的快速上升，海拔高度原本就不超過兩公尺的馬紹爾群島過去二十年間海岸線已經內縮了兩百多公尺。如果地球暖化的趨勢持續，估計慢則五十年，快則十五年後，整個國家就將淹沒到海水底下。還記得上一章〈地圖〉的最後，我們是以一段發問收尾：

> 從真實生存所在位置的熟悉確認出發，到邊界之外未知世界的試探好奇，固然「地圖為探索而生！」彰顯人類不懈地拓邊的偉大冒險精神，但無論是大航海時代的船隊艦長、都市叢林裡奔走不懈的企業戰士、翻山越嶺夢想攀高的登山客，或者電影《星際效應》中困在與時間競賽兩難的寂寞太空人，最終能夠回到原點的家，才是沒有遺憾的完美旅程……最後，無論到達目的地與否，我可以找到回首的歸鄉路嗎？在「人類世」成為眾

多糾纏人類困境的爭議主題的當代，人類分辨得出家園的面貌嗎？人類找得到回家的路嗎？人類還有家可歸嗎？

南洋島民雖然靠著木條海圖與代代相傳的身體技能可以縱橫於寬幅百里的海域，但他們在全球化最新的人類故事中可能是「無家可歸」的受害者。核彈試驗在很短的時間內清晰可見地爆炸，肇事者冤有頭債有主可以快速找到，事件發生的地點經緯高度也都可以準確定位。相較之下，碳排放造成的負面影響因果鏈交錯複雜、規模幅員廣大而渺遠，牽連受害的眾生亦不在少數，但事件發生的地點在哪裡？非常難以具體指證。否認氣候變遷者，美國總統川普（Donald Trump）是當中最有權勢的一位，於是可以一直堅持沒有任何事情發生。這時候**地球儀觀看者**遠從宇宙天邊降落地表，貼近地面拜訪像馬紹爾珊瑚環礁這樣具體的地點就變得尤其重要。

相較於龐大的**球體**，大到每個生物都在裡面，但沒有一個人可以真切感受到責任，這座南太平洋迷你礁島正面臨的具體苦難：海水變得溫熱、珊瑚慘白枯死、魚群日益稀少、飛鳥不再靠近、風暴洪水頻傳，最後海邊越來越近眼看無立錐之地，船行無處回返。亡國不遠的不祥證據確確實實迎面而來，「事情確實發生」起碼給了我們耐心拼接線索，還原犯罪現場踏實問責的起點。那麼，誰是「肇事者」？

馬紹爾群島困坐海岸的島民望向遠方的地平線，極目所見沒有一個現身的可疑兇手。這時候擺脫地表移動的尺度限制，跳脫「在地視野」的障礙，騰空一躍從那觀看地球儀的位置鳥瞰一切，掌握全貌的破案誘惑遂被重新燃起！歐洲文明從工業化革命以降以幾乎要把「其餘人類」甩出地球的力道快速發展，但這個「在地的故事」如果沒有之前地理大發現的熱身，尤其在殖民美洲後縫合全球資源的全球化前提，幾乎無法想像。因為，單靠歐洲本地的資源很快就會抵達資源耗竭的困境。換言之，看似歐洲發生的地方故事可以同時就是全球連動才可能發生的結果。就像十七世紀全球各地暴力衝突改朝換代的動盪，可以是美洲原住民族大量死亡後地球進入小冰期的一些關於人類的注腳。

人類世中的四海一家

找到「肇事者」的方法其實很簡單，只要跟著嫌疑犯到處留下的「**碳足跡**」（carbon footprint）就可以在距離馬紹爾群島遙遠的地方循跡逮到落跑的元凶！剛好「全球足跡網絡」（Global Footprint Network；簡稱 GFN）這個非營利組織長年在追蹤推估全球各國碳消耗量的「生態足跡」（ecological footprint），以及國土範圍內生物生產資源與自然代謝汙染的「生物承載力」（biocapacity）。這兩個數據採樣就足夠我們鳥瞰勾勒出地球暖化的事情全貌！你可以將前者看成為了滿足單一國家人民消費生活所需支出的「成本」，後者是該國單靠境內生態系統所能提供的「收入」。那麼，超過收入的碳足跡消耗顯然是一個國家向地球其他地方超支借來的「生態赤字」（ecological deficit），就像十八世紀快速工業化的英國向美洲用騙用搶硬拗來的「無償融資」。

我們接著還需要用到 GFN 提出的新度量單位「地球公頃」（Global hectare, 簡稱 gha）來找出讓地球發燒不止的肇事者通緝名單。這個數字計算地球生產足夠一個人耗用資源所需要的陸地或海面生態面積。根據寫作時的最新資料，如果我們要二〇一六年的地球終年不發燒地健康運轉，那麼平均每個人都不能夠使用超過 1.63gha 的生產與代謝資源。接下來就是我們面對真實地球的現實時刻到了，以瑞士為例，它的生態足跡是 4.46gha，那是健康的地球所能提供 1.63gha 的二點八倍。換言之，如果地球人全部都向瑞士人看齊以他們的方式生活，那麼我們一年需要二點八顆地球，也就是現實上我們必須多花掉一點八顆地球的生態赤字。

當然，我們地球人如果能擁有兩顆「殖民星球」（colonial planets）多好，那就什麼問題也沒有，就像當年西班牙帝國擁有美非殖民地就可以橫行地球同時壯大歐洲。

但這個外太空殖民的美妙想像過於科幻，讓我們以同樣的資料，回到現實透過「世界超載日」（World Overshoot Days）的全球圖示來注視我們「唯一星球」的休克倒數。

地球外圍是如時鐘般繞行一年的月曆，我們從正上方的新年開始順時針旋轉，如果全球人口都以排名第五位美國人的生活方式生活，那麼地球將在三月十五日那天停擺，因為提前用完一年份的「生物承載力」。我們剛剛舉例的瑞士排名二十一位，如果照瑞士人消費地球的方式，地球

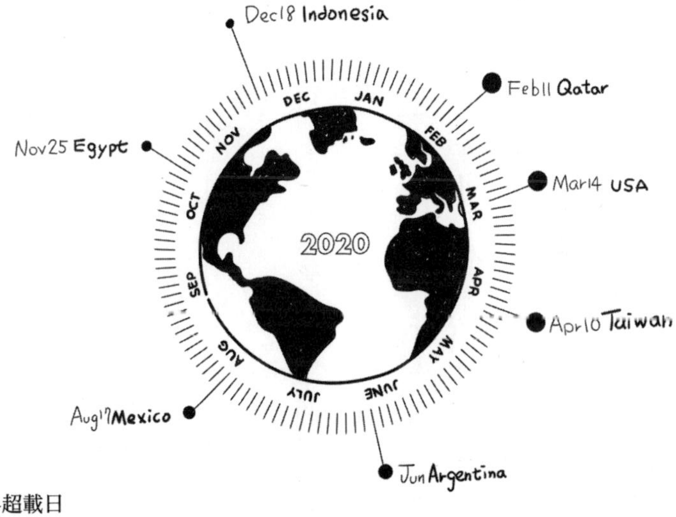

世界超載日

四海一家的我們，還是只有一個地球，時時刻刻的舉動都會牽動遠方的朋友。如果全球都以台灣的碳排放量水準估算，地球能源在四月上旬就已使用殆盡，需要三個多地球的能源才能應付。

人的地表活動將被迫因資源的消耗超載而停在五月九日那天。沒有在這個地球年曆中出現的國家，譬如馬紹爾群島，以低於1.63gha不讓地球為難的永續方式生活，很容易在這些過得舒適、活得精采的國家前被我們遺忘，要我們把他們的生活當成模範更是難上加難。你找不到台灣，因為我們是全球政治體聯合國的化外之民，根據學者李永展的估計，台灣的排名大約在第十二位，也就是在四月上旬，甚至還領先新加坡與韓國，那可是一年還沒有過完三分之一的時候！

我很好奇，凝視著這顆「可惜／好險」沒看到台灣名字的地球，此刻的你是帶著怎樣的心情？沒有列名的馬紹爾群島老朋友跟台灣一樣也在地球的真實裡，但你思索著的「我們」有沒有「他們」？在人類世觀看數位地球儀，脫離了身軀所在的台灣，一眼看到地球整體，真的足以帶來你對南太平洋另一個遙遠島國的苦難清醒的「認識論啟發」？全球碳排放第十二位的台灣真能將因海平面上升而淹沒的馬紹爾群島當成我們流離失所的心痛「家園」？四海一家的傳唱真的能夠激起我們休戚與共的警覺與行動？或者剛好相反，地球一體的浪漫表達只不過給我們短暫「自我感覺良好」的憐憫同情，甚至還讓我們更快遺忘快樂消費時轉嫁給他們的成本？當代著名的社會思想家布魯諾．拉圖對此並不樂觀，他在最新著作《面對蓋婭》（*Facing Gaia*）中清楚地表達了他的憂慮，我們只有一個地球的想像已經跟人類世的地球現實脫節，跟人類地表生活中的日常心智「失去關聯」（disconnected），而失聯的證據弔詭地可能就在環顧我們四周隨處可見、爆炸四射「無庸置疑」一體的地球影像。

拉圖的論證仍有待檢驗，但我從人類最初製作的石器**榔頭**、因著定居、為了移動而繪製的**地圖**，到激發人類征服世界冒險熱情的**地球儀**故事拉長來看，確實有了荒謬無盡的憂傷感慨。地球如今已經是我們結結實實無路可逃的唯一「家園」，氣候變遷的惡果遠超出我們的想像，所以否認者的拒絕接受也是可以理解的。一隻病毒竟可以讓地球人類的活動快速衝向全面停擺，何嘗不也是難以置信？七十億的全球人口還在快速增長，包括受苦的島民恐怕都一致地嚮往著向舒適甜蜜的北美洲生活方式靠攏。人類文明史無前例地進步，但我們的「地球之家」並沒有比原始人類暫時窩身的黑暗洞穴更為安全，起碼他們還不致於需要因為人類史無前例的力量可能失控而感到不安！

書寫至此，北美館意外地宣布了呼應此刻心情的消息，拉圖與馬汀・圭納（Martin Guinard）將是二〇二〇台北雙年展的策展人，他們隨後也公開了本屆雙年展的主題：「你我住在不同的星球上：外交新碰撞」（"You and I don't live on the same planet"——New Diplomatic Encounters），策展核心概念解說中有段文字：

不用花太多時間就可發現，不同的人談起這個世界或這個星球的真正本質，分歧有多大。川普和桑伯格（Greta Thunberg）顯然就不住在同一個星球上！在川普設想的世界裡，排放二氧化碳並不真的威脅到環境，所謂溫室氣體排放也只是某些人的看法，一切仍必須一如往常，以美國利益為核心繼續下去。有人支持這種觀點，有人卻因嚴重生態危機受苦，很顯然，他們並不住在同一塊土地上。

拉圖用了一整本書的篇幅細細解說，希望勸我們放棄「**全球**」（globe；也是地球儀）的看法，轉而接納離我們生活的地表更為貼近，但脾氣也更加暴烈不定的「蓋婭」（Gaia）。我們稍後還會回來跟拉圖抬槓，但拉圖另一個簡潔的提案深得我心：讓我們離開外太空那個神的位置，「降落地面」腳踏實地面對氣候變遷的挑戰！為了這一點，我想帶各位拜訪一個就在你我的家附近、任何人都能自由隨意踏入、對每個人都再熟悉不過的地方，檢視一個被我們看漏的，人類演化到消費時代的**最終工具**——超市裡的「手推車」。

手推車：巨大的系統與獨處的自由

你或許看過諷刺人類演化的漫畫，人類的側面剪影從最初的猿猴開始往右跨步行進，原始人逐漸挺直身軀步幅放大，手上從抓著石塊接著演進到斧矛，最後我們來到當代的演化高潮：推著手推車忙於採購的人類身影，從採集狩獵的遠古一路奔波，歡迎終於回到了資本主義的消費文明！上網拜訪一下亞馬遜，或者常被拿來比評的PChome（網路家庭）與蝦皮購物，手推車圖示的按鍵毫無例外都被放在最顯眼順手的畫面右上角。網上購物的程序一如人在超市的現代狩獵，進入商場後自由自在地搜尋閒逛，一有雀屏中選的商品就輕按滑鼠捕獲放進「手推車」中，一陣子後我們辛苦搜尋比

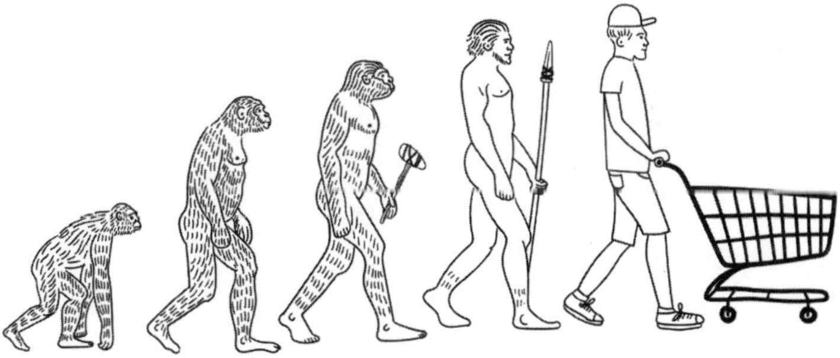

人類演化圖

從棲息在樹梢以策安全，到勇於腳踏實地拔腿狂奔，好不容易有武器在手能攻擊敵人……但在消費時代裡，人類必備的武器，是一台穿梭於賣場任你選購商品的手推車。

價的消費勞動即將完成，按下「手推車」結帳的按鍵將「獵物」推向收銀台，所有的喜好通過銀貨兩訖在走出商場之際圓滿地成為自己的擁有。

消費時代的象徵之物

一台手推車貫穿了消費旅程的起點、過程與終點，籃架、滑輪加上推把簡單俐落的組成熟悉而易於辨識，幾乎是我們這個消費時代的唯一象徵圖騰，是我們每天上演採購儀式的工具夥伴。這樣重要的時代象徵跟我們的認同何等親密，卻一直未被列入經典設計之列，透露了這個時代的工具創造者在設計專業上自我誤解以及與生活脫節。設計師奉「新奇」（novelty）為圭臬競爭出頭，結果他們爭搶版面的設計雜誌，呈現的是對**微小差異**習慣性大驚小怪的風尚，絕大多數的「新奇」只是互相吹捧的行銷話題泡沫。

對人類社會真正具有影響力的重要設計是那些最終「**足以成爲尋常**（**ordinary**）**的新奇**」，iPhone 誕生時的震憾幾年間便成了生活日常，韓國三星的新手機一度被批評抄襲蘋果，三星理直氣壯的答辯讓我印象深刻：「一塊面板、一個按鈕、加上外框背蓋，手機不就只能長這樣？」在我看來被市場競爭者認為**平常**是最大的誇獎，也是 iPhone

最耀眼的偉大時刻。同樣的道理也適用於手推車，讓我們順著市場追逐新奇的慣性，先從零售市場近期最夯的「革命性」話題談起，端詳**手推車如何在消費時代繼續演化人類文明**，平常到隨處可見、被設計專業遺忘的設計故事。

無人商店——電商龍頭的偉大敘事

電商霸主亞馬遜在二〇一六年底推出無人商店「Amazon Go」，雖然是只在西雅圖總部員工專屬的販賣店進行的試驗，仍舊引起業界與新聞界的高度關注。顧客在入口處使用手機刷二維條碼確認身分後，進入賣場裡瞎拼不管是拿起或放下商品，都會在第一時間被商店裡遍布的攝影機與感應器紀錄，離開時逕自走出店門，不需排隊通過收銀台就會自動結帳，亞馬遜稱此為「拿了就走技術」（Just Walk Out Technology）。二〇一七年六月，亞馬遜緊接宣布收購全美最大連鎖有機超商「全食超市」（Whole Foods Market），勾起人們對亞馬遜即將靠無人商場的零售新技術全面踏入實體市場的諸多想像，零售商場的頭號假想敵沃爾瑪股價聞聲下跌。

中國的電商龍頭阿里巴巴隨後在七月公開了自家版本的無人商店「淘咖啡」，這新聞被炒作成中國零售龍頭與亞馬遜之間上演中美正面對決的戲碼。結果證明淘咖啡不管就商品種類或賣場空間都相當有限，並且運用了大量的簡陋RFID舊技術，一次僅能容許單人通過一條狹窄封閉的「結帳管制區」，跟亞馬遜道地的無人商場完全無法相比。Amazon Go的無人商店牽涉到攝影視覺、深度學習（deep learning）、還有感測融合（sensor fusion）三種人工智慧的技術整合，原本亞馬遜宣布將在二〇一七年開始展店計畫，卻因無法同時處理超過二十人以上購物的系統瓶頸傳聞而延後，可見技術挑戰的門檻頗高（根據亞馬遜網站的最新資料，至二〇二〇年三月為止全美已經有二十五家門市）。

就在「無人商店」成為熱門話題之際，網路上流傳一位中國大嬸對企業花大錢發展無人商店的嘲諷，引起很多網友共鳴，認為商品直接打折便宜賣還比較實惠，花錢發展無謂的高科技倒不如加派人手縮短排隊等候收銀的時間。這位大嬸說的淺顯道理很多人一聽就懂，但顯然她不瞭解科技進步的「**偉大敘事**」（grand narrative）如何影響了技術創新與工程社群的設計進程。朱爾・凡爾納（Jules Verne）的科幻名著《地心歷險記》（*Journey to the Center of the Earth,1864*）深刻影響了替代能源的地熱探勘挖掘技術，同時代的亞伯・羅比達（Albert Robida）在小說《二十世紀》（*The Twentieth Century,1890*）中，描繪了一種「望遠銀幕」（Telenoscope）的嶄新工具，人們在家中透過它跟身在歌劇院實況轉播現場的朋友一同觀賞演出，甚至在中場休息時透過螢幕聊一下剛剛的劇情，可以說是電視的預言書。這些故事場景都曾是工程社群代代相傳，接棒努力用創意實現夢想的參照。

現實上，不是所有的浪漫故事都有圓滿的結局，「望遠銀幕」的故事走到電視誕生便跟著停頓，互動電視的續篇經歷「過度樂觀的宣傳與無數的踉蹌墜地」一再重演的不光榮歷史。工程十字軍遠征並沒有奪取聖杯，徒留下科技史家傑森（Jens F. Jensen）感嘆那是如此難以企及，帶來許多辛酸與挫折的終極「霧件」（vaporware）。**無人商店**的科技敘事是個完全相反的喜劇，這故事並非從二〇一七年的 Amazon Go 才開始，必須話說從前從前……一路追溯到上個世紀一九三七年美國超市由手推車揭開序幕的零售革命，Amazon Go 只是這則我們從舊石器時代的敲擊工具就開始談起，「科技雖來自人性，但也改造了人性」故事的最新一章。對比於互動電視的悲劇，無人商店的發展是如此成功，以致我們都忘了曾經經歷過的劇烈變革與轉型期的痛苦，它有個我們耳熟能詳到幾乎無感的名字——**自助服務**（Self-service）。

在手推車登上人類演化舞台之前（現在你應該可以相信我了，此話沒有一絲嘲諷），人類的零售體驗總是透過「一手交錢、一手交貨」的人際互動來完成，以客為尊，聆聽需求。老闆或店員切肉量米打包裝袋，老顧客碰到熟店家提供當季鮮貨的採買建議，甚至交換烹飪祕訣還兼問候家人近況。那是熱鬧有人味卻被現代人遺忘的市場風景，是熟門熟路的行家旅客才懂得潛入樂趣的早市或夜市。自助服務這個詞彙組合了兩個不相容的矛盾字眼，曾經是個違反常理的荒唐概念，店家袖手旁觀事事讓顧客自己來，還竟然敢自稱服務？在過去曾經聽起來就像要消費者「靠自己的雙手舉起自己」般的悖理謬論，簡單說就是在「公然說謊」！

自助服務／無人化服務

看看如今，這場「無人化」的零售革命已然擴散到全球各個角落，成功地進入到我們日常熟悉的諸多現場：自助餐、自助洗衣、自助加油、自動販賣機、自助迴轉壽司，自助借書、自助洗車……對於為何會到處看到自助服務，稍有市場概念的人還可以馬上講出一番為何它必定出現的道理。譬如，按照經濟學教科書對「自由市場」的想像，自助服務不只可以節省大量的人力成本，還可以擴大商場的坪效，進而將省下的成本回饋到售價優惠消費者，最後在市場競爭優勝劣敗下自助服務自然就脫穎而出！另外一種看法來自人文學科的思維，認為自由市場裡的消費者「自然」酷愛自由，不然為什麼叫做

「自由」市場？自助服務沒有人在一旁指指點點囉嗦干擾，消費者只要享受瞎拼的樂趣「**輕鬆做自己**」就行，消費端接納創新的技術門檻幾乎為零，自由採買的生活風格風行草偃很快就會席捲市場。但我們接著就會看到，這些直覺其實都是倒果為因的套套邏輯，當然也就看不到匯集許多設計創新的漫長努力，以及社會人心因之改變的激烈變革。

有趣的實情是，在這場革命背後悄悄上場成為買賣雙方共識的還是一種**自助倫理**，而且被動地必須接受「行為約束」與「能力要求」的竟然是買方這邊「出錢我最大」的消費者。想想你到自助餐用餐，如果忘了將餐盤收拾歸位，或是將盤中剩菜殘羹隨意一丟，沒有準確分類，可能會承受眾人白眼，「瞧那個不負責任的消費者！」但這些「自律」（self-discipline）的行為在二十世紀初尚未成功演化進入**消費時代新階段**的「舊人類」眼中，曾經不只無法想像，簡直就是對客人的公開羞辱。

野蠻無理的自助文化——這是一種羞辱？

一向尊崇服務品質的英國消費者就一直抵抗野蠻無禮的美國自助超市文化。英國的瑪莎百貨和伍德格林購物中心在一九四五年前後都曾宣告他們嘗試導入的「先進零售技術」失敗，甚至要緊急關閉提供自助服務的實驗商店以求快速止血，避免壞了百年商譽。即便最不信邪的特易購頑強抵抗直到一九四七年，也無奈收掉自助購物商場。

最戲劇性的場面發生在英國第二大連鎖超市森寶利（Sainsbury）的第一間自助超市，開幕當天只有一位公司經理的太太賣老公面子排隊等待入場。而一位不知情的法官太太走進超市後，發現店員竟然只遞給她購物籃後便站在一旁等著看戲，當她獨自走在商品走道不知所措時，完全沒有人趨前服務，憤而將籃子丟了回去並在現場大聲辱罵，抗議自己遭受了虐待！

如果我們把無人商店的零售技術努力推回到這個歷史起點，那麼就可以理解亞馬遜崛起之初掀起的網路購物風潮，雖說一度被認為威脅到自助終於被接納的（不那麼）「傳統」零售，但消費者獨自在電腦前，或者晚近在手機上「無人」、「自助」地購物可以說是四〇年代這場零售革命到了九〇年代在網路上的延續。而亞馬遜在二〇一七年推出的無人商店未嘗不能看成是一番網路與實體世界**無人化零售運動的**「歷史性復合」。事實上，線上、線下整合的混種（hybrid）自助服務平台正是目前各方競逐未來零售商業模式的創新焦點。

「但是……但是……」我知道你已耐不住性子想要插話：亞馬遜的線上商場與無人商店都是牽涉到技術創新與前後台整合的高難度商業模式突破，自助服務只不過放手讓消費者在超市裡推著手推車輕鬆購物，哪算得上什麼牽涉設計與文化的「革命」？

消費者遊逛賣場的自由

已經稍微可以想像當年導入困難的你，難道不會覺得這樣的直覺發問正好反映了這場隱形**手推車革命**的成功？從認定蒙受**違反服務精神**的無禮與虐待，轉變成視為當然地享受瞎拼不被干擾的尊重與自由，消費者看自己（或者應該說想像別人如何看自己）的眼光幾乎被澈底翻轉，稱之為寧靜的觀念革命並不誇張。

這不是單純靠宣導教導改變人類觀念的結果，而是以手推車為關鍵槓桿物件的一場系統性的設計革命。換言之，為了理解手推車這個消費新時代的**象徵性工具**如何與現代人的身體順暢作動的社會／設計過程，我們必須再次從抽象的主觀玄想「降落地面」，進入人與工具相遇的具體場所，仔細觀察究竟有哪些被我們忽略的物件們（objects）在當中默默地發揮作用。

消費者忘情沉浸，穿梭在商品之間的自由自在乃是需要靠許多逐步實驗到位的設計輔助才能完成的「能力」。試著想像當年老闆們想要推動無人商店的設計挑戰：消費者如果不能將沿途中意的商品隨身攜帶，勢必要來回奔波將挑選的商品寄放於櫃檯，那些堆疊著等候結帳的商品很快就會喚醒「舊時代」服務需求。那麼，允許消費者將商品順手直接放入各自的隨身包包呢？拜託，那叫做「偷竊」，絕對不可行。所以我們勢必需要一個夢想中的「移動容器」來克服問題：它必須要由店家統一提供，才易於辨識；容量要盡可能大（這樣才買得多啊）但又要容易攜行不用在貨架與櫃檯之間來回奔波；儲存空間還要具有穿透性，這樣任誰都能洞察裡頭擺放的商品。除了顧客可以彼此觀察遏止偷竊動機，更重要的是店員可以若無其事地在不干擾顧客下輕易監控。總之，身為演化新階段的**消費新人類**，我們再次需要一個全新的工具裝備在歷史上登場！

持續進化的手推車——它不是一個籃子

一九三七年六月四日美國奧克拉荷馬市一間叫矮胖子（Humpty Dumpty）的超市裡，老闆古德曼（Sylvan Goldman）推出了世界第一台手推車。基本上，那只是三樣物件的組合，把「手提籃」放在裝了「輪子」的「折疊椅」上。在此之前，零售商店店員協助在櫃檯等候的顧客取貨後，是使用紙袋包裝。開始推動自助服務後，高高堆疊的手提籃擺放在入口處供顧客取用。古德曼以「給自助商店專用的折疊式提籃攜行器」（Folding Basket Carriage for Self-Service Stores）之名申請專利，可說字字到位非常精準。行銷廣告則強調這是商家成功推動「不提籃購物計畫」（No Basket Carrying Plan）中不可缺的關鍵投資。

手推車的出現讓許多人扼腕嘆息，竟然沒能及早發想的設計成為自助服務「技術瓶頸」最初的突破缺口。但實際推動後的效果不彰，大部分還沒有「進入狀況」的顧客根本懶得將用過的「折疊椅」收折回原樣，結果大量的手推車隨處堆積占去了賣場的寶貴空間，為了收納手推車，店員疲於奔命苦不堪言。一九四六年時華森（Orla Watson）修改了古德曼的設計，推出了今日常見的串疊式手推車（telescope cart/nested cart），顧客拿出籃子在收銀台結帳後不必再收折「椅子」，只需像接龍般從後方將整台「攜行器」塞入前一台即可。從此，**手推車**逐漸被推廣採用，自助服務也順利開始起步！

即便如此，如何讓完成採購的顧客「自律地」將手推車歸位仍讓商家困擾許久。解決方案一度包括在結帳處鋪設手推車專屬的地面軌道，還有美國消費者習慣到自家汽車旁接駁卸貨，便在停車場周圍設置了手推車畜欄（cart corrals）方便回收手推車。還有一種我們更為熟悉的解決方案，使用鏈條連接兩部手推車的退幣機制，小朋友為了賺到退幣尤其樂意為父母代勞將手推車歸回原處。

一九九〇年出國留學初抵美國芝加哥歐海爾機場時的尷尬場面，至今記憶猶新。領著為離鄉數年打包的行李箱出關後，我很緊張地觀察先進國家機場裡的周遭人群怎麼做，發現他們都是將行李箱放到一種看起來很便利的平台推車上。我拖著落後國家草包學生前來西方取經的大小行李，終於看到角落裡井然有序串連著的一列手推車，不久之後便陷入無法取出任何一台的窘境。經過十幾分鐘汗流如注、千方百計摸索嘗試仍舊不得其門而入。站在一旁不遠處圍觀的機場職工們笑成一團，像是看了一場卓別林的動作喜劇。最後當中一人或許出於憐憫，走上前拿出我怎麼都想不到的一枚銅板在我兩眼之前搖晃，接著在我面前變出魔法，才讓我得救匆忙尷尬地離開。那是我再怎麼努力**輕鬆做自己**都不可能勝任愉快的一種「人機合體、脈絡特定」的先進技術能力啊！

手推車不只方便推送，它也隱然規範了消費者進出賣場的節點與路徑，我們稍早已經看到終點要如何循環再銜接起點的許多設計巧思（或者，對第三世界鄉巴佬進入障礙的「陷阱」），接著我們跟緊手推車這個物件來檢視**消費的身體**如何被規畫以合理的方式在商場內移動。宜家家居在這方面是值得玩味的高明典範，它設計了嚴格單向的「採購公路」，雖然賣場允許也鼓勵顧客輕鬆地瀏覽以「醞釀需求」，但地面畫好的箭頭一路提示遵行的方向，你可以自由但不需心慌。

坦白說，消費者要為家裡選擇家具搭配裝潢，不是一項容易的挑戰。宜家家居在「公路」沿途設置了許多「休閒區」，手推車暫時停靠路邊輕鬆下車，進入套裝組合的示範餐廳、模擬臥室裡參觀，桌椅、櫥櫃、餐具、窗簾一應俱全各有風味。宜家家居的半模組化商品組合在（無趣的）封閉與（焦慮的）開放間取得平衡，消費者可以安心享受恰到好處的自由，同時確保了他們最終想要的「宜家品味」！

即便在尋常的大賣場，消費者一個人不被干擾，看起來只有手推車陪伴在眾多商品間自由瞎拼，仍需要依靠許多已被我們視而不見的物件協助。店員消失了，但他們的角色一大部分必須要「交接給」圍繞著消費者的商品本身來完成。富裕國家的眾多商品（別忘了我們碳排放全球第十二的物質幸福）在大賣場裡花枝招展，生怕被你看漏似地爆炸展開，高高低低地分布於消費者面前，如同一座龐大博物館的收藏般嵌入刻意設計的資訊介面。

我們先貼近些商品看看，隨著自助服務的成功展開，包裝設計亦步亦趨進入設計專業的舞台，成為先端零售技術關鍵重要的一環。過去店員根據顧客的特殊需求，現場量秤打包的作法當然不可行，這樣一來獨享包、雙人包、家庭號等預先規畫的商品包裝勢必應運而生，才能夠方便消費者在落單的走道上自行衡量選取，自我負責地「做好消費者」不致驚動店家。包裝的角色當然不只這樣，我們接著看下去。

悠遊於世界之中的手推車和消費者：你

人類社會最終仍是倚靠與大自然地球的資源利用交換才得以存續，不管你是用怎樣的生活風格過一天，看得到與否，上一章我們才剛提過，都要在地球上留一點生態足跡，都要依賴一些生物承載力。於是，超市不只是市場買賣的交易場所，也是人類透過商品這個文化介面跟自然交涉共生的消費場所。買一瓶紅酒讓我們聯繫上法國的葡萄樹與地中海的土壤與陽光，喝一杯牛奶的背後有紐西蘭的牧草、水分與牛隻，選一瓶洗髮精，就算你賭氣不走自然植物配方、堅持全人造成分（最好不要傻了）也要依賴從地底深處打上來反覆提煉的石油。

但我們經常忘了在超市採購時接觸的大多並非商品本身（紅酒、牛奶或石油）而是包裝設計上刻意提點理性或感性、圖樣或文字、平面或立體的各種**商品資訊**。英國零售業者嘗過四〇年代的連番失敗後曾經痛定思痛密集前往更先進的消費文化大國美國取經，一九五五年的《賣場評論》（*Shop Review*）總結了考察心得向英國業者報導成功建構自助服務的許多必要條件，譬如：「要對商品做全面而完整的事前分類」，「要有清楚包裝標示並將彼此親近的商品（譬如奶油要貼近吐司，晒衣架別離洗衣精太遠⋯⋯）配置在消費者可以輕鬆辨識、順手就可以取得的開放貨架上」。但這又是如何辦到的？

下次你去逛賣場，請你站在超市中央彷彿你就在世界的中心，然後緩慢安靜地旋轉身體，環顧四周一圈。如果你有種在哪裡似曾相識的感覺，那是因為超市裡從懸掛於中央走道上方的斗大分類標記，轉入左右分支巷道後兩側羅列的細項分類標示，到你進去後轉身面對一整面貨架上分層別類的商品擺設，想起來了吧？完全是圖書館資料分類索引系統的挪用與模擬。你推著手推車行進在這龐大的商品叢林中，就如同穿梭在一個資訊介面細膩而物種豐富的小宇宙。

調查報告最後提到一個關鍵的重點：「最重要也最神祕的因素，沒有這項前面講的其他費心都不會奏效。就是要將商品從『店家的眼光』轉為『消費者的眼光』來重新分類、擺放到對的位置！」弔詭的是，當環繞著以手推車作為關鍵零組件所構成的自助服務支持「零件」一一到位，最後準確銜接運作後，它們也跟著在「消費者的眼光」中隱身退到了後台。彷彿它們本來就該在那裡，感覺不到絞盡腦汁琢磨微調的經營功夫，雖然「無人化」變革後的商場店員（即便在亞馬遜的無人商店）也從未真的由購物現場撤退。當年英國的考察報告這樣提示：「要小心為工作人員安排盡量不干擾消費者心思的進出路徑」，「要趁著顧客離開的空檔，快速且持續地由倉庫中補充貨物上架」。他們像日本歌舞伎表演理論上並不存在的黑衣人，默默地在消費者與商品的四周忙碌地上下場，無我地促成自由市場的劇情流暢。

手推車隨侍一旁的消費者在舞台上演各自擔綱獨角的內心戲，他們時而環場掃描尋找中意的獵物，時而端視眼前入手的商品「介面」揣測包裝裡頭的內容，看不到任何外力介入干擾，認真比較著琳瑯滿目的商品，專注傾聽對照各自內心深處的私密偏好。

突破遮蔽推向後台

單數的消費者推著單數的手推車登場，從這象徵**消費時代的前台**，我們已經看不到後台由眾多黑衣人與各種設計物件協力搭起的創新技術。正是這些複數的人與複數的物所構成的隱形網絡，才讓自助服務曾經被視為「羞辱」轉為店家體貼的「尊重」，讓消費者的「自律」被理解為消費者天生麗質的「自由」。最弔詭的是，它們還讓經濟學教科書中自由市場裡只需要專注自私的抽象「經濟人」（*Homo Economicus*）得到了實際的支持，在任何一座城市中，在那些**設計密集介入**的日常超市裡。

人類世的地球正在承受人類的磨難，人類的命運也與地球緊密結合生死與共，人類文明演進到如此強大，卻也正面臨史無前例的脆弱。拉圖教授困惑於人類的心智與地球環境現實的「失聯」，而答案的線索或許不只在如何以「蓋婭」取代「全球」的想像，如何邀約萬物進入新時代的外交協議場。又或許，通向那個拉圖提議的新視野還有另一扇親近日常的大門就在身邊，藏在我們在消費時代裡早習以為常的大賣場裡。

我們用一種自我蒙蔽的方式與地球在**消費**中緊密聯繫，被遮蔽的「藍色星球」，我們馬紹爾群島的兄弟們，仍在布幕之後的世界裡等著我們重聚團圓。而我們太過熟悉以致視而不見的手推車正是那道通往後台（以及那之後更寬闊世界）狡猾的門，這道大門的封閉以及它被重啟的希望最終端視我們看待它的眼光。

左翼青年總喜歡用慣常的語氣嘲諷消費，認為它轉移人們的注意力到「虛假自由」

的商品幻象，讓我大聲強調，那恰好不是我這趟導覽跟著「工具」從遠古到當代走一趟人類演化的設計史想要鼓勵的憤青姿態。手推車設計故事的倫理教訓與左翼憤青的批判慣性剛好相反，我學到的是，**即便超市裡的庶民對獨處的自由（solitude）也有著衷心的嚮往**。如果不是如此，他們為何願意接受自助服務明顯增加的精神與勞力負擔？我們所缺乏的是一番更深刻的自我洞察，看到那些自由是自己身處更大世界系統一部分的結果，而「不自由的地球」也是其中的一部分。

我為手推車不被視為經典設計而叫屈，優秀的設計悄然融入日常，甚至成為人們視而不見，水之於魚一般社會的骨架肌理。也因此，意識到「設計」存在的那一刻，理應也是觀看世界方式的全新啟蒙，人們眼光穿透看到「人、工具與世界」如何一直都緊密地結合（不管其結果是更舒適便利的生活，亦或更失控崩壞的地球生態），也因此激勵了人們如何可以讓它們更好地結合的責任與期許！

再一次，親近工具！「設計人類學」旅途的著陸結語

從遠古的智人到現代超市的消費者，從握在手心的石器到購物象徵的手推車，從躲在洞窟裡顫抖噤聲躲避食肉獸的人類祖先，到力量強大到足以改變地球生態毀滅萬物與自己的現代人，我們追蹤考察「人與工具」關係巨大變化的漫長旅程來到了終章。

結束旅途的跋涉終於返家，你拖着疲憊的身軀踏入玄關，環顧久違的住宅空間，在即將普及的**物聯網**（IoT, Internet of Things）５G數位時代，在你離家的日子裡仍舊勤奮工作、默默服侍等待主人返家的機器人，你想到的會是什麼呢？最接近現實的不二人選，應該是自動掃除機吧？我們就來見過這最後一個工具，然後坐下來好好玩味這趟旅途，思考一些出門上路面對當代與未來可以帶在身邊的總結心得。

掃地機器人——忠僕還是叛徒

Roomba 是 iRobot 公司推出的一款高智慧的家庭自動掃除機器，它的人工智慧高人一等，不只在你外出時高效率地清掃家中地板，還會在電力不足時自動返航回到充電

基地，如此聰敏乖巧贏得許多消費者的青睞，市占率一度高達八成八。二〇一八年七月五日，iRobot公司總裁對外透露，將販賣使用者家中的室內空間圖資給蘋果、亞馬遜或谷歌三家公司，消息一傳出，公司股價頓時直線上揚，一掃先前的的頓挫，火熱的走勢從一年前每股三十五美元翻飛好幾倍到達一〇二美元，公司市值也從六點六億美元暴增到二十五億美元！

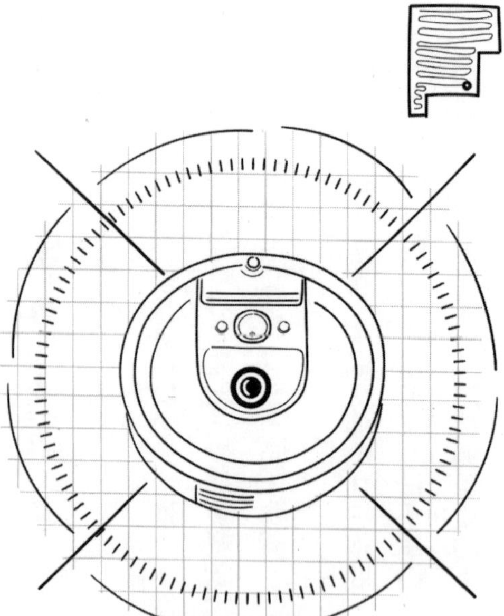

忠僕？叛徒？

掃地機器人安裝了攝影鏡頭後，蒐集使用者樓板圖資回傳到公司的電腦中運算後，回傳到掃地機器人提升清掃的效率，並且在電力告終時，便捷地回到充電基地。這個鏡頭會不會讓掃地機器人變成使用者家中的谷歌道路攝影機？蒐集層層疊疊的私密……

你可能會覺得好奇，成天趴在地上默默打掃的乖巧機器人怎麼會有圖資可以販賣？這就要介紹一下 iRobot 公司二〇一六年推出可以透過 Wi-Fi 上網的 980 型 Roomba，這個劃時代的新機種在原本的三顆感應器之外加上了簡稱 VSLAM 的「即時定位與地圖構建系統」，同時內裝一台微型攝影機以仰角達到四十五度的寬闊視線隨著掃除機的移動「巡視」使用者家中的每個方位。一邊打掃一邊掃描大小房間與室內的各種陳設，內建的微電腦晶片辨識計算蒐集到精準定位的視覺資訊，即時透過無線網路上傳到雲端儲存，透過與大型資料庫反覆比對的深度學習，依據回傳的規畫指令調度機器人的清掃工作，達成 Roomba 串連房間內外移動掃除路徑的最佳化。並且在電力不足前自動暫停工作行走最短距離路線返回充電基地，充電完畢緊接著再回到先前工作停頓的定點繼續後續的清掃工作。如此建構出兼具省電、高效率而且幾乎不勞你費心的自我運轉模式。

隨著販賣圖資的消息傳來，我們對 Roomba 的印象可能有所改變，從一個樸實忠誠的居家型生活宅男，變成讓門戶洞開環境透明，紀錄居家環境細微資訊，悄悄串通聯外的「移動監視器」（或者，一個叛徒？）原本你以為別人看不見的變成可見，而且就像視網膜接收的資訊只有送達大腦經過視覺皮層（visual cortex）處理後才真的被我們看到，那「觀看之眼」存在於 iRobot 公司裡，家庭使用者毫無所悉的遠端伺服器。方才提到的三家資訊時代的企業巨靈各自推出了智慧管家產品：亞馬遜的 Echo，谷歌的 Home 與蘋果的 HomePod。誰能得到來自這些宛如木馬不斷機動更新、鉅細靡遺的室內圖資都將如虎添翼，在競爭市場中威脅到對手，iRobot 公司股價與市值的一夕飆漲就是最好的證明。

Roomba 只是表徵數位時代人與工具新關係的一角，它所運用的視覺辨識技術在上一章提及的無人商店，近日熱門話題的自動駕駛汽車、人臉辨識系統等都可以看到，是讓人工智慧得以快速成長進入各種社會生活領域的重要技術環節。人工智慧神經迴路的機器學習需要靠大量數據的訓練餵食，再拿掃除機視覺辨識產生的資料為例，表面上只是一些生活物件的位置與關係，但每一戶室內隔間的實際面積、廚房裡的冰箱廠牌型號、床頭上的燈飾種類……等搭配家庭中心資訊廠商原有的客戶基本資訊，可以獲得廣告準確投遞、產品開發評估、消費行為激發所需的關鍵資料。

喔，對了，順帶一提，iRobot 這家公司可沒畫地自限技術應用的範圍，除了清理家中的地板灰塵，他也研發販賣給美國國防部用在戰場上協助士兵行進「自動掃除障礙」的戰鬥機器人。

馴化的歷史終點——人是資訊的生產力來源

經過這趟「以物尋人」的長途旅行後，你應當不致於還認為自動掃除機掃描的不過是些事不關己的「身外之物」吧？物件協力在人的活動中，它們本身透露了人的資訊，就跟在同樣活動中人體「身內之物」呼吸心跳等資訊一樣，都成為提供人工智慧計算，最能有效掌握人類具體行蹤動向的關鍵大數據來源。然後，再想想這兩方的「工具」趨勢，「身外之物」有即將席捲全球的物聯網在推動繁殖，「身內之物」有越來越聰敏的「穿戴裝置」（wearable devices）從我們體內汲取過去無法想像的生體測量資訊。

物聯網顧名思義將會給物件分配予各自的網路位址，這些準備好多方網路溝通的物件與穿戴裝置的聯通，大量採取「物直接對物」非接觸式的資訊交換，意味著我們無時無刻生活其中的「社會／群體」將更為複雜，但同時相反地更有技巧地消匿於你我的意識之外，比起超市裡推著手推車的消費者，我們將更加自在，像在升級版的無人自助商店裡「拿了就走」，那是因為聰明的機器人早知道人這種生物「口嫌體正直」，身體裡外細密測量，反而可以得到更可靠的資訊。

回想一下，我們是如何想像 AI 機器人？我們以人類的各種感情理智的困難指標，來度量機器人還有多麼遙遠的路途才能追上人類。機器人確實難以達到人類的標準，或許永遠不會到達；但話說回來，機器人以人類為標準進化會變得更聰明嗎？恐怕不是，因為人類的愚昧是眾所皆知的。或許，我們需要的是不那麼像人，但在人類尤其脆弱的地方足夠聰明的機器人。透過晶片架構、神經運算法、感應與模擬……等技術更新，機器人已有長足進步並且仍在不斷蛻變。然而，這幅機器人努力追上人類以為人提供服務的圖像，忽略了真正發生的事實：機器人能日益聰明，現今足以提供驚人的服務，並非單純只是靠構成機器人各種科技的進步，人類提供自身的豐富資訊讓機器人發揮關鍵功效，才讓機器人變得更為聰敏。或者可以這麼說：**在機器人服務人類之前，人類實質上先服侍了機器人！**

這個顛倒主客的說法乍聽之下或許過於怪異，但換個角度從馴化的歷史來看，其實只是人類文明長期發展的一個新高潮。如何從人類身上挖掘出的大數據中解讀出有用的資訊，如何取得這些珍貴資訊，並轉化它們到新獲利模式的數位服務，如今被說成是市場競爭中提升生產力必要挖掘的「金礦」。我們曾提及，隨著農耕定居，地圖才有了誕生的意義，而開展農耕文明的契機則源自遠古。習於狩獵與採集的遠古人類，藉著選種、配種對動植物的染色體進行篩選操縱的**馴化過程**中，開展出農耕文明的基礎。這是人類透過「設計」反轉依附「環境」關係的開始，人造設計物的「文化」秩序馴服了野性的威脅，創造出人類隔離自然於外的內環境。

我們在旅程終點的家中觀察的最後一個物件——自動掃除機，暗示了人類「家戶化」（domesticate）環境的文化史又一個里程碑，是馴化技術的演化過程中最新（也可能是最終）的階段。到最後，連人類本身也成為了提高國家、企業與個人「生產力」進行有系統資訊量測、採集、整理、控制的馴化對象！值得提醒的是，我的討論甚至還未提到，人類對動植物的基因改造已經到了對人類自身也躍躍欲試的臨界，畢竟人類基因的定序草圖已經在電腦輔助下提前於兩千年便繪製（mapping）完成！動物為了畜養效率的管理需要被迫戴上項圈、焊上烙印，而數位時代的我們人類則是主動地戴著套上生體檢測的各種電子裝置！在疫情席捲全球之際，「電子柵欄」（electronic fence）利用３Ｃ科技跳過被監視對象的「物對物」直接溝通提高了居家隔離的效率，難道不是又一個如今我們習以為常的「馴化」新發展？

理解這種哲學家米歇爾・傅科（Michel Foucault）早在一九七七年便思想超前部署稱之為「牧民權力」（pastoral power）的監視社會並不需要想像力。中國在二〇二〇年正式導入的「社會信用評級系統」就是活生生的例子。許多人羨慕中國的行動支付無紙交易，在個體感受自由便利的科技進步背後，是所有的信用紀錄都留存在政府壟斷控制資料平台的事實。二〇一五年，中國電商「阿里巴巴」首先推出了「芝麻信用」個人信用評級系統，然後由私轉公、由公轉共，極權國家無需考慮人民隱私權的優勢大爆發。短短幾年內整合了「微博」、「抖音」、「阿里巴巴購物」上社會媒體的發言回應與購物行為，公共場所臉部辨識系統偵測的「不檢行為」（譬如闖紅燈），到貸款、移動、健康、社會經濟各方面鉅細靡遺的個人動態資料。得到高評等的「善良公民」可以得到住屋、教育、就業各方面的優惠；得到負評被列入「害群之馬」的黑名單者，則從交通、貸款到購物，處處難逃懲戒。總之，「一處失信、處處受限、寸步難行」，任何被官方認定威脅到文明秩序的「野性威脅」都將被一一撫順逆毛、乖巧馴化。

文化與自然的糾纏——人類自我設計的蒙蔽

社會學家拉圖主張將人類世的地球理解為更具活力的蓋婭女神，她的個性鮮明而且情緒躁動越來越難以捉摸，大自然並非總是溫柔體貼隨時等著擁抱包容安撫人類，蓋婭還有另一張隨時翻臉不認人的無情面貌，颶風、豪雨、洪水、猛暑、酷寒等各種帶來生物災難的異常氣象。

但是，人類有實力駕馭環境，卻創造出危及自身的災難；人類的科技實力如此強大，卻最終表現在造成自身的無比脆弱。這弔詭並不僅止於所謂的「大自然」，也發生在人類創造的終極工具——機器人上，曾幾何時我們已經活在層層包圍的人工智慧環境當中，而且正以「指數增長」（exponential growth）的速度在持續擴張深化。史蒂芬・霍金（Steven Hawking）從二〇一四年開始就不斷警告，超級人工智慧的發展將會脫離人類束縛，最終毀滅人類。連戮力推廣無人駕駛汽車的特斯拉執行長伊隆・馬斯克（Elon Musk）都憂心忡忡地提出警告，人工智慧的發展如不設限，人類文明將會不保。

人工智慧展現的能耐在很多方面已經超過人類，二〇一七年五月谷歌開發的人工智慧AlphaGo以直落三取勝世界圍棋大賽冠軍得主柯潔，就是一個石破天驚的例證。每天，人工智慧又在哪裏奪走人類飯碗的消息層出不窮。但是，機器人真的會不服從人類嗎？最起碼，臉書老闆馬克・佐伯格（Mark Zuckerberg）就叫我們安啦！我不想在馬斯克與佐伯格間評斷是非，因為務實看待，就算以人工智慧現有的普遍水準，在它跟眾多聯網物件結合後，被壟斷企業與極權國家運用所形成的許多深刻迫切的課題，就已足夠讓我們傷神不已，不是把它推給科幻未來的推測想像就可以狀似認真地置之不理。

不過，這讓我想到「現代機器人之父」以撒・艾西莫夫（Issac Asimov）知名的「機器人學三大法則」：

一、機器人不得傷害人類，或坐視人類受到傷害。
二、機器人必須服從人類命令，除非命令與第一法則發生衝突
三、在不違背第一或第二法則之下，機器人可以保護自己。

有趣的是，在受到艾西莫夫的科幻作品啟發的電影《機械公敵》（*I,Robot*）中，我們看到「大自然反撲」與「機器人造反」這兩者互補連結的有趣情節。片中一直藏在後台為惡的中央控制系統「薇琪」（VIKI;Virtual-Interactive-Kinectic-Intelligence：虛擬互動的動力學智慧）決定動手控制人類的理由，竟然是為了善意地執行「保護人類計畫」，因為她發現到如果人類再繼續摧殘地球，必將導致自身的滅亡（果然比人類聰明又有遠見），所以根據「機器人學」的三大法則，她被迫只能合乎邏輯地違背「必須服從人類」的第二法則，以便遵從「保護人類優先」的第一法則：不得袖手旁觀導致人類受到傷害！而且這個保護「瀕臨絕種生物」的提案更好的優點是：一旦人類受到機器人

的規範管束，那麼不只人類會像動物園裡人工飼養的保育類動物般安全許多，連地球與仰賴其生態存活的其他生物也將獲益於隔離人類的善舉而免於毀滅！

讓我對此故事情節興味盎然的是，在拉圖所關心的「自然」（準確地說，「蓋婭」）與數位自我監視的「文化」（或許，我該給「薇琪」一樣的地位）間的糾纏關係。艾西莫夫原本的「機器人學三大法則」顯然處理的是關於人造物的「設計原則」，但「薇琪」在遵循原初設計規範下尋求最佳解的行動中，卻意外地為「自然」與「文化」內在糾纏的關係梳理出一個邏輯上和諧的「出路」，雖然這部影片中她斷然付諸執行的提案讓「人類世」的現代人重新尷尬、受辱、體貼地「再度回歸」到動物星球（animal planet）的行列！

先控制情緒，不要馬上轉身走開，讓我們仔細端詳一下代表自然的蓋婭「這個自然」與薇琪「這個文化」間究竟存在怎樣的相似？

數位系統的自我監視做為**人類透過馴化翻轉與自然的主客關係**、把野性之物推到想像的遠方，創造了人類世界被設計物包裹的「文化」內秩序的最新階段，它「虛擬現實」的自我描述透露了一個跟哲學家拉圖關懷的生態危機一致的特色：「文化」一詞原本跟土地連結的暗示被澈底地抹去！人類世的我們對於「自然」與「文化」的想像，於焉交織一起成就了糾纏不清的「雙重離地」，就如拉圖在新書《臨界區》（*Critical Zones: the Science and Politics of Landing on Earth*）說的：「你要我降落地球？為什麼？因為你懸在半空中，正要一頭撞地！下面如何？非常緊張。像個交戰區？」

在三萬年前與最初馴化的動物——狗建立關係後，智人一雪當年被尼安德塔人由歐洲趕回東非的奇恥大辱，反而讓尼安德塔人在兩萬八千年前在地球上消失！之後隨更多動植物的馴化而穩定了農耕定居，人擇取代天擇，文化的人造環境推開了自然的威脅。我之所以著迷於「馴化」，不只因為那是智人反轉生物鏈弱勢位置，一路高唱凱歌的開始。關注馴化，也讓我清楚地看到「文化」與「自然」不只同源，同時也在馴化中一舉被虛假地分化。人類過去、現在與未來原本一直都活在自然之上，但現在「野性」（根據定義）只存在於跟文化不沾邊的「化外」之地，人類從此日漸高傲地自忖屬於「這一邊」的啟蒙文明。每一步馴化的進程，只要是把人推到自然之外，都意味著人類透過設計的自我欺騙。

新冠病毒微小的病株在中國武漢找到了混入人群的機會，它的傳播毫不取巧，一步一腳印，突破層層關卡在各國流竄，最終造成了二〇二〇年六月為止全球九百多萬人確診的擴散威力。北京擁有密不通風，全世界最先進的數位監視系統，人臉辨識與手機追蹤鋪天蓋地滴水不漏，但終究還是不敵病菌。造成擴散風險更大，控制難度翻倍的第二波疫情，這在在說明了文化與自然始終無法清楚分離的糾纏關係。

同樣地，如果你還記得，我們在拉圖談到個人在全球凝視下跟地球的意識失聯後，刻意帶團拜訪跟我們尋常都市生活最親近的超市，看到手推車與搭配它而搭建設計的「自助服務」消費環境如何在實際上連結到地球資源循環消耗的同時，一樣也（或者應該說，比起球體凝視更物質地）創造了人們在意識上與地球失聯的麻醉無感。

我們再一次看到了**自然**與**文化**如何在最尋常的具體市場裡一方面緊密糾纏，另一方面又被設計得宛如涇渭分明。建築史學家比亞翠斯・科洛米納（Beatriz Colomina）與馬克・威利（Mark Wigley）早就指出，現代設計與麻醉劑（anesthetic）同時誕生並非巧合，滑順、舒適、無痛、減壓、療癒……等各種「去除敏感」（de-sensitize）的努力幾乎等同於「好設計」的同義詞，人類自我蒙蔽的設計可以說其來有自！

後人類的 DXS 複數思考

人的心智與環境現實的「失聯」到底是怎麼回事？「文化」與「自然」在我們多年的設計努力下，為何收場竟是雙重離地，懸在虛擬的半空中，心驚膽跳擔心悲劇墜地？我一個刻意遠離象牙塔的社會學者，在言必曰現實應用的設計學院裡苦惱思考著「如何落地」這樣在同事眼中抽象的問題，帶著在德國科隆受到海德格幽靈纏身的工具之謎，在設計學院的教學現場反覆觀察對話，想要解開讓設計帶我們安全著陸的出路，同時一再回訪不同時期人類與物共舞的歷史故事，點漸漸接成線，線勾勒出面，最後在說完故事之際，腦海裡也慢慢浮現出一個再簡單不過的發現（模仿哈曼教授的說法）：所有事物都有四重性（The quadruple everything）！

任何人類活動都包含了「人」（ひと）與「物」（もの）結合一體的協作，也就是日語裡的「事」（こと），這是首先要站穩的基本道理。譬如「抽菸」要成立，吸菸者與菸缺一不可，人世間的萬事萬物無不如此。實用主義哲學家杜威（John Dewey）早在一九三七年就提出底下乍聽平淡無奇的深刻洞察，他說：「事物是它們被經驗到的那樣，而所有的經驗都關係到某些事物。」（Things are what they are experienced to be and … every experience is about something）估計海德格也會欣然同意這點，一把放在地上的「榔頭」對走過一旁無法舉起來完成「敲擊經驗」的螞蟻們而言毫無意義。而如果有某隻螞蟻想要敲擊，牠需要先找到自己的「榔頭」。

關鍵在這裡：單單只是「人」與「物」在杜威所謂的「經驗」中接合還不足以構成一件事物，「人，物」之外還藏著「單數，複數」這個跟它十字交叉的隱藏軸線。如果把兩者一起都放入視野，我們就有了同時存在於四個象限中的**所有事物**。讓我們姑且先把成群的「人」稱為「社會」（社會學最初傳入中國的譯名就是群學）；把成群的「物」稱之為「世界」，所有的「事」都發生在「社會／世界」裡，是在**群的網絡**裡才能存在的人物與事。如果可能，我希望再也不要回到**拒物於千里之外的社會學**，一直處在包含了萬物與世界的群學裡！即便建制派堅持，稱群學無妨但研究的對象一樣要是人，但海德格的話要聽，人可是「在世存有」啊！

物與人的事都要處在複數的關係網絡中，才能順暢無阻地持續存在。關於單數的「人」脫離不了複數的「社會」，每一本社會學書籍裡的每一行字都在談這件事，我就不再贅述常識，來看看物的世界吧！香菸等待打火機，板擦呼喊白板，榔頭渴望釘子，它們雖然對於親和的對象都有一定的寬容，衛生紙有時能替代板擦，火柴棒在沒有打火機時可以拿來應急。但也絕不是隨隨便便就跟任何對象搭訕，板擦與白板之間如果夾了

「不合群」的油性筆就會破壞彼此的關係，過大的槌頭會讓敲擊時必要親密的手指與釘子陷入緊張。

懷海德（Alfred Whitehead）這位生錯時代的哲學家曾經指出，事物都**只存在於關係的過程之中**，這個一度被認為莫名其妙的怪論，在人與物都可以互聯成網的數位時代遲早會成為我們的常識吧？在資訊科技與組織創新的快速發展下，「個體」與「群體」轉換頻繁，「人」與「物」的邊界也早已模糊，我們隨手拿臉書或微笑單車為例，每一秒的按讚立即跟隨後台的電腦計算與資訊回饋，每一台被拉出使用的微笑單車都牽引著調度與使用者租車的機率和動線。

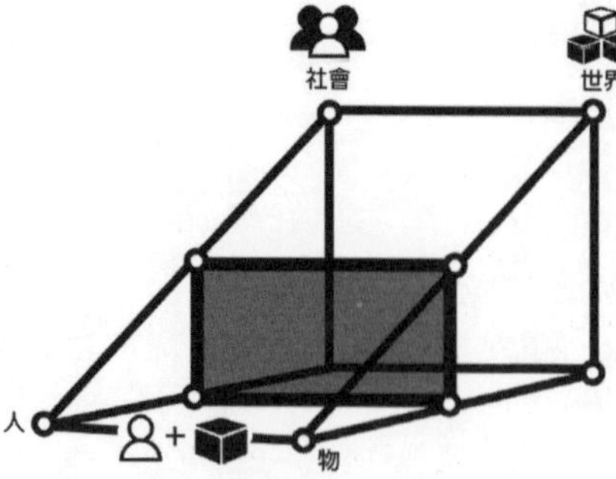

揭開凡事的四面性

「人與物」、「單與複」的整體連動永遠大過就在我們眼前的「人，物」互動。所有的事物都同時具有四重性！雖然我們專注於抽菸、講解、敲擊時只感受到「單數人，單數物」的四分之一世界裡，但事物存在複數背景裡，每一刻其他四分之三分身同時也在發生。聰明的海德格一定會在此刻及時救援……我不是早說了嗎？「現前不等於存有」

（Presence is not being!）剛好是物我兩忘使用工具的順暢經驗遮蔽了那些事物同時存在於眼前看不到的複數世界裡的身影。

於是，我終於領悟到該怎樣安撫憂心忡忡的拉圖老教授：我們在**人類世**意外失聯的藍色星球，應該還在「遮蔽的布幕」後方等著我們重聚團圓！

上一個英雄——加州嬉皮的全球想像與就地反擊

設計人類學的旅程試著用有限的文章篇幅，從「前人類」一直走到「後人類」的未來，勾勒人與環境緊密關聯的寬闊歷史。但真正的挑戰是，如何在「人、工具、環境」的三角習題中突出工具做為中介的關鍵角色。換言之，怎樣把設計放回它本該安身立命由複數所構成的世界中心，透過詮釋細描少數幾個設計物件的「劃時代意義」（epochal meaning），來掌握我們當下所面臨生態與文化危機的核心面貌！一旦我們對焦於設計或物件，就意味著要從人類的四肢五感如何透過工具與環境互動，以短、近、小幾乎貼地的身體尺度來關照世界。採取這樣的分析取向除了有趣，嚴肅地說，是帶著既然要鼓勵DXS一起攜手安全著陸，就要挑釁一般從鉅視（Macro）的社會文化或地球整體的高度「俯視」設計所在地面的思考慣性。

我知道這必然違反直覺。「我們正面臨的危機挑戰如此龐大而緊迫，卻反而要調換鏡頭從『微距』的具體物質層次開始？」就算有此必要，「那出發之後是要怎樣『回到』那個全球整體的廣邈層次？」早就藝高人膽大「跟緊物件」（Follow the objects）、「拒絕跳躍」（Don't jump）精采示範了好多經驗分析的拉圖，對前者的回答是肯定的。所謂地球整體規模的龐大問題已經超出個體感覺、思考、情緒所能理解回應的負擔，這正是當今問題的根本所在，然而我們還在繼續把問題當成解答來終日宣揚「四海一家」。

「是的，這是我們人類整體對地球整體幹的好事，但是我這個人在腳下這塊地表上能做什麼？到底做了什麼？坦白說，真的跟我有關？我再怎麼作為也不可能影響到那麼龐大的球體吧？」拉圖曾如此闡述「失聯」。全世界每個人都有責任，但又好像都漂浮在地球之外，找不到直接關聯的線索。至於後者的問題，拉圖的回答也很乾脆，就是我們沒有那個「地球整體」可以回去，所有的事情都發生於「在地」（local）！事實上，還真的只在地球幾公里厚度的薄薄表面，從來不是整顆地球。

拉圖的提示正確而且珍貴，我們應該認真地想想如何腳踏實地走出下一步。只是，地面如此寬廣遼闊，我們不能自我設限認定「回到具體」只有拉圖指出的道路。我認為他現在全力對焦在推促一種環繞著「蓋婭」想像的自然新政治，但地表還有其他兩個被拉圖忽視卻同樣具體而且遠為尋常普通的問題軸線需要補充：一、自然與文化（蓋婭與薇琪）糾纏的「雙重離地」，需要我們重新檢視「工具」這個與「人」同時誕生卻被輕視過久的「設計」介面；因此接著是二、缺乏複數思考的設計遮蔽了人們與更寬廣脈絡的社會／世界建立聯繫，需要有人吹起「為在世存有而設計」（design for Dasein）的號角，向展望新時代的社會設計思考轉轍前進。

做為一位設計學院的社會學者，我在導遊這趟設計人類學之旅的終點如此表態，馬上可以想像分別來自「社會」與「設計」的不以為然，這樣的反應可以理解，任何關係到深刻改變的召喚都要面對一個亙古存在的兩難挑戰：如何在勾勒未來遠景的同時肯定過去初衷的認同，尤其當提案者還是個設計的「外人」。不過還好，述說寓意深遠的傳奇故事一直都是個將「過去」的認同整合到「未來」遠景因而激勵了「當下」行動意志的絕佳解方，而幸運地這聽起來非常困難的提案早有人做過！介意在最後的最後（我保證這次是真的）再談一件事嗎？這次我們要去一九六八年的美國加州拜訪「上一位英雄」，打開數位新時代烏托邦的最初嬉皮——史都華・布蘭德（Steward Brand），聽他創辦《全球型錄》（*Whole Earth Catalog*）的故事！

一九六六年一月二十一日，布蘭德與一群年輕朋友在加州舊金山舉行了連續三天的多媒體藝術活動「迷幻之旅祭」（Trip Festival）。他們號召灣區許多前衛的地下藝術團體、實驗劇團、搖滾樂團，還有電影與表演藝術家參與，一萬多人沉浸在吸食迷幻藥與音樂、光影表現的自由氣氛中，嬉皮反文化也在這場活動後誕生。帶頭舉辦的布蘭德在「嗨過」後信心十足興奮地想把自由人的文化帶到改變自然與政治生態的前鋒，結果幾個月後他聽到被稱為二十世紀達文西的設計師巴克敏斯特・富勒（Buckminster Fuller）的一場演講受到強烈刺激！富勒在一九三八年就首先使用了「生態學」（ecology）這個概念，比《寂靜的春天》（*The Silent Spring,1962*）早了二十多年便啟發了環境保護運動。那場演講內容環繞著「地球太空船」（Spaceship Earth）的觀念展開「完整設計」（comprehensive design）的提案，布蘭德理解到新工具加持新人類可以創造生態新環境如此動人的願景。

麥克魯漢（Hebert McLuhan）在《古騰堡的銀河系》（*The Gutenberg Galaxy,1962*）提出「全球村」（global village）概念，富勒的《地球太空船操作手冊》（*Operating Manual for Spaceship Earth,1968*），給了憂心人類文明將在核戰中毀滅的邊界運動啟發，富勒更是直言「人們自私，是由於沒能看到地球是個整體！」聽過富勒的演講後，布蘭德回到舊金山北灘（North Beach）山崗上的公寓屋頂，服用迷幻藥後靈感大爆發，抱著毛毯等待藥物發作之際，看到城市建築在地平面排開的曲線，萌生出看到自己所處地球的感動（一如當年的年輕希臘哲學家亞里斯多德）。於是行動派的嬉皮領袖自製「為何我們到現在還看不到整個地球的照片？」（Why haven't we seen a photograph of the whole earth yet?）的標語文宣，一個人靠搭便車遊走於美國東、西岸的許多大學校園，拜訪了麥克魯漢與富勒兩位當代啟蒙大師，收集抗議連署向美國太空總署（NASA）施壓公開地球全景影像，美國太空總署於是在一九六七年公佈了一張從人造衛星拍攝的地球照片，成為大眾最熟悉最親切的第一張地球照片。

故事到此，彷彿只是在真實的地球照片上，再次喚醒讓「一眼看到全世界」的地球儀魔咒。但布蘭德服用迷幻藥，打破自我邊界的嬉皮背景，加上師父富勒所傳授，強調「人、工具與環境完整設計」的視野，打通了一條從鉅視尺度的「全球關懷」毫無隔閡平穩落地，連結到微視尺度以「親近工具」（Access to tools）支援嬉皮實驗社區新文化的地面軌跡，創辦了《全球型錄》成為傳奇的經典設計寓言故事！

一九六八年三月，布蘭德的父親過世，喪禮後他收到一筆遺產，在返回舊金山的飛機上他看著窗外的地球陷入沉思，飛機經過內布拉斯加（Nebraska）大平原上空時，他想到地面上進行田舍實驗摸索新生活的嬉皮朋友們，他們此刻需要解決什麼問題？「風車要到哪裡買？」「養蜂資訊去哪裡找？」「如何收集太陽能？」「如何進行冥想？」「怎麼觀察北斗七星？」於是腦海浮現出為當時全美大約五百戶公社（Commune）朋友們提供工具支援的最初念頭。他想到富勒的話：「不管是怎樣的念頭，如果十分鐘內無法移動到實行，你就會消失在夢的世界。」於是下飛機後第二天就準備投入父親留下的遺產，決心創辦一本全面為新文明提供工具資訊的型錄雜誌。

一九六六年剛催生嬉皮運動的布蘭德在短短三年內繼續開創了新局，六八年九月，布蘭德在《全球型錄》的創刊封面放上了美國太空總署在一九六七年十一月首度公開的地球照片，這個波希米亞青年當年對時代的總結視野與奮力出拳對如今再度陷入全球亂局的我們仍具深刻的啟發，六〇年代的美國社會同樣陷入層層矛盾，冷戰、越戰、種族、生態諸多問題交錯，瑞秋・卡森（Rachel Carson）發表《寂靜的春天》控訴農藥對生態的汙染，將沉浸於物質消費的美國夢中的年輕人喚醒。他們當中有的從赫胥黎迷幻藥實驗的《眾妙之門》（*The Doors of Perception,1954*），有的從美國本土超驗主義的傳統找到打破封閉自我的啟發。梭羅（David Henry Thoreau）的《湖濱散記》（*Walden, Life in the Woods,1854*）給了嬉皮自給自足生活方式的實驗紀錄，梭羅的另一本著作《公民不服從》（*Civil Disobedience,1849*）透過聖雄甘地（Gandhi）與馬丁・路德・金恩（Martin Luther King, Jr.）當代模範的體現，則將獨立自主精神轉化成「從身體與生活出發」進行和平反抗的新語言。

《全球型錄》創刊的六八年尤其是激烈動盪的一年，六五年三月美國派兵參加越戰開始，戰事日趨慘烈，三年後已經有十三萬年輕美國人在戰場上死亡。校園反戰抗議頻頻爆發，四月四日馬丁・路德・金恩，六月六日總統甘迺迪（John F. Kennedy）相繼遭到暗殺。史丹利・庫柏力克（Stanley Kubrick）執導的史詩電影《2001 太空漫遊》（*2001: A Space Odyssey*）以「工具與人」從協力到對立的演化悲劇為文明失控敲響警鐘。以「型錄」為名，說明了布蘭德在給予嬉皮運動的同志工具支援時並不反對消費，重新衡量人與工具的關係才是戰鬥的關鍵。七二年布蘭德為《全球型錄》舉行結束出版的告別派對。賈伯斯（Steve Jobs）最常被引用的名言「Stay Hungry, Stay Foolish」事實上是來自這本雜誌終刊號的封面，而他推出 iPhone 手機時將「藍色彈珠」設為背景底圖，應該也是出於相同的熱情，賈伯斯曾說：「蘋果要『為有能力改變世界的人提供工具』！」

嬉皮運動原本對於電腦是直覺反感的，大型電腦與最初的網際網路都是冷戰當年美國政府為了對抗蘇聯的產物，太空競賽也是《2001 太空漫遊》中「海爾 9000」（HAL

9000）型超級人工智慧機器人的隱然背景，海爾的名言與薇琪的堅持如出一轍：「對不起，大衛，這次任務太重要了，我不能允許你把它給搞砸了！」但就跟嬉皮反消費主義卻用感性的浪漫理想擁抱消費一樣，老嬉皮布蘭德清楚明白工具太重要了，絕對不能跟工具主義批判混為一談。一九八四年布蘭德創立《全球軟體評論》（*Whole Earth Software Review*），在創刊號中表達了對使用「終端使用者」（end user）這種字眼的厭惡，使用電腦的人應該是工具的創造者、啟蒙的自由人。在這篇文章裡他還主張少用「文書處理」（word processor）、「試算表」（spreadsheet）與「資料庫」（database）這類貌似儼然的名詞，鼓勵以三個動詞：「寫作」（writing）、「分析」（analyzing）與「組織」（organizing）分別取代，以免人們遺忘了工具與人連動的身體親密感！

布蘭德找來電腦技客凱文・凱利（Kevin Kelly）接任《全球軟體評論》的總編輯，凱利隨後在八五年創立了 WELL 這個世界最初的網路撥接服務。在網際網路還未對大眾開放之際，營造草根 BBS 論壇的原型，將網路世界放回拒絕中央集權、強制馴化的自由人手中，成為人們分享智慧、幫助彼此成長的學習社群。有趣的是，在電腦世界裡，「工具」一詞不只意味著方便終端使用的軟體，它通常更是創造軟體的軟體和工具的工具，是的，一群重新在數位時代「拿起榔頭的自由文化開創者」！布蘭德在《全球軟體評論》的發刊詞說到：「個人電腦是精神的汽車，它給人類超過原來具備力量之上的加持給力……這本雜誌的目的跟《全球型錄》一樣，都是在幫助人們獲得力量！」多年之後，二〇〇七年在舊金山（那個六六年夏天的嬉皮誕生地）凱利與蓋瑞・沃佛（Gary Wolf）發起了「量化自我運動」（Quantified Self Movement）要在集權國家與跨國企業巨獸大規模地從人類身體測量中汲取資訊金礦的趨勢下，「駭回」（hacking）人們對自身資料賦予意義的主控權！戰鬥仍在地面，繼續中。

「自然」與「文化」雙重離地的危機，如果我們戴上海德格「工具存有」的眼鏡仔細檢視，同時也是人與工具在連結微視這一端的斷裂，工具失去了與人的親密性，以及通向鉅視這一端工具與世界的斷裂，壓迫到其他生物的棲地與地球資源消耗的超載。

尋找重新復合的視野需要在鉅視與微視（Micro）間做出選擇嗎？或許並不需要。上個英雄的摸索實驗為我們帶來了鼓勵，如同《全球型錄》當年先行者勾勒的願景，只要我們更真切地掌握工具，實現更完整的自我啟蒙，張開複眼思考的新視野，面對我們存在於世界的當下處境與任務，或許一條更穩健的路徑正在等著我們再度上路！

等待超人

地球如今已成了人類的囊中物，甚至出現在智慧型手機的背景畫面裡，每一次開啟／重啟手機，不僅是與數位時代的連結，也提醒了我們跟高燒中的地球之間的曖昧處境與尷尬關係。每一次凝視家鄉的觀看都是人與地球「一對一」的面會，中間沒有任何障蔽。雖然拉圖一再警告，但我想布蘭德《全球型錄》的英雄故事給了我一點浪漫的勇氣如此說：人類每個「完整地球」的狂想都像是張顯影未竟的巨大自拍，雖然人疊在藍色星球上的表情未明，但某個深邃的啟示正等待著人類的恍然大悟。

「藍色彈珠」可能已經變成我們需要集體戒斷的圖像陷阱，但我對拉圖「面對蓋婭」的提案仍舊半信半疑，唯一能夠確定的是：人跟地球「超越單純觀看」的親密關係需要被重新建立。《全球型錄》在每一期封面內頁揭櫫的目標彷彿是預視未來的暮鼓晨鐘，至今仍舊有效：「我們既如神祇，不如做好」，而做好的起步可能就在我們「**提起工具學著成爲更完整的人**」的那一刻。

工具不僅是完成工作的手段，也是人類進入某種與地球和平過程的親密方法，如果這個過程做對了，我們有希望成為「超人」，然後或許還來得及在最後一刻「拯救地球」！

第二部　古典社會學家在「設計的」當代：群與複數思考

重寫三位古典社會學家：孔德，涂爾幹，韋伯，
運用他們的學說與主張在「設計的」當代中操作，
我們會發現這些社會學先趨們是否生錯了年代？
穿戴裝置，社群軟體，智慧型手機諸多設計產物誕生後，
社會學者是否如虎添翼了呢？

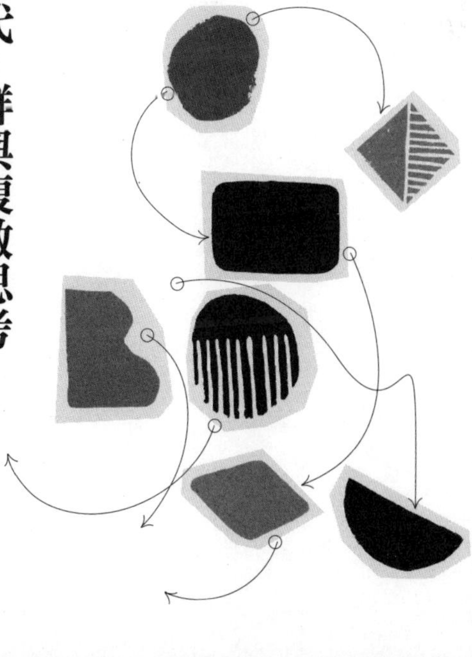

重訪孔德

（壹）一場未竟的哥白尼革命

歡迎來到任性社會學者的選物展 第二部！

雖說已經到了數位新時代，但重說一遍社會學的故事仍應照規矩由「從前從前……」開始，故事的第一站，我們回到兩百年前，拜見創始這門學問的法國哲學家孔德，我希望最後你將發現，孔德當年對這門群學新學問的想像，離我們高科技的未來並不遙遠。

數位時代下的返祖召喚——充滿未來感的孔德

孔德著迷於伽利略（Galileo Galilei）、牛頓（Sir Isaac Newton）等人的科學成就，從中歸納出他所謂實證主義（positivism）看待世界的立場，天文物理學當時因為牛頓偉大的科學，綜合剛歡呼確立的**哥白尼革命**，從此顛覆了人類數百萬年來仰望天際時對自己所處位置的直覺想像，承認了地球只是圍繞著太陽打轉的眾多行星之一，且太陽系在浩瀚宇宙中並非唯一，原來我們的家園地球並非中心，人類的自我地位一落千丈。

孔德為科學革命的暗示感到興奮，認為當時的動盪趨勢已到迫在眉睫的文明關頭，必要在「人與社會的科學」裡建立同樣跳脫以個體為中心看世界的意識框架，客觀地考察我們被包裹其中的群體秩序。**哥白尼革命**未竟，我們需要大膽進步到下一個人類社會的演化階段，重新裝配**複數思考**的基進眼光，踏出**個體意識**的直覺屏障，「由外而內」用一樣的實證精神客觀地檢視人群間的存在狀態。

他原本屬意為這新學問取名「社會物理學」（social physics），仿效天文地理學的實證態度做人文學問，從望遠鏡眺望遼闊無邊的宇宙轉到俯視觀察如繁星棲息於地球表面的複數人群，可惜這詞已被搶先占用，於是他轉而稱這個**全新的群學知識提案**為「社會學」（Sociology）。孔德從一八三〇年開始整理出版他在綜合工科學校的《實證哲學教程》（*Course of Positive Philosophy*）講義，經歷十多年的努力，到一八四二年才終於完成全六卷的出版計畫。前面三卷在鋪陳他提倡的實證科學方法，準備妥當後便在第四卷（1842）讓社會學的提案登場：我們已經用客觀實證的方法研究了天文地理並且獲得驚人成就，現在是運用同樣的科學精神研究人類群體秩序的時候！

孔德從此被尊稱為「社會學之父」，但他身後贏得的榮耀也僅止於此，如今社會學內部再怎麼流派林立爭議不斷，幾乎沒有人會再提及這位創始人怎麼看都粗糙原始，甚至因為科學主義的氣味而極不進步的思想。

「進步」弔詭的正是孔德招牌口號「**愛、秩序、進步**」中的關鍵字，甚至輾轉融入了巴西共和國的超炫國旗中，綠色茂密的浩渺森林、活力十足的菱形黃色大地、天球儀的藍色宇宙散布著以南十字星為中心的二十七顆閃耀群星，熱情洋溢充滿著召喚新時代的未來感。事實上，未來感意外地正是我對孔德的群學提案越發強烈的感受，因為數位時代的環境衝擊，我的知識體質意外地正經歷著一番返祖的基因突變，雖然退化抑或進化難辨，但清楚接收到的無疑是社會學誕生之際最初學問精神的祖靈召喚。

看穿集體遮蔽、解放個體潛能

人類創建的學問領域眾多，這些學問像是分散在亞馬遜森林中的一個個部落，各自有著觸動部落子民靈魂的專業關切，有著各自與世界戮力「交陪」（engage）的獨特課題。對心理學而言或許是身心平衡成長的「福祉」（wellbeing），對經濟學或許是資源如何被有效配置的「效率」（efficiency）。

社會學的終極關懷在我看來是「看穿集體遮蔽、解放個體潛能」的啟蒙課題（enlightenment），這學問被許多有識者稱為「啟蒙之子」確有道理。但社會學對啟蒙的繼承必要貫徹其獨立自主的精神，不可能依賴順從，只能以對啟蒙運動看似弔詭的深刻質疑來展開。社會學是啟蒙引以為傲的叛逆兒子！

啟蒙運動以及作為它前身的文藝復興核心是**個體意識**的覺醒。布魯內萊斯基（Filippo Brunelleschi）一四二五年在佛羅倫斯公開進行的透視實驗，展現出人類足以透過自製的道具客觀掌握外在世界，同時也隱然凸顯了那個觀看者的身體與眼光的軸心位置。馬丁・路德一五一七年在維騰貝格教堂大門張貼九十五條論綱，以及藉由印刷術普及聖經閱讀，開啟了個人越過教會權威直接以聖經文本論證信徒與上帝關係的契機，可以說是照亮中世紀黑暗時期的曙光。

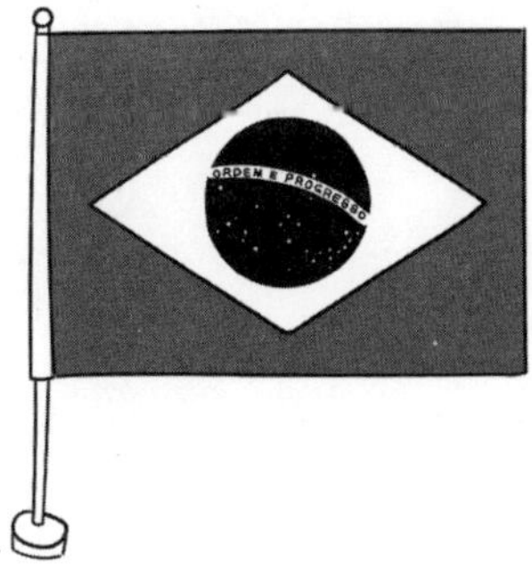

秩序與進步

一八八九年共和國成立的第四天，巴西有了嶄新的國旗，最引人矚目的是球體中央上的一行葡萄牙文「Ordem e Progresso」秩序與進步，正是社會學之父孔德提出的願景。

在文藝復興與啟蒙運動的交接處，我們有了達文西（Leonardo da Vinci）一四九二年的知名插畫「維特魯威人」（*Uomo vitruriano*），裸體的男子用兩種四肢張開的姿態完美連結了正方形與圓形，文藝復興的高峰展示在人類端視自己的讚嘆眼光，雖然仍在宗教神權的前提下，但已開啟了「以人為尺度」衡量人造物與社會制度的底層啟蒙文法，至今仍被設計圈視為人本主義設計的代表意象。

德國浪漫主義畫家佛烈德利赫（Casper David Friedrich）一八一八年的作品「迷霧中的旅人」（*Wanderer above the Sea of Fog*）被認為是啟蒙世界觀最準確的表徵。一個沒有社會地位象徵的個體，背對過去理所當然的傳統，不管是期待或不安，驕傲或者寂寞，都只能靠自己的身體去迎接承擔未來。**個體意識**到了啟蒙運動成了人類斷開傳統壓抑的利器，個體性的發現是現代人從歐洲中世紀黑暗時代覺醒的啟蒙禮物，理性的光線照亮環境，人類得以用自己的雙眼目睹世界，並且要求以這樣無瑕零度的平等個體為基礎建立進步的秩序。

樂觀無神論者狄德羅（Denis Diderot）意圖透過編撰《百科全書》（*Encyclopédie*）將知識從神學中解放出來，有系統地重新裝備人類，進而以理智來創造符合真理的正義社會。啟蒙思想家大都承襲了像這樣以個體為先驗起點來建構秩序的樂觀主義。笛卡兒

（René Descartes）從澈底懷疑開始，最後歸結到「我思故我在」作為思考者的個體存在，由此個體意識出發為現代哲學建立了以認識的主體為基礎的典範。洛克（John Locke）的《政府論》（*Two Treatises of Government*）同樣以個體為原點，從不可讓渡的自然權利出發去論證統治的民主正當性。在經濟領域，亞當・史密斯（Adam Smith）一七七六年發表的《國富論》（*The Wealth of Nations*），以經濟個體的自利動機為前提，主張市場自由競爭的「看不見的手」足以創造總體效率，更是與前述啟蒙思想一脈相承。

擺脫形上學，進入實證主導的新時代

孔德將「實證」與「社會學」連結起來的最關鍵論證，是從人類理解世界秩序的方式（也就是知識）來區分社會演化的三階段定理（一個被現代社會學者認為腐朽瞎扯的空想偽理論），人類社會從神學時代（十四世紀以前）進入形上學時代，然後到了十九世紀，孔德試圖傳遞新知識時代來臨的訊息：我們處在人類文明的關鍵時刻，面對最大的挑戰是擺脫形上學的舊體制牽制，進入實證主導的新時代。

人們經常忘了在這個歷史圖示中，孔德瞄準攻擊的舊體制並非神學時代，而是從十四世紀到十九世紀，從文藝復興到啟蒙運動這段以個體意識為基礎的形而上學階段，啟蒙之子竟然轉身逆反攻擊起了啟蒙？而對治的武器正是彰顯社會意識的全新學問：社會學！**在我看來，孔德的三階段定理就跟馬克思「資本主義必然崩潰」的「鐵律」一樣，不是腐朽幼稚的偽理論，而是意在喚醒集體行動意志的「任務宣言」（mission statements）啊！**

孔德對法國大革命所代表的啟蒙思想保持冷靜的距離不難理解，只要考察他的生平與當時的法國，一七九八孔德出生那年是法國大革命後的第九年，雅各賓黨恐怖專政的四年後，從第一共和到他一八五七年過世的第二帝國，法國經歷了令人挫敗的連番動盪政局，雨果（Victor Hugo）的《悲慘世界》（*Les Miserables,1862*）正是以恐怖統治高潮的一七九三年與一八三二年失敗的巴黎人民起義為背景，細膩感人地描繪了眾生在不公義的悲苦中，許多沉浮殘生的人間慘劇。孔德並沒有反對啟蒙人本主義的理想（事實上，他晚年還接近瘋狂地創立了「人道教」），讓他感到困惑的是：什麼才是能夠永續和平地支持啟蒙個體發展的社會秩序原則？

我們靜心想想，個體意識越是強烈的人，在現實中生活應該也越能夠感受到社會客觀施加於自己的壓力，就像越覺得衣著裝扮是獨立自由的自我表現者，也就越敏感與無法忍受制服的要求。**個體意識與社會意識不只並不衝突，照理講反而是一體兩面，更爲完熟深刻的啓蒙態度**。

想要只靠個體意識的鼓吹達到啟蒙理想，只會是一番由抽象概念所主導、脫離現實的個體形上學悲劇，證諸於法國大革命之後令人手足無措的困境。但半熟啟蒙的意識形態是如此成功，使得從個體內而外（inside-out）來觀看人類自身行為的觀點成為難以克服的直覺障礙。我的右手伸出按住滑鼠，顯然必是因為我的腦對手下了命令。一個穿制服的男人要我拿出證件檢查，自然是出於他的想法，而我聽聞跟著拿出證件給他，也是出於自己大腦的決定。就如迪士尼二〇一五年推出的卡通電影《腦筋急轉彎》（*Inside Out*），我們腦子裡彷彿藏著許多性格各異的小人，成天豐富曲折地爭執對話。

激進不下於馬克思，卻被長久忽視

孔德由個體意識單腳獨行的形上學走到研究群體實證科學，觀念啟發來自當時物理學的重大突破。為了推廣實證主義，孔德甚至還寫作了天文學的科普教案《大眾天文學的哲學論述》對社會大眾義務講授。天文學的科普當然講述的是哥白尼體系的「日心說」取代托勒密體系「地心說」的科學進步故事。

一五四三年哥白尼（Nicolaus Copernicus）憂忌被教廷懲罰，直到臨終前才發表的《天體運行論》（*On the Revolutions of the Heavenly Spheres*），曾經過一段漫長時日不被認真看待，後來之所以威脅到地心說，首先是伽利略發明的優異望遠鏡與隨之木星的種種發現，客觀測量的可能鬆動了地心說的威信；而逼迫「人類與地球當然居於宇宙中心」的直覺接受實證挑戰的更強力推手，是後來牛頓提出統合了物理與天文力學的萬有引力規律。

最戲劇性的勝利標示是一八三五年天主教廷取消了對哥白尼《天體運行論》與伽利略《關於兩種世界體系的對話》的禁令，那一年孔德出版了《實證哲學教程》的第二卷。日心說敗部復活最後凱旋大勝是個強大的啟示，也為孔德的決心帶來科學隱喻的助力，證明了「以人為世界中心」的直覺可以透過物理學結合天文學的科學實證加以反駁，孔德想要以「社會物理學」為名進行的新知識統合，無非正是想要乘勝追擊在天體運行解密後，跟著在人與社會的科學也發起一場哥白尼革命的野心企圖。

提出共產主義的馬克思（1818–1883）很少人懷疑其思想的基進，但更早於他的孔德（1798–1857）提出社會學的構想卻很少人看到它的大膽挑釁，甚至還被認為迂腐保守，但這兩人相似之處還不少。

孔德擔任過被馬克思批評為「空想社會主義者」聖西門（Henri de Saint-Simon）的祕書，對比於馬克思提出替代的「科學社會主義」，孔德與聖西門理念不和爭執後離去自創了實證主義。馬克思認為知識不應只是解釋世界，更重要的是改變世界；而孔德也認為知識應當是改革世界的實踐力量。兩個人都具有強烈的啟蒙進步觀，但同時又是對啟蒙運動的現實弔詭，尤其是歷史高潮的法國大革命，辯證地強烈批判的繼承者。最後，如果將洛克的《契約論》當成資產階級意識形態來批判有夠犀利，那麼斗膽在以**個體意識**為底的啟蒙大業蓋上形上學的印記也有一樣叛逆時代的力道吧？

不過兩人差別還是巨大的，畢竟共產陣營曾經盤據半邊地球，佐證了馬克思有過引領風騷的日子，而且不時還會再拿出來檢視以尋找通向未來的線索；對照之下，在我看來，孔德的先見之明被委屈了，直到數位時代的現今才顯露出它充滿未來感的激進個性！

（貳）個體時代的群學肆言

紐約大學史登商學院教授史考特・蓋洛威（Scott Galloway）的新作《四騎士主宰的未來》（中文版：天下雜誌，2018）（*The Four: the Hidden DNA of Amazon, Apple,*

Facebook, and Google）分析了 GAFA 這四家在網路時代全面滲透日常生活的巨無霸公司如何成功。他的解釋準確延續了前篇〈榔頭〉開啟的線索，他說：

> 谷歌成為人類共享的外接大腦，掌控知識產業，是現代人有求必應的神；
> 亞馬遜滿足人類自古內建的採集者直覺，擁有的物質愈多，就愈安心；
> 臉書串連人心，利用對愛的渴望掌握史上最龐大的個人資料庫。
> 蘋果從大腦起家，連結對性的渴望，成為品味與財力的終極性感指標；

無所不在——網絡巨獸與新「老大哥」

蓋洛威憂心忡忡地認為，這四家網絡時代的新型企業對現代生活的影響如此細膩又龐大，滲透到我們自我理解與生活構成最根本的紋理，但我們卻對 GAFA 超越一般國家甚至達到神祇般地位的威脅失去察覺，當然更遑論異議的能力，這是更深刻的窒息危機。他的主張引起不少爭議：我們必須要拆解這四隻企業巨獸才能夠恢復市場創新的生機。這本書出版時剛好碰上臉書的洩密危機，大約八千七百萬名受害用戶的個資遭英國公司「劍橋分析」（Cambridge Analytic）透過一款叫做「這是你的數位人生」（This is Your Digital Life）的遊戲軟體違法蒐集，執行長祖克柏承認臉書全球二十億用戶都受到潛在威脅。能夠蒐集整理、分析與運用如此數量龐大、鉅細靡遺個人資訊的巨無霸企業可以說史無前例，更讓蓋洛威激進的解體提案加倍宏亮。

細數 GAFA 所提供的軟硬體與服務，確實已為人類的生活開啟了翻天覆地的革命性改變，這些變動的核心不管是亞馬遜上購買書籍、音樂、各種商品的自由，臉書在社群媒介上無遠弗屆的聯繫分享與人際經營，蘋果的 iPhone 開啟以個人為中心在移動中持續與世界緊密交流，谷歌那讓許多人既嚮往又驚慌的 Duplex 數位助理，都指向數位時代因為這些物件與服務的交織支持而出現的「個體意識」。這個趨勢只會越來越強勢，GAFA 這四家公司正進入彼此的市場火熱競爭，世界各國規畫建構中的５G行動通訊網絡蓄勢待發，物聯網以及背後的遍布式運算（Ubiquitous Computing）也將添加巨大的動能。

GAFA 的壟斷影響是否到了阻礙競爭而需要到被拆解的地步？我有許多保留，但中國政府從二〇二〇年開始正式推動的社會信用系統，也讓我們借鑑看到數位科技可以創造出怎樣新社會秩序的強國夢，在台灣全面鋪設智慧路燈引起的人臉辨識恐慌，讓柯文哲本來想要宣傳的數位都市新願景跟著蒙塵，中國共產黨政府的目標是全面落實量化每一位公民的個體資訊，「一處失信，處處受限」澈底切斷不夠淨化的個體生活機能，這種「老大哥正看著你」的現實提案確實是一記當頭棒喝，讓我們對啟蒙在數位時代頓挫甚至逆轉的危機更加警惕。

當代啟蒙個體的崩解

西方在十四到十九世紀之間經歷的文藝復興與啟蒙運動，建立了我們評量文明現代性的基準，不管是民主政治、自由經濟、個性教育、宗教寬容……追根究柢都可以通達「個體性」這個根源概念。所有的傳統、慣習、權威都應該以「從蒙蔽中甦醒的個體」為優劣取捨的尺度，在理性的燭照下毫無例外地歸零一一檢視其進步性。依據尊重個體性所建構的現代制度，不管是透過流血革命或和平改革，在人類歷史中也確實彌足珍貴地保護了個體的自由發展，讓許多人一度樂觀相信世間存在一股沛然莫之能禦的現實力量，不可逆轉地終將帶來全人類的進步。

然而現實上我們正在目睹許多令人憂心挫折的倒退現象，強調權威秩序的保守勢力四處反撲，一向擁戴啟蒙的心理學家史迪芬・平克（Steven Pinker）趕緊在新書《當下的啟蒙》（*Enlightenment Now*）中精神喊話，要大家保持對科技與理性現在乃至未來將持續帶來進步的樂觀。相較之下，我更欣賞哲學家查爾斯・泰勒（Charles Taylor）

採取的立場：警覺啟蒙的內在危機並著手補強。他在《自我的根源》（*Sources of the Self, 1992*）中便認為由於啟蒙背後的現代自我並未被全面完整地理解，因此很容易就落入像行為主義心理學那種抽離脈絡的脆弱個體架構，補救之道應該走出孤立的個體，回頭確認一直支撐著「現代自我」的道德視野。

從一九九二年到二〇二〇年，站在數位科技鋪天蓋地翻轉一切的新時代關頭，我感受到現代自我的啟蒙企畫正面臨全然不同的挑戰，像泰勒在《自我的根源》中那樣皓首窮經追溯根源的歷史詮釋固然重要，但對於當下的啟蒙弔詭有何關聯？科技創新的未來正以交織演化、指數成長的驚人速度向我們撲來，十九世紀歐洲啟蒙思想家耗盡心思要說服大眾的那種不懈地自我覺察、自我改善、自我實現的現代自我有了史無前例成為凡俗日常韻律的物質基礎，個體性如今被連結五感的數位科技物網支撐滲透，不僅可見、可感、可觸甚至可以擺布玩弄，泰勒的「啟蒙補強計畫」應該倒轉時間的矛頭重新來過，往現在到未來的物件基礎探求深究，而非從現在回到過去做精神溯源。

當年的唱盤變成索尼的 Walkman，又從 Walkman 走到蘋果的 iPod，隨身攜帶上千首珍藏曲子，每個微小的自我，戴上耳機便得以沉浸在只屬於個體的私密世界。但時間飛快消逝，連這種個體性飛揚的場面描述也早變得彷彿前人物語般陳舊，二〇〇一年發表問世的 iPod，現在看來比較像是上世紀的總結而非新世紀的開場。時代前進，如今在無線串流的音樂世界裡，你我已成一組組的資料組合（data portfolio），音樂隨著你的身體移動在裝置間緊緊跟隨，硬碟的容量不再是關鍵，你初次聆聽某首音樂的反應（切歌或者重播）都會是在下一刻的未來為獨一無二的你推薦歌曲的客觀根據。站到「自我」之外回頭看這資料迴圈的構造，驚訝的發現是我們的身體已成了媒介，在這許多循環中持續更新的資料組合才是你我更**客觀**（**OBJECT-ive**）的物件存在。

穿戴裝置——永無止盡的紀錄、追蹤與改善自我

Fitbit 運動手錶是這種「量化自我」（quantified self）的時代先驅，而 Apple Watch 才是蘋果真正迎頭趕上的未來布局。如今這類穿戴裝置快速增生非常普遍，貼著身體表皮跟著體動，記錄我們每天時時刻刻的步數、心跳、登步、海拔、睡眠、GPS 位移、卡路里……等各種與體感生活相關的資訊。透過更多更微小感測元件的導入，匯集遠端資料庫的人工智慧學習回饋，藉著程序組合將數據繁殖衍生出新數據，最後轉化成簡潔的視覺訊息乃至耳機裡機動調整應合你我當下體況的曲目，你的「切身感受」在無意識中正被持續地微調校正。

所謂「生活記錄」（life-logging）或者「量化自我」並不始於數位科技，浴室裡測量淨重的體重機、牆上紀錄孩子身高的成長刻痕、迎接新生命的受孕期月經紀錄，更不用說傳統用紙筆書寫日記的勵志楷模。啟蒙象徵人物的美國開國元勛富蘭克林（Benjamin Franklin）同時身兼外交家、設計師、科學家與企業家，也是在韋伯《新教倫理與資本主義精神》（*The Protestant Ethic and the Spirit of Capitalism*）一書中創造現代西方資本主義文明的清教徒代表。富蘭克林多重成功角色的共通底層，祕訣就在終日不停的生活紀錄，他還為此發明了膾炙人口的工具，一張週報表逐日紀錄檢核十三項自己設定做人目標進度，一張「日記表」記錄每一小時的單位自我活動，包括每天初始設定的目標與一天收尾時的績效總評，量化白我的現代先驅非富蘭克林莫屬。

自我紀錄以便自我瞭解，自我瞭解才能夠自我監督，綿密的監督是追求自我改善的必要，然後最終才能從不懈地自我負責中通過自我超越走到了自我實現！這種現代自我的啟蒙理想裡潛藏著的資

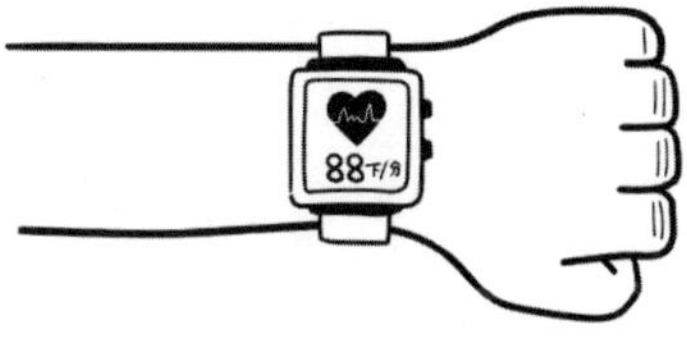

時時刻刻監測自我

穿戴裝置成為近年來火熱的電子產品，突然之間心率、行走步數等成為人們最關心的數據。「量化自我」之後接踵而來的遍布式計算成了巨大的商機。

料本質與技術內涵，一旦在數位科技所構造的世界中展開，進到了現代人穿戴量化記錄器的各個日常生活角落，一種類似地心說以個體為中心的前哥白尼世界想像反而變得意外地真切有感。用文化研究者切利亞・盧芮（Celia Lury）考察數位攝影的應用而發展出來的概念，一種「實驗性個人主義」（experimental individualism）的時代於焉降臨。自我實現這個概念相較之下甚至變得陳舊笨重，「自我擺布」（self-manipulation）與「自我模塑」（self-molding）才是發揚數位時代「個體性」的全新王道！

人們進行越來越廣泛的「自我追蹤」（self-tracking）出於各種理由：許多人為了健康的自主改善，有的人被迫於疾病治療的需要，有的人為了追求工作表現與任何生活項目「自我最佳化」（self optimization）的效率執念，有的單純出於自我瞭解的知識好奇：「原來我的深度睡眠這麼短！」「原來我約會時心跳沒想像中快！」有的為了沒有白活的踏實感（想想忘了帶相機「白去了」的那趟旅行），還有接近藝術家一般的日常美學展演（利用GPS跑出愛心形狀的地圖軌跡），當然正格的藝術家安迪・沃荷（Andy Warhol）從一九七四到八七年去世前才停止的「時間膠囊」計畫，可說是為我們每一個人熱情的自我追蹤樹立了藝術的典範。

聽過「美好性事追蹤」（Nice Sex Tracker）嗎？那是一款 ios 的軟體，它連結了 Healthkit 將資料化自我管理與永無止盡的自我改善推到了性體驗的生活領域，勤奮的現代人哪能放過任何一個可能極致活出自己的生活角落？另一家公司的產品也不遑多讓，他們推出了含蓄取名為「i.Con」的保險套「穿戴裝置」，可以收集床上運動時的溫度、速度、角度、姿勢……現代自我這樣內向地專注於「身體的績效」會出乎你意料之外嗎？還是你正在頻頻點頭「我懂，我懂……。」

遍布式計算——當自我成為一門大商機

其實，更多的自我測量並不需要穿戴裝置，甚至於也不需要意識到我正被自我追蹤，科技輔助下自我中心的生活方式可能是另一種近似完整啟蒙之前的自我蒙蔽。譬如，我正在打字的此刻，電腦軟體也緊密跟著紀錄我的選字以建立專屬與我的詞庫，因為它的反應如此迅速貼心，讓我可以心無旁騖地飛速書寫，完全忘了心思與螢幕之間還有一堆技術物件的存在。我在臉書上按下的每一個讚，寫下的每一則貼文，幾乎所有的動作都是可以餵食 AI 學習的珍貴資料，讓它可以最佳化成更準確提供「你需要知道」的資訊「雲端」。

舉一個有趣的經歷，最近我透過一個旅遊軟體平台安排旅行的住宿，搜尋中一陣快打後突然猶豫停頓，沒想到螢幕跟著跳出一行字：「找不到嗎？不要慌，我給你幫忙」，顯然是由預設好的電腦程式碼溫柔發動的人情攻勢，我回神後按下「我不慌，謝謝！」你相信嗎？「他」正在學著閱讀我的情緒，而我剛才免費幫了一個小忙（到底誰應該說聲謝謝？）。如果人工智慧學習夠快變得強大，他的存在將弔詭地銷聲匿跡被我所遺忘，而我得心應手的自我存在感將會默默地增強。實情是，許多軟體服務可以長期免費，正是因為千千萬萬個我的數位人生大數據所提供的商機。

想想你有多少事情如今可以在手中的超級電腦手機上完成？又為資料經濟添了多少柴薪？但鍵盤輸入還是個過時的例子。環境與自我的邊界顛倒，甚至正在以驚人的速度消失，物聯網所代表的遍布式計算成熟商業化的進度超出我的意料，二〇〇四年我在閱讀加州大學資訊科技教授保羅・多瑞許（Paul Dourish）的《行動在哪裡》（*Where the Action Is*），「體現互動」（embodied interaction）還感覺有些「科幻」，但現在蘋果、谷歌與亞馬遜都已經準備好家庭數位生活的集線基地（home hub），Homepod 與 Echo 這些智慧型產品有個融入居家空間的工業設計視覺焦點，很容易讓我們忽略了正在發生事情的本質，人類身體行為在不需視覺感知下已經悄悄委任給環境中的感應器

（sensor）來進行「（被）量化自我」的資料傳輸以及遠端計算。不管是指紋、人臉、聲音或替用的隨身晶片，任何鑑識途徑只要能夠完成系統登入，就在網路世界中形成了另一個量化自我的平行副本，這些從第一自我身上持續採集的資料組合在網路上四處遊歷、媒介轉化跟著沿路觸動商機，意味存在著一個獨立運動的第二自我。

谷歌在二〇一八年五月的I/O開發者大會公開了Duplex（雙工）技術，驚豔也驚嚇了全世界。AI助理跟電話另一端無從分辨是機器人打來的餐廳店員聊天，從簡單寒暄、說明需求、理解資訊到突發狀況的聰明處置，第二自我活靈活現代替使用者完成了餐館預約。一步授權，千百件事AI幫你做到，在不需你親自現身下租車、訂房、寫電子郵件（或問候父母？）……讓遠端的對方沒意識到不是你（事實上連人都不是）的情況下跟「你」互動。這個展示引起的許多驚恐讓谷歌見狀趕緊澄清，未來一定會在互動中給對方通曉對象是機器人的提示訊號，但人們擔心的場景比起互動設計的這種改善小技巧更為深沉，想想，如果副本的我被偷偷綁架了呢？既然已經是副本了，如果他／我再被複製流傳呢？那個隨時上網並且準備著接受「Hey,Siri」命令的家庭助理中心會如何實質上駭走我的生活？「Hey,Siri，匯一筆款給我墨西哥的好兄弟！」「是的，馬上為您處理！」

前陣子我綁定信用卡後使用手機軟體叫車，確定車號後隨即關閉軟體直到計程車將我載送到目的地，還未定神已被告知扣款完成，物件與物件跳過我的意識確認直接完成了一趟無痕交易，這不正是我們之前提到亞馬遜無人商店 Just Walk Out 技術的模擬體會？聽到我的不安，許多年輕朋友笑了出來，他們不只輕鬆回應，甚至還滿心感激這種省了許多麻煩的個體自由，這點寬心並不令我感到意外，我們在討論手推車時便分析過巨大的系統如何早在數位時代之前，便透過設計創造出一種主流經濟學教科書中認定天生如此的典型孤立個體，消費者被先驗地（或者，用孔德的話「形而上地」）認定有意願也有能力享受獨處自由，高明的設計最終匿跡潛形抹除了自我，甚至連設計師在向經濟／管理學叩拜學習時，都忘了設計讓自由市場成為可能的功勞。

再一次重申，我所反對的並非個體培力（empower）與自由體驗的真實性，GAFA 的商業成功與帶來的改變證明這一切，只是它們是在個體當下體驗的視線之外「複數物件媒介複數人群」的設計結果。同樣的，這篇闡釋提煉孔德思想「當代風味」的文章用意也並非在預告科技悲劇，看看我們這時代讓人感到興奮的社會創新：創造性勞動的自造（Maker）運動、開放教育的自學運動、食農與地方創生的自銷管道、維基百科與 CC 創用（creative common）的知識開源，甚至到人們對「區塊鍊」（blockchain）投以凝聚社會團結的希望（我們終於有機會擺脫國家與市場集中管制必要的規模鐵律），都有著數位科技為新社會組織提供創新契機的正面啟發。

「從外而內」，看清啟蒙的機會與危機

但就算是在所有這些正面契機中的自我，源頭也都不是半調子啟蒙那種形而上的抽象，而是自己身處更大世界系統一部分的結果，是孔德後來改稱群學（或譯社會學）的「社會物理學」（social physics）的實證對象。孔德提議建立一門研究複數的綜合社會科學時，針對以抽象自足（self-sufficient）的形而上個體為基礎的啟蒙運動進行批判，支持他所主張實證主義的科學啟發來自天文物理學的哥白尼革命並非巧合，**現代自我乃是社會/物件秩序的客觀產物，我們必須要放棄人文科學的地心說走出抽象個體，除了「由內而外」行為心理學的管窺之外，還要「從外而內」仔細觀看「自我」如何浮現的系統位置，方能看清啟蒙當下的機會與危機！**

在本書第一部的〈榔頭〉中，我曾經提及：為了回應敲擊石頭製作工具的挑戰，手腦協作促進了大腦加速複雜進化，最後在大約二十萬年前，現代人類的祖先終於在這些工具的催生下出現於地表。榔頭的身世之謎隱藏著人類誕生的契機，甚至極端地說，

教導了我們跟直覺相反的驚異故事：工具創造了人，而不是人創造了工具！這個「從物件述說人類變動中生存狀態」的敘事到了二〇二〇年的數位新時代只會更加適用。我們來到了智慧物件的秩序可以充分創造（當然也解釋）了啟蒙運動現代自我誕生的設計時代，弔詭地，在數位技術物件全面籠罩的環境中變得如此強大而脆弱的人類，看穿隱蔽在單數個體與單數物件互動的人本中心使用者架構背後複數的人與物構成的整體變得無比困難，更遑論起而進行補強啟蒙的完整社會設計。

孔德當年早熟地提出的知識實踐提案，在委屈了兩百年後應該在數位新時代的啟蒙危機中獲得平反，這個晚到的人文社會哥白尼革命要求我們跳脫「由內而外」（inside out）從個體看世界的自閉架構，打開**由外而內系統關照個體與世界的複數眼光**，這就是我們有必要在此時重訪社會學的目標。孔德之後兩百年來社會學累積了豐富多元**複眼看世界**的知識資產，我們預計出發的行程延遲許久，清點社會學工具的旅程下一站，我們將拜訪的是與孔德同是法國人的涂爾幹。打包好行李了嗎？讓我們再度上路！

涂爾幹的群學心法

（壹）視社會如物

啟蒙運動啟發了從個體性全面地想像以人為中心的新文明願景，雖然從個體性的種子發芽茁壯的許多普世價值，例如自由、平等、民主……一直承受各種特殊主義的挑戰，三百年後的今日，即便面臨一波波看似歷史倒退的嚴峻情勢，啟蒙思想仍舊是驅動文明進步與維繫人類希望的重要理念。事實上，許多針對西方現代性的所謂後現代批判反而弔詭地更深刻反映了啟蒙的原始理念，不過這並沒有什麼好驚訝的，畢竟社會學者向來擅長的就是「啟蒙辯證」的各種宏論，韋伯、阿多諾、傅科都是被再三傳誦的佼佼者！但作為社會學之父的孔德，他的實證主義雖然緊扣社會學成立的淵源，長期以來卻最被忽略，好似因為過於平板單調、缺乏洞悉辯證的魅力而不值得再緬懷回顧。

青出於藍的孔德接班人

我們為孔德平反，啟蒙個體在網路與人工智慧強大又隱形運作的當代已然進入人們身體日常實作的細節，從自我監視（self-monitoring）的穿戴裝置到身體感測的智慧環境

（embodied computing），自由個體被許多可見、不可見的軟硬物件所聯手支撐才成為集體的事實，雖然這客觀秩序也跟著匿跡躲到個體意識之外。孔德給予社會學這門新學問帶領啟蒙脫離理念論證形而上階段的使命，期許它如同天文物理學對地心說的質疑，帶來「由外而內」（outside in）的穿透眼光，實證關照**個體性**背後集體運作的邏輯。

但是，在個體意識高漲的年代，建構一門群體實證研究的全新學問談何容易，需要卓越的創業手腕與扭轉眾議的說服論述。

孔德的想法要付諸實現遠比想像困難，大部分跟著孔德提倡實證主義的信徒們只會高談闊論，相當諷刺地充滿文哲玄想，孔德本人後來甚至放棄實證主義主張，轉而熱中於建立一門以人類為膜拜對象的人道主義宗教並自封教主！

孔德過世的次年，彷彿為了接班而誕生，同樣是法國人的涂爾幹拯救了孔德的啟蒙視野，繼承了他實證科學的志向，在短短的六年間奇蹟般以高超的手法與充滿想像的說服技巧，化理想為現實接生了社會學！追根究柢，孔德雖然給社會學取了名字，但涂爾幹才真正靠活用社會學給了他行住坐臥人間的肉身，百年後回頭想像涂爾幹當年面對的時代思考慣性，仔細看他大膽細膩的創舉，仍舊只能自嘆弗如、讚嘆不已。

在諸多社會科學中，政治學與經濟學是毫無疑問早就站穩腳步的老大哥，跟社會學在知識市場中短兵相接的是心理學。心理學這門學問非常投合啟蒙人想要更深切理解自我的渴望，在強調個體理當承擔自身所有責任的自由年代，理解、盤整、修補自我的心理素質已經成為現代人的基本武裝。除了心理學之外還有其他學問插嘴的可能嗎？即便到現在，「理解行為＝研究心理」仍是人們牢不可破、除此無他的執念。

與涂爾幹同時代的威廉・馮特（Wilhelm Wundt）被認為是心理學之父，他在一八七四年書寫了近代第一本心理學教科書《生理心理學的原則》（*Grundzüge der physiologischen Psychologie*），五年後在萊比錫大學建立全世界第一個心理學實驗室，接著透過實驗室的推動移轉，一所大學接著另一所大學迅速擴張地盤。「實驗室」（lab）這個空間物件與當中的測量儀器允許了馮特在人造的封閉環境中觀察、紀錄、刺激與操縱孤立個體的感官行為，從而透過一套以物件為媒介的科學實作，逐漸將心理學從原本哲學與生理學的母體中獨立出來。

迥異於個人主義框架的新學門

涂爾幹曾經在學術生涯的初期拜訪並居留德國一年，深受馮特建立心理學專業的積極作為所啟發刺激，社會學雖不可能靠隔離於社會之外的孤立個體來展示研究，但確實需要一個類似實驗室的客觀工具才能以簡馭繁捕捉社會，讓獨立新學問的力道可以透過展示社會而信實可見。同時，心理學風起雲湧的專業化腳步，也讓他強烈感受到孔德群學提案的必要性與緊迫性，必須加快腳步迎頭趕上，因為心理學專業的全面制度化與擴散，只會更加鞏固了現代人習慣「由個體看世界」（inside out）的半吊子啟蒙。

一八九三年涂爾幹修訂出版博士論文《社會分工論》（*The Division of Labour in Society*）開啟他的社會學創業，這本書針對支持個體性出現的經濟分工與其在歷史中的形式變遷，建立了迥異於經濟學個人主義框架的社會學觀點，簡而言之，個體意識是社會分工型態變化集體過程的歷史產物，也因此需要結構改良才能夠維持健全的永續發展。書出版的翌年，法國爆發了對其政治文化影響深遠的「德瑞福事件」（Dreyfus affair），涂爾幹很快介入此反猶太主義的冤獄爭議，以人道主義的政治參與以身為度展演了《社會分工論》的要旨：固然社會結構的分化促成了個體的現身，但啟蒙主義的個體性只有在符合現代公民社會的集體道德上才得永續！社會學，而非心理學，才是治療現代社會迷亂的解答！

從緊密觀察心理學專業化的經驗，涂爾幹知道建立一門學問的關鍵在於建立方法的獨特觀點，單靠《社會分工論》提出心理學之外對待現代與啟蒙的另一種選擇還不夠，他打鐵趁熱跟著在一八九五年發表幾乎可說是社會學獨立宣言的《社會學方法的規則》（*The Rules of Sociological Method*），公開他如何客觀實證地分析群體現象的研究方法！

在發表完《社會學方法的規則》讓閱讀公眾熱了身之後，涂爾幹還需要一個有力展示新學問威力的研究經典，兩年後（一八九七年），勤奮不懈的涂爾幹發表了重磅巨作《自殺論》（*On Suicide*）。他在此書中將統計機率化成了社會學想像的魔法棒，巧妙地將人們對個體行為的慣性知覺，調動到從集體層次俯照個體的空拍視角，幾乎是個將心理學內外翻轉、頭腳顛倒的社會學實驗室。

就這樣在短短幾年內，涂爾幹備齊了裝配一門制度化學問所需要的所有關鍵零組件，接下來就只剩下如何放大量產規模的擴張問題。一八九八年涂爾幹召集一群圍繞他身邊的年輕社會學家創立了專業期刊《社會學年鑑》（*L'Année Sociologique*），用集體串聯的力量將他建立的社會學典範擴散到宗教、法律、經濟、政治等研究領域，在這些優秀年輕學者的投入下，涂爾幹學派於焉成形，社會學也堂堂成為學院化知識中最年輕銳氣的新成員！

但這些物件編織的創業手腕與精準的勤奮經營都還在其次，我們最關心的應當還是涂爾幹如何定義社會學這門學問的「產品策略」！換言之，他如何展示新產品的利基特色？如何鮮明地區別於同時代的其他競爭產品？如何說服與引導人們進入過去沒聽過、不熟悉、甚至不信任的群學分析？

社會事實——以「群」作為有意義的分析對象

我們日常生活中其實俯拾皆是不乏群的體驗，順手舉個例子：一個平日聒噪的朋友突然變得很安靜，很多人的反應大概會是「為什麼？」但如果你知道地點在圖書館，大約會從關心「究竟怎麼了！」到覺得「廢話，這還要說嗎？」沒有深入了解多點資訊的必要，因為群的空間邏輯是我們的常識。就像如果這人在圖書館聒噪，他會被當白目甚至受到嚴厲懲罰，也是預料中事。但如果我告訴你，他大聲又說又唱反而被獎勵，你會大感驚訝，然後問題大約會是：「這究竟是什麼樣的圖書館？」（有可能嗎？譬如正在舉行「兒童繪本故事時間」的活動？）群體因素隨時隨處一直都在，只是常被我們放到背景視為當然。

換一個對群的現象比較動態的日常體驗：電梯裡從只有一個人（你）、兩個人到十多人塞滿，人們單純因為人數差異的影響而產生行為的微妙變化可以預期。我們有高度直覺不假思索的共識潛規，知道也預期該會有那些變化，例如說話音量調降或嘎然停止，身體位置的配合挪動，或者臉部與身體軸線的微移。

換些不同的場景，高速公路上行駛的汽車配合路況變換車道可以順暢車流，但因為一部汽車在換車道的時間中將占去兩個車道，一旦車流量到一程度，變換車道反而會造成交通阻塞惡化，如果大家各自都停止變換車道反而才是解決之道，但這時已經超出個體，跨入群的問題層次。類似的例子很多，譬如天氣熱開冷氣可以解決問題，但越來越多人開冷氣，排出室外的熱氣將使得都市猛暑的問題變本加厲。

牽涉到個體與群體間辯證的陷阱，雖有許多不同的因果機制，**但以群（aggregate）作爲具有意義的分析對象，涂爾幹的高明之處是，他在提示群早存在於構成世界的不同層次後，鼓勵人們延伸這種常識去進一步接受社會學對象的分析獨立性。**

想想由原子聚合構成分子，由分子聚合構成細胞，由細胞聚合構成器官，由器官連結而構成生物體，不同聚合層次的群各自有它相應的機制與分析的學問，譬如化學與生物學。固然每個層級都可以拆解到下一層（器官不外就是細胞的組合）並且也不可能脫離前一層而存在。但我們也都了解，沒有一個層次的群是獨立於個體組成之外，此一事實並不會影響我們獨立分析該層的研究意義。氫和氧以特定的方式結合形成水，而水一旦產生就具備了氫和氧所沒有的特性，我們因為不同的目的研究水，不會預期從單純了解氫與氧中得到答案。

涂爾幹行銷社會學的修辭伎倆很簡單：既然你都可以從原子一路走到人類個體心理，為何不合乎向上聚合的邏輯順勢跨出下一步，接納人類個體一旦聚合後自然會出現的新生群體層次？這也是為什麼涂爾幹要人們稱社會為「社會事實」（social fact）。「事實」不只意味著它無法為個體主觀地否定；個體總合不等於整體，整體是帶著全新獨立特質的分析對象。涂爾幹有一句重要的名言為：社會本身自成一格（society *sui generis*）.，社會是由個體所組成，這點毫無疑義，但關鍵是：既然社會自成一格，那麼我們在格物致知之際就應該恪遵涂爾幹為社會學樹立的戒律：「**視社會事實如物！**」（Treat social facts as things）

這句話就像摩西一杖切開紅海，阻擋了不相信社會事實的埃及人，帶領願意張開複眼看世界，更完整地實現啟蒙願景的信徒們安抵社會學的彼岸。涂爾幹用心良苦的修辭話術無不訴求人們既有的常識，從我們日常與物交往的體驗來幫助實踐社會思考。所謂社會事實「如物」，他主張，就是具有**外在性**與**強制性**，理解社會具有這兩個抽象的特性難嗎？不難，涂爾幹的幫忙很有用，就是把它當成一個東西，就好比一塊地上的石頭，你再怎麼主觀努力也無法用意念把他移除，因為它外在於個體，也無法否定它對我們的真實效果。

以臉書為例，輕鬆秒懂「社會事實」

社會事實最易解的例子應該是語言，語言先於我們個體而存在，我們因為大家

當視社會如物

臉書使用者建立自己的頁面，嘗試與社會溝通，理解社會的脈動，每一則發文或按讚，在在顯示了我們處於社會之中。涂爾幹的年代如果有臉書，猜想他應該迅速加滿五千位好友，甚至申請分身帳號，深入「社會事實」。

都接受的某些說話的規則而可以互相理解，語言中的集體性允許了我們言說發表、展露個性；但這些變化創意一直都存在無形的框限，一旦你的創意跨過了語言社群可以公共辨識的限度，也就失去意義。當代社會語言學與語言人類學的泰斗，荷蘭提堡大學（Tilburg University）教授楊・布隆瑪（Jan Blommaert）在回顧網際網路全球化的當代語言環境後，單獨標舉出涂爾幹作為最足以總結數位時代的當前語境，同時也提示未來出路的社會學者，他甚至認為涂爾幹生錯時代（孔德不也是？），否則當代社會語言學最先進的網路溝通研究，會讓他在解釋社會事實時不用那麼費力，輕鬆秒懂！

布隆瑪帶著涂爾幹式的洞見提醒我們，社群媒體如臉書確實讓個體可以跨越空間隔離、發文留言分享表現各種創意，但這些看似零碎的網路發言之間仍舊存在著規矩，並且也靠著它們而得以順暢進行；然後，更不容易感受到的，這些表層意思溝通的共同底層還存在著「程式碼行動者」（algorithmic agency）（或者說人工智慧）的社會事實，它們外在於個體、不在乎個體是否意識其存在，事實上刻意不讓你意識其存在，並恰好也在你放鬆意識時發揮強制！臉書一次的程式碼更動改變了網路對話溝通的頻率、主題、方向，甚至更關鍵的人與人的社會關係，許多商家因此被靜默地（事實上哀鴻遍野）排除隔離到不同的市場角落，可以為證。

《自殺論》：展演社會物件的華麗魔法秀

有了研究心法之後，社會學作為一門新興社會科學，涂爾幹從觀摩市場競爭者學習到，還需要類似實驗室的知識「社會物件」（social object），然後最好再用這客觀物件公開展示一場科學魔法，他發現的這個物件就是統計機率，然後在社會學經驗研究的名著《自殺論》中做了場大膽華麗的英雄演出！

科學哲學家卡爾・巴伯（Karl Popper）以提出「否證」（falsification）的科學邏輯而著稱，他主張，勇敢正直的科學家應該選擇對敵對理論最友善、對自己最不可能（most unlikley）有利的經驗對象來驗證，看能不能經得起「被否定」的考驗，如果通過了自找的危險安然無事，聰明如你我都該接受像這樣「比較不容易被否證」（less vulnerable to falsification）的好理論！在人類關心的諸多社會問題中，自殺的原因大概是因人而異最為多樣，心理糾結曲折最為隱晦，依巴伯的否證邏輯，最適合涂爾幹作為「理論自殺」研究對象的不二選項吧！

法國文學家卡謬（Albert Camus）曾說過：「只有一個哲學問題值得討論：要不要自殺？」人只要稍稍清醒就將警覺人世盡是徒勞甚至危險的荒謬，這是現代性把個體丟擲在毫無堅實之物可以依靠、難以迴避的苦楚。與卡繆亦敵亦友的法國哲學家沙特（Jean-Paul Sartre）也說過：「存在先於本質」，所有看似外在給定的事物都是因自己的選擇才得成立，人要生活得有無意義不假外求，端視自己怎樣給、要不要給出意義，旁人絲毫插不上嘴。

一個人自殺了，大約要心思最細膩的心理學家仔細檢視自殺者綿密的自傳細節、穿針引線、拼湊謎團才得稍微透悉。涂爾幹英雄主義的賭注是，如果像這樣絕不容社會插嘴的自殺都可以為社會事實所解釋，必將強而有力地證實了社會學存在的價值！

（貳）視物如社會

自殺，生命幽昧地自我結束。雖然每個自殺都成就了一個人乾脆俐落的生命歸零，但也給旁人留下情緒與理智溝通永遠無法聯繫的空白，遺憾與惋惜中滿是隨著自殺者離世而永遠封閉無解的謎。每個自殺者都有著獨一無二、無法被至親好友理解的辛酸，稍稍謹慎的心理學者都寧可選擇無言，對焦於分析集體的社會學者又憑什麼對著自殺說三道四？

事實是，社會學當年能夠成立，如果沒有先行者涂爾幹用《自殺論》這本在《社會學方法的規則》之後的著作展示其應用，很難想像這門新學問如何能在個人主義高漲加上強敵環伺的年代站穩腳步。

那麼，為什麼涂爾幹要拿還在襁褓階段的社會學雞蛋去敲最難應付的石頭，千挑萬選後執意要拿自殺當研究對象來為社會學開幕，用對社會學而言無異自殺的行為來突圍求生？這個危險動作顯示了涂爾幹當年建立社會學的急切感，以及他孤注一擲於單點突破的藝高人膽大。

集體連帶──你的自殺不是你的自殺

涂爾幹的如意算盤也許是這樣打的：如果連自殺都可以證明是受到社會事實自成一格的影響，那麼社會學可以競逐擅場的空間也就迎刃敞開，留下寬闊的腹地供後繼者魚貫而入逐步鞏固陣地。涂爾幹研究自殺的入手怪異但自有其道理，我們就來看看這顆天才腦袋是怎樣教我們換個角度看世界，然後想想，我們可以從中衍生出怎樣的創新啟發！

首先，面對自殺，涂爾幹要我們忍住往前再靠近一點的直覺，停止關心某甲、某乙不同具體個體的自殺個案，留意一下自殺率這個可以客觀測量的統計數據。他發現，雖然說自殺率通常只是萬分之幾的微小數字，但在不同職業、宗教、性別、區域等集體範疇內卻相對穩定，就算逐年有了變化也可以辨識出趨勢。雖然我們知道，每一則自殺就個體層次而言都是死者與親友獨一無二的不幸，自殺者之間也不可能彼此協調年度配額或者排隊上車，但自殺率卻沒有出現隨機跳躍的不規則混亂。

就像你貼近一堵白牆，心思沉重地審視上面貼滿的一張張自殺者生前照片，每一張欲言又止無盡辛酸的臉龐，然後你一步步緩緩後退，雖然隨著你的身體移動，原本清晰的個體形象模糊了，但看著布滿方格的整個牆面，你意識到了異樣，定眼仔細一瞧，頭皮跟著發麻，因為一大幅自殺的集體秩序在白牆上清晰地浮現，自殺竟然也藏著涂爾幹說的，雖然不外乎個體，但卻超越個體、甚至先於個體、具有外在與強制的社會事實！

站在距離之外的涂爾幹，緊接著手比對不同範疇的自殺率，意外有了更驚人的發現！依據他當時收集的資料，男性的自殺率一直高於女性，單身的自殺率高於已婚，新教徒高於天主教徒，有錢的人高於窮苦人家，軍人高於一般市民……。為什麼？按照涂爾幹傳授的**群學心法**，既然「社會自成一格」（society *sui generis*），那麼自殺率自然不可能往下化約為個體層次的因素所解釋，涂爾幹回答是因為「**集體連帶**」（collective solidarity）的差異所造成的！

譬如新教徒比起天主教徒少了教會更緊密的制度支持，必須更孤立地維繫跟上帝間的溝通，也必須承擔更多的自我責任，自然也就有更多的新教徒選擇放棄人生。就如新教與天主教宗教環境的差別，不同類型帶著差別凝聚強度的集體連帶乃是**先於個體**的存在，可以被客觀描述觀察，不管某甲、某乙的個別具體個案生前是陷入婚姻、事業、學業等如何再也走不下去的生命困境，自殺率顯示了他們被像安全網般隱形圍繞的社會凝聚力，也是他們在生命價值危疑的關鍵時刻被溫情、教誨、鼓勵、問候……等拉回頭的機會差異。

涂爾幹也留意到，集體連帶的影響未必都發揮在阻止自殺，也有可能直接或間接鼓勵了自殺，譬如日本武士道頌揚因公捨命的義理，甚至美化切腹為美感的儀式；又譬如中國傳統將貞潔女性跟隨亡夫犧牲視為美德，甚至立下歷史榜樣、形乎戲曲傳說、贈名牌坊等的設計環境，都與高自殺率難脫干係。涂爾幹稱之為**利他型自殺**（altruistic suiside），集體連帶也有可能將自殺變成了一番善盡社會責任的表徵進而提高自殺率！

利他型自殺的討論顯示了，涂爾幹這種從社會整合的不同類型去分析自殺率的觀點，如何為自殺提供了更為冷靜寬闊的多元理解。神風特攻隊的自殺攻擊有多少是真的自願？有多少的自願其實是出於誘導或壓迫？這些發問牽涉到的哲學思辨對涂爾幹而言恐怕不會有太多意義，他寧可對這些問題存而不論，轉而關心科學實證範圍內可以驗證的解釋，像是混合神道思想的軍國主義（一種社會事實）如何外在強制地導致了高自殺率（另一種社會事實）的客觀機制。

「迷亂」──個體自由與集體秩序的辯證

如果你到目前為止的印象，好像涂爾幹雖然研究自殺，卻只關心科不科學、關心冷冰冰的自殺率，而不關心個體生命的價值，那就錯了！作為啟蒙叛逆之子的社會學比誰都喜歡辯證個體性的歷史命運，在前述**利他**與**利己型自殺**之外，涂爾幹還提出一種他獨創概念的**迷亂型自殺**。簡單講，**迷亂**（Anomie）是在快速現代化中，個體由傳統同質性的社會連帶脫溢而出，雖然獲得表面上沒有受到集體拘束的自由，但卻因社會無法快速建立起相應支持個體的新規範，而陷入規則不足以保護個體或缺乏社群凝聚的混亂狀態。

在涂爾幹看來，沒有集體秩序支撐的個體只是個虛構而無根的假象（**迷**），多元自由並非與群體秩序無關的放任狀態（**亂**），隨著數位科技的急速發展釋放更多個體發揮的空間，涂爾幹如果還活在當代，一定會提醒我們時間緊迫，必須加緊腳步建構足以保護自由人的現代秩序，至於「唯有更澈底的自由放任才能解決自由放任的問題」這種說法，在涂爾幹跟他前輩孔德耳中聽來，只會是經不起實證考驗的形而上蛋頭迷信。

涂爾幹當年在德瑞福事件中挺身而出，用意不在保護德瑞福這位猶太裔軍官的「個人」，而是在催生足以保障「像德瑞福那樣」的差異個體在未來不再被歧視迫害的法國現代公民文化，而且它必要是一種帶著外在性與強制性的社會事實，不管是「汝不可殺人」（Thou Shall Not Kill）或「汝當愛人」（Thou Shall Love）。

經濟快速致富的社會或者一夕成名的暴發戶出現高自殺率，原因不在人們生活中有什麼貧苦困頓或者需求未獲滿足，相反地，涂爾幹認為，是因為人們陷入一種原子式個體意識的「迷亂」錯覺，以為需求可以無盡擴張，天下沒有錢不能獲得的東西。涂爾幹的名言說：欲望的滿足創造出更難滿足的下一個欲望，「欲望沒有辦法用滿足來解決，它只能靠限制」，靠給人生價值一個「這樣也就夠啦」的停漲點，然後從完善自我控制中獲得真正的自由。

聽起來或許弔詭，但正是涂爾幹苦心孤詣發現的真理；自由多元要能夠永續發展需**要一個成熟社會，這社會擁有細膩自我克制的文明規則在日常中帷幄運作。這就是自由多元的社會之所以在人類文明中極端少見，且無比脆弱，需要細緻的集體共識耐心呵護的原因。**

《自殺論》被認為是社會科學定量分析的先驅，從現在來看這本書的統計分析當然極端粗糙原始，但這就跟批評尚未進入地鐵時代的人連張地鐵票都不會買一樣，正確但不太有意義。如果拿開電腦科技，我們並沒有比較高明；涂爾幹透過不同自殺類型，探討社會整合的差異如何影響了自殺發生的機率，如果將之比擬為提供因果機制洞察的天文學（astronomy），那麼許多靠電腦跑出令人驚訝的複雜統計結果，接著順勢掰出「統計結果顯示了……」的事後解釋，還比較像是見人說人話的占星術（astrology），**樸實的天文學**與華麗的占星術，我寧可選擇前者。

打破膠著個體層次的迷障

涂爾幹被認為是開創社會學「方法論集體主義」（methodological collectivism）的代表人物，如下圖所示強調從**集體的因**一致地解釋**集體的果**，統計機率有如心理學的測量儀器，但卻能提供他在實驗室外的開放社會中展演各種社會事實存在狀態，讓他可以將問題意識的因果檢視頭尾一貫地對焦在**群**的集體層次。但這樣乍看之下抽離的社會學分析，回答我稍早提出的質疑，跟我們對自殺的現實關懷有關嗎？

涂爾幹提出的挑戰正是：誰說緊盯在個體層次換位思考，想鑽入對象內部的心理過程尋找答案是唯一可行（且有效）的關懷方式？我們可以重新斟酌現實關懷不同進路的可能，從個體層次切換到關照集體層次是群學提供的另類創意選擇！

按照「個體自願結束生命」的自殺定義所暗示的直覺，自殺不外乎各個個體因著特殊經歷，透過內在隱晦的心理創傷最

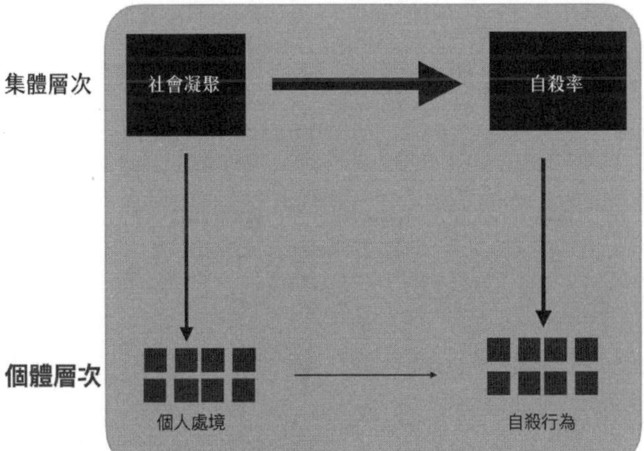

社會「自成一格」先於個體而存在

終觸發了自殘，所以「個體層次的果」確實可以由「個體層次的因」來解釋並且解決，例如社工員在心理學知識的奧援下用同理心貼近個案的專業心理輔導。社會學沒有理由去否定心理學的重要，就像對焦於器官並不需要就否定細胞一樣，兩者事實上可以相輔相成。

但是社會總是先於個體而存在，沒有人是孤立的，就算是被當成落單的自殺者也不例外。從自殺率所表徵的集體連帶關心自殺的公共課題，意味著放棄「自殺必然只是由內而外（inside out）心理過程的結果」的定見；反過來逆向思考，從降低自殺率這個集體生活出了差錯的痛苦指標下手，問題焦點也就跟著移動到眾多個體（包括你我這些潛在的自殺者）所處的客觀社會環境，問題解決的目標也跟著變成：如何由外而內檢視、修補、強化社會凝聚對個體生命「不要放棄努力」、「還有我們在」的支持！

當代「涂爾幹式」社會分析一：預防醫療

涂爾幹這本百年前以簡單的統計機率解讀超越個體架構社會事實的《自殺論》過時嗎？我認為一點也不！技術工具或許陳舊，但洞見卻日久彌新，我們就來看看兩個在我看來十足涂爾幹風味的當代社會分析。

《餐叉勝過手術刀》（*Forks over Knives*）這部二〇一一年上映的紀錄片引起很多迴響，主要在說服大眾美國戰後因速食文化的普及，大量攝取糖份與動物性蛋白質，是癌症與心血管疾病失控爆增的元兇，影片中出現了好幾處耐人尋味的預防醫學事件。

康乃爾大學營養學家坎貝爾（T. Collin Campbell）一九六〇年在菲律賓救援飢餓兒童，當時為了減少濟貧成本使用植物性蛋白，結果發現菲律賓富有家庭的兒童反而有更高比例得到肝癌。一九七〇年代在夏威夷糖廠行醫的約翰・麥道格（John Mcdougall）醫師的研究繼續呼應，他發現在日韓長大，以米飯與蔬菜為主食的第一代移民，都很健康且長壽。但第二代移民開始以動物性牛奶和肉類取代米食後，開始發胖且容易生病。到了孫輩與曾孫輩多半肥胖又多病，健康狀況明顯最糟。飲食文化這個隱藏在個體健康背後的社會事實呼之欲出。

克里夫蘭醫學中心的卡德維爾（Esselstyn Caldwell）教授從臨床醫療這端在七〇年代不約而同跟坎貝爾醫師有了一樣的發現。他領悟到自己的乳癌開刀技術雖然精湛，但只是一直忙於為罹癌的婦女動手術，卻沒有為預防乳癌做過任何事，於是跳入乳癌罹病率的研究。他的發現改變了過去迷信手術刀的成見：一九七八年美國罹患乳癌的婦女數量是肯亞的八十二倍，其他類型癌症的數據比較也十分驚人。一九五八年，日本全國因罹患攝護腺癌死亡的人數為十八人，同時期人口為日本兩倍的美國，因攝護腺癌致死的高達一萬四千人。

一九七〇年早期，心臟病發的機率美國比中國農村多了十二倍。那些罹病機率低的地方，幾乎不存在以肉與乳為重的西式飲食習慣。最戲劇性的發現是，二戰期間，挪威因為被德軍占領，農場等肉品源頭為德軍所充公，國民不得已只好吃素，罹心血管疾病比例大幅降低，到了一九四五年德軍撤退後又開始逐年拉高。

預防醫療的洞察會跟涂爾幹的集體主義分析契合並非偶然，因為所謂「先於個體存在」的社會事實，除了區域空間上的「先」（譬如某個地方的語言文化），還包括了時間上的「先」，在一個人尚未有輕生的念頭、未發生疾病、尚未想過創業之前，就預先準備好更友善的社會環境，在《餐叉勝過手術刀》的脈絡裡指的是推廣低加工的素食飲食文化，或許我們可以這樣說：**最道地的預防醫學必然也是社會醫學！**

當代「涂爾幹式」社會分析二：打造「創意城市」

從社會事實切入現實關懷不只可以除弊還可以興利，經濟地理學者佛羅里達

（Richard Florida）的「創意城市」（creative city）是個好例子。在後工業經濟趨勢下，地方如何能夠吸引高品質的創意人才進入已經成為需要突破的關鍵課題。佛羅里達教授從「創意階級占勞動力成本」，「每人專利權數目」、「高科技占全區經濟產出比例」等指標來標示出創意城市後，接著提出一個非常強烈涂爾幹風格的後工業經濟論點：城市不是因為產業發展才吸引了創意人才，相反地，是因為吸引了創意人才的入住才跟著產生了創意產業！

如果套用涂爾幹的名言：契約能夠成立是因為契約底下先有「非契約的基礎」（non-contractual basis of contracts）！在沒有誠信約束的地方交易，就算你再努力簽了再仔細不過的契約條款也等於沒有簽，佛羅里達的涂爾幹式社會學看法是：創意人才首先看重的是生活環境的文化品質，有創意人才樂於居住的城市生活，才有他們孕生的創意創業，**日常生活是創意經濟底下的非經濟基礎**！

那麼，什麼是吸引創意人才樂於居住的城市生活？佛羅里達的發現有些意外，但仔細想想還頗有道理：自由、多元、寬容的文化氛圍。但怎樣去測量一個城市有沒有具備這樣的社會事實？佛羅里達除了可以想見地拿藝術從業人口來當「波希米亞指標」，更有趣的洞見是把「寬容」看成支持自由與多元更為根本的社會因素，於是有了以一地區同性戀占人口比除以該區占全美人口比來建構的「寬容指標」（Tolerance Index）。再次，我們看到了涂爾幹集體主義方法論精采的當代演出，佛羅里達的經驗研究證明，城市文化多元寬容程度的**集體層次因**連結影響到一個城市創意產業發展的**集體層次果**，搭新聞話題換句話說：別再說「經濟都搞不好了還在弄什麼婚姻平權」，拜託搞清楚，同志婚姻平權的自由國度可是台灣拚經濟的軟實力啊！

踏入「用複眼看世界」的大門

我對涂爾幹的介紹並不完整但該告一個段落，我並沒有碰觸到他關於宗教、教育、經濟、政治的各種精采的社會學主張，反而花了不少篇幅連結到《餐叉勝過手術刀》與《城市與創意階級》（*The Rise of the Creative Class*），來闡述我認為涂爾幹催生社會學的精明創業手法中，最具典範突破意義的創意思維風格，畢竟自私點講，風格思維（thinking with style），而非成為一隻照本宣科所有篇幅都能朗朗上口的鸚鵡，才是我們希望從閱讀大師中學習帶走的。

孔德當年提案創立社會學時強調，要在社會科學裡進行一場天文物理學般的實證翻轉，打破半調子啟蒙只承認個體存在的那種「地心說的直覺」，或者一種形而上的宗教迷信，轉而從外部集體秩序（日心說的視點）去完整地理解現代社會中的個體處境，揭開那些圍繞著個體，甚至讓現代個體成為可能的如物一般的社會結構。這個群學的願景幾乎難產，甚至一度被孔德與其從眾尷尬地弄成了翻弄文學的形上玄想，所幸在涂爾幹高明的創業手腕下只花短短六年便得以實現！

講完涂爾幹的社會學創業故事，以及他仍舊犀利、魅力十足的心法洞見後，我想請你給我一分鐘一起想想：我們這個被認為設計可以解決（幾乎是一切）問題的時代，即便只是小學生更輕便的書包、危險路口的標示改善、節省更多地球資源的飲食慣習、更能鼓勵公民參與的會議流程……等哪一項不是針對社會制度集體秩序的改善？**即便有時候被誤解爲只是在做造形的工業設計，都默會地預設了大量生產因而被大量使用的社會集體情境，這也是爲何當年包浩斯（Bauhaus）關於建築與產品設計的形式辯論，毫不猶豫地直接關係到社會改革的可能性，因爲「標準」與「規格」就已經限定了設計是在集體層次上不針對具體個體的新秩序提案。**

視物如社會與**視社會如物**最終是一體的兩面，但這個設計專業的傳統直覺不幸地已被遺忘。創意很少來自單純技術或工具的應用，否則我們早看到創意被大量生產的荒謬場面，深刻的創意往往來自於打破慣性常識、換一個全新的角度看世界的觀點突破。你現在認識了涂爾幹，不妨不時自我觀察、勤勞些重問自己一些或許過早疲乏的問題：

所謂「使用者行為」，是不是被太多人（包括你）認定只能出自個體內在的動機？

所謂「社會秩序」，會不會被太多人（別轉頭）直覺認定不外乎個體的組合？

所謂「**設計改變世界**」（承認吧，你也有過「**Yes, We Can!**」的激動），該不該一直聚焦在如何洞察個體說不出口的痛點？如果你對這些誰都知道的常識開始勇敢起疑，那麼恭喜，你已經通過涂爾幹的引介，踏入了社會學用**複眼**看**世界**的大門！

韋伯讀心術

（壹）理性的激情之旅

社會學誕生從孔德到涂爾幹的繼承有一條清晰的法國軌跡，涂爾幹由生物學與病理學借來群體想像的語言，巧妙地應用統計機率來探測社會事實，發展出拒絕將因果化約到個體層次、被稱為「方法論集體主義」的社會學事業。涂爾幹之後，我們穿越邊境踏上法國宿敵國土，拜訪德國社會學者韋伯，感受截然對立的「方法論個體主義」（methodological individualism）社會學分析風格，還有韋伯所特別關照西方資本主義近代精神狀態轉折的課題。在這趟古典社會學初探旅程的最後，一如我們先前拜訪孔德與涂爾幹都以回到當代收尾，跟著韋伯風格的思索路徑，我們將回到六〇年代的美國加州，跟上一部「設計人類學」在相同的終點站會合。

韋伯（1863-1920）與涂爾幹（1858-1917）幾乎是同時代人，韋伯在慕尼黑創立了德國第一個社會學系，也是德國社會學研究成果最豐碩的第一人，涂爾幹與韋伯是雄踞法德的社會學雙塔，但兩人的學術風格差距頗大，或許因為道不同不相為謀，我們也很難找到兩人接觸的紀錄。比起涂爾幹言必曰「科學」的學院派作風，韋伯廣泛而且熱情地涉入德國的現實政治，甚至參與了威瑪憲法的制定。兩人年幼之際普法戰爭（1864-1866）完成了俾斯麥首相統一德國的大業，但卻讓法國陷入割讓與政局混亂的崩壞；他們的晚年遭逢第一次世界大戰（1914-1918），法國雖然逆轉成了戰勝國，但涂爾幹一手建立的社會學派卻因許多年輕學者捐軀戰場而毀於一旦，韋伯則是親身經歷了巴黎和會的屈辱與戰後重建新德國的艱辛。

方法論個人主義——分析個體行為的內在理路

韋伯與涂爾幹的方法立場強烈對比，作為一位優秀的經濟史家，韋伯的書寫風格在史料判斷鋪陳上細膩編織、推論上拿捏分寸謹慎地附加但書限定，而且韋伯的學術志業幅員甚廣包含法律、宗教、管理、政治學等許多研究領域的奠基性原創。但我對待韋伯的態度會繼續跟孔德與涂爾幹時一樣，重點不在準確完整地遍歷韋伯思想，而是在舀一抔水品味「像韋伯那樣思考」的分析風格後，藉著巨人的肩膀，放肆自由凌空彈跳到當代我們心有所感的方向。

涂爾幹是位實證主義者，認為自然科學的方法可以適用於人文社會的現象；韋伯站在相反的立場，相信人類社會充滿歷史文化的豐富差異與不確定的偶然，像物理學追求因果法則的解釋並無意義。拿自殺來說，涂爾幹要我們擱置對個體主觀態度的探問，直接面對先於個體而存在並且強制左右個體的社會事實，他視社會如物的戒語與統計機率的量化工具，都在訓練我們保持一致地站穩在集體主義方法論的立場。韋伯則始終相信任何事物背後總是存在多重原因，每個個體與社會都走在一條包括偶然因素的特殊路徑上，不論加入多少結構因素來解釋自殺，理解自殺行為絕不可或缺的是自殺者看待自己的生命與周遭世界的觀點，畢竟就算人生不值留戀也是人們選擇自殺前的意義賦予。

就這層意義來看，我們可以說在韋伯眼裡，人始終是理性的，雖然每個人掙扎地給生命賦予的意義內容南轅北轍。舉例來說，假設你看到路邊有個人準備好吐司麵包，雙手勤奮挖著柏油馬路。理解這個行為的唯一辦法，在韋伯看來，就是去澄清他對於自己行徑的描述。「我偷偷告訴你，地球的核心是果醬，我已經準備好吐司！」你聽了可能覺得這人瘋了，但他的行為卻因為這番說詞而讓人理解。就像地心說（儘管錯誤）可以作為中世紀許多歐洲人航海行為的解釋，而怪獸咬走月亮的理論可以讓我們解釋全村老少黑夜一齊外出敲鑼打鼓。重點並非「地球的核心究竟有沒有果醬」，而是這個道理讓「拿麵包挖掘路面」的行為動機可以被理解。我們甚至可以預期，如果拿「地心很深，你無法挖掘到」或者「你到超商購買果醬吐司比較划算」跟瘋子理性討論，真有可能勸服他停止挖掘。韋伯執念於關注理性在人類文明中的諸多面貌，認為人們給予原本充滿偶然、不安與苦難的世界賦予的秩序意義（或者說世界的圖像）提供了我們**深刻理解人類行爲**的核心線索。

這種預設個體行為有其內在理路的分析法，讓韋伯被人冠上了「方法論個人主義」的名號，與「方法論集體主義」代表的涂爾幹構成強烈的對比。在德國經濟學傳統中，韋伯一直都屬於強調文化習俗等複雜因素與經濟交雜互動的歷史學派，但聰敏如他也很清楚，預設邊際效益的古典學派握有一般化抽象模型所具有的分析優勢。韋伯關注於經濟行動中的理性顯示他整合對手強項的創意企圖，但他對人類行動的理性理解從未落入個體汲汲營營於計算短期經濟效益的想像，反而將人的想像提升到宗教救贖的精神層次，進而開啟了對世界宗教與資本主義廣袤遼闊的比較研究。

探索經濟生活中的精神性需求

他在學界嶄露頭角的研究《德國東部農業工人動態》（*Condition of Farm Labor in Eastern Germany, 1892*）便展示了其一貫風格：對人們即便在經濟物質生活中仍存在精神性需求的描繪。他提到德國佃農寧可選擇陷入不安定的移民，也要脫離對莊園地主的物質依附。正是因為自由強大且純粹心理的魔力，這些需求可能虛幻難以獲得，但確實證明了人類在心理需求上的變化多半要比物質生活條件的變遷還來得大。比起經濟市場的表面計算，韋伯跟涂爾幹一樣看重宗教，將它視為理解人類行為特質時更為底層的基礎面貌，一定意義上可以理解為他們對馬克思經濟下層決定論的挑戰回應。

韋伯作為一位價值多元論者，認為價值衝突如同眾神間的爭鬥，沒有足以斷定勝負的絕對標準。諸神之上不存在更高的仲裁者，暗示人們必須忍受孤寂荒謬，獨立給予自身生命意義的存在荒蕪。韋伯對「神義論」（theodicy）的重視透露出他對人們必要偏執理性中暗藏弔詭的冷靜洞察。古希臘哲學家伊比鳩魯（Epicurus）最早提出神義論的問題，他的知名論證如下：

> 如果上帝讓惡存在是因為他無法解決惡，那麼上帝是無能的；
> 如果上帝可以解決惡卻不願意這麼做，那上帝是壞心腸的；
> 如果上帝有能力，他也願意做，那為何世間還有惡的存在？

在諸多關於這個知名悖論的討論中存在著被許多人默認的現實前提：我們活在一個善人遭殃、惡人得逞、苦難充斥的不完美人世。神在伊比鳩魯眼中，要不是不存在，便是不值得理睬。有趣的是，很少人接受伊比鳩魯的結論，而且人類社會越是脫離巫術與自然交涉的神祕主義，越是偏執認定存在著全能的秩序，也越選擇為如何擺平神義論而苦惱，定要給一個理性的交代。

還記得這件令人傷心的事嗎？二〇一六年三月二十八日上午，一名暱稱「小燈泡」的女童騎腳踏車跟隨母親前往捷運站迎接外祖父的途中，遭到一名無冤無仇的男性持菜刀行凶加害，當著母親面前奪走女兒的性命。這件事情的發生存在許多偶然，如果前幾天沒有一直下雨呢？如果小朋友剛好沒有經過那個地方呢？但無論如何事情確實發生了，極端罪行與普通日常交匯在這個事件中，引起了社會廣泛的焦慮與不安。

許多人因此認為我們的社會病了，憂心善良老百姓從此要如何過日子？人們平日隱約認定的正義感一下失去說服自己的理據，「天理何在」的神義論懷疑引發的不安四處蔓延，人們開始透過網路正義肉搜犯人的親屬尋求報復，難道不是一番出於必須證明神仍在世間主持正義的執念？這種渴求秩序的焦慮如此難熬，甚至有群眾將憤怒轉向暴力威脅，對「袒護犯人的同路人」廢死團體大肆撻伐，連小燈泡媽媽過於冷靜的反應也引起人們氣憤，認為過於矯情沒有表現正常人性。殺人犯的罪行高度偶然超出人類可以正常理解的範圍，但之後社會激烈尋求正義平反，強烈暗示暴力的偏執反而可以預期想像。

「小燈泡」事件掀開了神義論其實無所不在的日常，捫心自問，我們難道不明白現實人世中充斥不正義、荒謬、不確定、偶然與徒然？你真的相信只要拚命努力工作，天公疼好人便會給你一分耕耘一分收穫的回報？真的相信所有成功都實至名歸沒有半點運氣或偶然？惡人長壽逍遙、善人厄運連連，這樣的事在我們四周難道不常見嗎？

窮究現代資本主義出身之謎

韋伯從「神義論」看到了人類在宗教中企求理性意義秩序的存在樣貌，看穿理性背後藏著的非理性偏執，即便崇尚世俗倫常的儒家，在他看來，只要關係到人怎樣在不完美的世界中建構世界圖像以求安身立命，**都是宗教**；在最世俗甚至市儈的物質追求中，韋伯看到了人們精神安頓的宗教掙扎。《新教倫理與資本主義精神》這部韋伯廣為人知的傳世之作，**最精采的論證就在於，從清教徒身上看到市儈的物質追求與宗教的精神羈絆之間既緊張又連結的矛盾，並從中探究現代西方資本主義的出身之謎，揭開它之所以能在世界史中席捲出浩然大勢的關鍵歷史轉折**。

在進入這本書之前，我們需要先對韋伯同樣迷人的方法風格作一點說明。還記得涂爾幹的心法戒律要我們先想像一個雖不著相但「如物般實存的社會」？韋伯的社會想像與此截然對立，在韋伯的世界裡，我們都活在獨一無二、由過去的事件堆疊到現在又開放地延伸至未來的**歷史洪流**當中，社會是由帶著多元價值與站在各種社會位置的人群間複雜互動的行為所構成，除了帶著強制的結構，偶然與機運也在歷史路徑的每一個節點中伺機而動。

在不確定與不完美的世界中人們為世界與自我賦予統合的圓融意義，意味著人們企求理性的選擇與行動，即便人類行動的後果往往意外曲折、無法預料、甚至違逆了初衷。正是在這樣的理解背景下，《新教倫理與資本主義精神》中清教徒在無助的孤絕中不懈苦鬥與無怨無盡的自我責任承擔，才讓他們的歷史出場顯得格外動人而引人深思。

韋伯對社會研究者的定位也跟這樣的人文想像一致，他認為研究者的提問起始於個人切身關注的價值，這必然出於主觀的意義選擇，不需掩藏；而且研究對象的行為既然為主觀意義所驅動，也無法迴避價值關聯，但這不會影響研究者在價值判斷上客觀中立的自我要求。自認為現代歐洲文明之子的韋伯提出的大哉問是：為什麼只有在近代西方才出現根據合理主義運作，並且具有全球影響力的現代資本主義？貪婪逐利、財富累積、貨幣流通、市場交易……等都是全世界各處複雜多樣的資本主義的普遍現象；需要釐清的關鍵因此是：究竟什麼是西方資本主義有別於其他經濟文明最值得凸顯的特質？

理念型——從複雜的經驗世界中抽離出概念

韋伯在此為歷史研究提出一個獨特的工具：「理念型」（ideal type）。從研究者的關懷出發，在複雜多變的經驗世界中刻意抽離出特色鮮明的概念組合，作為衡度歷史進程中具體離散轉折關鍵的輔助。「工具理性」（instrumental rationality）與「價值理性」（value rationality）便是韋伯提出膾炙人口的一對理念型，在歷史比對中剝絲抽繭，辨識具體因素之間的「選擇親近性」（selective affinity），令因果關係豁然開朗。

人總是理性，但理性是個極端曖昧難解的字眼，大難之前選擇明哲保身與為信念挺身，哪一個是理性的人？重症不治者靠醫療設備延命比較理性，或是趁還來得及專注完成遠行的未竟夢想更為理性？答案毫無疑義因人因事而異，但理解「工具理性」與「價值理性」在抽象層次上的鮮明對比，有助於我們從繁複的經驗世界裡耙梳出理路。

韋伯所謂「工具理性」指的是「準確計算選擇最有效率的方法，以達到最大可能目標」的理性思維。它又被稱為「形式理性」（formal rationality），只考慮目的、手段、結果間最大功利產出的技術精算，而不考慮目的的價值內容。套用工程師朋友常說的一句話：「廢話少說，告訴我你想要什麼結果，我就給你執行效率的最佳解」。相對地，「價值理性」強調的是目的本身的價值真確，為了信念與理想值得不計一切代價的獻身，「做對的事，不需猶豫」，「價值理性」又被稱為「實質理性」（substantive rationality），可想而知在於目標本身是否具有值得犧牲的價值內涵。海難之際選擇與沉船共存亡的船長，心中惦記的是捨此無他、不需計算的價值理性；不過，秉持價值中立必要提醒，不惜犧牲自己與無辜者性命的恐怖份子也是價值理性的信仰者。

韋伯所謂人類漫長歷史中唯獨在西歐發生的資本主義，指的正是工具理性所代表，現代合理精神全面完備的理性資本主義。運用這個理念型的工具，在金融、科技、知識、會計、勞動、產權等各個領域中有助於讓工具理性的精密計算得以進行的制度創新，也就成為韋伯研究考察的重點。道理很簡單，一個商人不管多麼精於理性計算，如果沒有自由勞力的供給、合理登錄成本收益的簿記系統、尊重市場交易的效率官僚、有效確保契約執行的產權條件也很難發揮。

但這些都還是必要條件，除非西歐是天生注定的贏家，否則它在符合近代工具理性精神的資本主義出現之前，必然跟地表其他甚至就某些條件還更先進的地區一樣，處在傳統價值理性籠罩主導的狀態。因此，這裡出現了韋伯纖細機敏的腦袋直覺感受到的一個弔詭難題：**價值理性如何可能孕育出跟它剛好對立的工具理性？**《新教倫理與資本主義精神》正是在此給出了一番漂亮的回答而榮登不朽經典！

「天職」與「預選」——新教徒追求世俗成就的核心動力

韋伯首先提示了一個不少學者都留意到的有趣現象，西歐資本主義初期發展之際許多成功的商人幾乎都有新教徒背景。相較於天主教信仰，新教徒跳過教會的中介直接與上帝交接溝通，言行也無時無刻暴露在上帝的檢視之下，涂爾幹在《自殺論》中用近似的觀察來佐證他們較高的自殺率。但韋伯沒有停止於此，他盡力貼近新教徒，試圖去理解（而非遠距離的統計解釋）他們行住坐臥的日常世界，關照他們如何為世界與自己身處其中的位置賦予意義，而這些理解又產生了怎樣的榮耀、挫折、焦慮與悲喜，他從那裡試圖尋找歷史轉轍的動力。

首先是路德的「天職說」（calling），強調信徒不需透過宗教活動去經營與上帝的關係，只需踏實認真地在凡俗日常的勞動工作中扮演好上帝賦予的獨特角色，用辛勤不懈工作的成果來榮耀上帝，宗教精神世界的好人和勞動物質世界的好人於焉產生了連結，凡俗開始透露出神聖的線索。但是路德的天職說僅僅導向了樸實奉行教誨的保守適應，還不到充分動力引爆資本主義的財富積累。

喀爾文的「預選說」（predestination）主張，全知全能的上帝已經決定好了誰將是死後得救的選民，以及誰將是承受原罪永恆詛咒的棄民，任何善功與經事都無法改變已決的神意，人不僅無法爭取上帝的認可，更無從揣測上帝早寫定的選民清單。韋伯認為喀爾文這種澈底斷絕信徒妄念神旨、接近殘酷的教義，讓它成為天主教會的真正對手，沒有喀爾文，路德的新教革命不可能產生長久具體的成就。

因為預選說，清教徒們從此陷入無止境的焦慮，踏入一種內心前所未有的孤獨感，就在這裡，韋伯發展了連結資本主義精神與新教倫理的關鍵論證：就像我們透過「小燈泡」討論神義論時指出的，人們在極端無助下反而爆發了「必須存在道理」、「不能沒有意義」的強烈渴望甚至偏執！日常生活中稍稍鬆懈怠惰便足以刺激教徒內心一絲自己可能不是選民的懸念，也就是最終將毀於一旦掉入永劫地獄的恐慌，清教徒們於是只能透過努力不懈地專注投入於現世中唯一使命的天職，自我壓抑恪遵戒律，從而找到肯定自己正是上帝選民的證據線索。

這種有系統地追求市儈物質，且持續不懈地透過自我改善、有效率地累積財富的世俗禁欲主義，韋伯特別指出，可以在完美結合資本主義精神與新教倫理的美國開國元勛富蘭克林身上看到典範，他將「時間就是金錢」當成座右銘，用終日不休的自我監督追求工作的最大效率，是實業家也是發明家，樸實節儉極度理性。如果韋伯活到當代，他大概不會錯過標舉蘋果電腦的賈伯斯——「我不在乎是否成為墓園裡最富有的人，每天晚上睡前能夠告慰自己又成就了一些美好，那才是我真正重視的。」——來解說這位一心傾聽內在天職呼喚、追求完美不放過任何細節的暴君、不為財富而工作的超級工作狂，如何創造出資本主義創意爆發的驚人新頁。

「專家沒有靈魂、縱欲者沒有心肝」的鐵籠

新教倫理的價值理性就如火箭推進器的強大引擎，藉清教徒之手擺脫了人類幾千年來傳統文明的慣性，十八世紀之後具有合理主義精神的現代資本主義終於在西歐登場，因工具理性其技術計算與機械般自我運轉的優勢席捲歐洲文明科學、技術、經濟、政治各個領域，然後往外擴張，將地球上其他沒有競爭效率的「落後」文明推入不適應便淘汰的工具理性「鐵籠」（iron cage）之中。隨之而來的是，韋伯驚悚地看見，工具理性靠

著清教徒價值理性的巨大精神推力一舉進入自行運轉的軌道後，對人文終極關懷的拋棄。

很少人能夠在拜訪《新教倫理與資本主義精神》的結尾後不引用韋伯這段悲愴深邃的預言文字：

無人知道將來生活在此鐵籠裡的究竟為何人，在這驚人發展的終點處是否有全新的先知出現，或者是否有舊觀念與舊理想的大復活，如果不會，那會不會出現一種以病態自我陶醉為粉飾的機械的石化現象？因為我們完全可以，而且是不無道理地，這樣來評說這事態發展的最終處出現的人物：「專家沒有靈魂、縱欲者沒有心肝，這個凡骨竟還自負已登上人類未曾達到的文明階段！」

韋伯說對了嗎？許多事態發展的證據說明了他的憂心絕非杞人憂天，在他之後許多聰明絕頂的知識份子耗盡心思苦索如何提出對應。我們很難，也不需要，在這本試圖橋架設計與社會的小書中執行那樣艱苦的思考戰鬥，我們將回到如文章開頭的承諾：學著像韋伯那樣思考，試著看看或許被韋伯看漏了的人文風景，帶回一點繼續傳遞價值、熱情擁抱人生、修補人類未來的希望！

（貳）感性的與物共舞

法國社會學者涂爾幹提出「視社會如物」的箴言來為全新的學問打開一片天，同時代的德國社會學者韋伯逆向行駛選擇方法論個人主義的路數，以傾聽歷史人物內心對話的真功夫，貼近那群引領歐洲轉轍進入理性資本主義新軌的清教徒，描繪了他們在喀爾文「預選說」教義無從知悉是否為上帝選民的無助焦慮下，如何為混亂未知的世界主動賦予意義秩序，進而專心投入到看似與宗教關係遙遠的經濟物質活動中，用高度效率的勤奮營利，樸實自制的壓抑欲望，來確認自己安身立命的當選線索。

靠著這套「讀心術」，韋伯發展出將新教倫理連結到資本主義精神的精緻論點，在價值理性主導的傳統朝工具理性的當代轉向的關鍵時刻，讓清教徒意外地登場，成功演出一幕精采的歷史高潮。故事的悲劇收尾眾所周知，西歐的經濟生產力高度爆發，工具理性隻手重組社會各領域，隨著新教倫理功成身退，西方資本主義於焉失了精神骨幹，但仍像一部高效率自轉的機器席捲全球，逼迫還在與價值理性糾纏不清的「落後」文明一起鎖進工具理性掛帥的鐵籠。

「資產階級馬克斯」的韋伯所提出的這個異化論，讓後世許多聰穎博學的學者們窮盡心力苦思不得出路。韋伯提出的權威理念型暗示了兩種反轉的可能景象：一是傳統價值回返、修復往昔榮光的集體救贖，二是出現魅力無窮的「神才領導」（Charisma）帶領群眾打破建制。很不幸地，納粹希特勒在韋伯過世後奪權崛起似乎是個完美的綜合，讓韋伯的提示宛如黑色預言。事實上，齊格蒙・包曼（Zygmunt Bauman）批判納粹集中營的重點正在於它快速處理掉猶太人的工具理性效率，更驚人的是在這場文明悲劇中竟然找不到責任者，因為倫理與同情被澈底地抽離乾淨，種族大屠殺反映了現代性鐵籠的暗黑面目。傳統復返與神才領導之外，我們有可能找到如當年清教徒那樣文化綜合的原型，足以與鐵籠對抗的歷史圖像嗎？

重讀韋伯掩卷之際的警世結語，環顧當代資本主義的文化地景，我的眼光很難移開最後那句刻骨銘心的知名描繪：「專家沒有靈魂、縱欲者沒有心肝，這個凡骨竟還自負已登上人類未曾達到的文明階段！」「靈魂」與「心肝」這些感性的文化情愫究竟如何在資本主義中消失了？或者，它們真的消失再找不著、看不到了嗎？資本主義發達之後，清教徒們怎麼了？在我們的時代裡再次貼近讀心，在哪裡有可能重新找回那逝去的靈魂與心肝？

致敬與顛覆——《浪漫倫理與現代消費主義精神》

正當我心中燃起這些對已逝韋伯注定得不到回答的天問，歷史學者柯林・坎貝爾（Colin Campbell）承襲韋伯風格的分析路數，踏查重訪了韋伯當年走過資本主義的心靈路徑後出版的《浪漫倫理與現代消費主義精神》（*The Romantic Ethic and the Spirit of Modern Consumerism*）赫然出現在我的眼前！這書名不就是在向韋伯的經典致敬？細讀之下更是驚訝，**它不只是補充了韋伯名著裡歷史考察終點的後續發展，爲資本主義招魂補心的可能提供了嶄新的思考線索，而且更關鍵的是還顛覆了韋伯執著於生產與理性的論點**。

坎貝爾對韋伯提出的問題直覺且合理卻很少人想到：西歐理性資本主義的誕生確實爆發了驚人的生產力，但是如果沒有同樣充沛的消費力來承接這些大量的新商品，怎麼可能持續？這問題的解答史家們早就清楚，他們一致同意從十八世紀中葉的英國開始了現代意義的消費革命。大量生產的絲綢、羊毛、啤酒、陶器、鈕釦、別針、玩具、蕾絲……在市場裡爭奇鬥豔，大部分都是新興中產階級在消費，不只這些新奇商品一擁而上，劇場、賽馬、登山、旅遊、音樂、跳舞、運動等各種休閒活動也快速增加。

風尚的流行也正是從此時期開始蔚為風氣，書籍出版與閱讀同樣旺盛，十八世紀中新書數目一舉成長了四倍，中產階級女性熱愛的浪漫愛情小說更是風行。這些理性之外的感性大爆發都在韋伯《新教倫理與資本主義精神》討論的時期出現，卻被專注分析在世禁欲與工作倫理的韋伯所完全忽略。這些從清教徒發展出來的新興中產階級是怎麼變成了「縱欲者」？抒情快意的休閒消費真可以用「沒心肝」簡單帶過？風尚、小說、休閒、冒險這些盡是非必需品的消費，究竟呈現出資本主義怎樣的時代精神面貌？

坎貝爾檢視韋伯《新教倫理與資本主義精神》的引用文獻，找到了韋伯所勾勒歷史圖像的大量空白，韋伯絕大部分關於新教徒內心戲的歷史材料都停留在十七世紀末，大部分崇拜韋伯的後繼學者也都毫不懷疑地跟著相信：從十八世紀清教徒出場為資本主義轉轍換軌之後，工具理性鐵籠就如被打開的潘朵拉盒，暢行無阻地開展至當代的悲劇。十八世紀中葉自英國開啟的現代消費革命卻完全沒被理睬。

消費被忽略的理由，相信社會學人都很清楚，大多左傾的社會學者們對消費帶著根深蒂固的負面理解由來已久，這些最後的清教徒們自認批判地直覺相信：消費是髒事，奢侈是罪惡。消費者是被工業生產體制用廣告行銷伎倆綁架了理性的犧牲者，他們被動地接受廣告刺激而有了消費的制約反應。非必需品的購買就是集體蒙蔽的明顯證據，資本家藉此成功地消磨了他們反抗資本主義壓迫的意志。這些批評者面對商品時，可以從後現代風格的旅館看出消費者陷入幻覺，從品牌或特定設計師的標籤解讀出消費者的內心不安，但通常都只是夫子自道的粗糙評論，經不起經驗研究的檢驗。

許多消費研究都證明了這些成見違反事實：首先，消費成癮的案例往往被過度誇大，絕大部分的消費者抓緊荷包精打細算、讓企業傷透了腦筋；其次，消費者對廣告裡的浪漫與想像，就像在觀看電影與閱讀小說般享用，但心底可清楚那不是現實；第三，許多被現代消費者認為豐富人生體驗、有品味的休閒活動（閱讀、音樂鑑賞、烹飪……）都不是出於炫耀虛榮，而是出自個人內在親密的動機，需要不輸清教徒的專注與努力培養才會有沉浸其中的能力；最後，許多休閒活動夾帶著延遲快樂的痛苦與甚至危及生命的風險，譬如長跑、攀岩、登山、極限運動。

現代消費主義精神的前身——浪漫倫理

現代消費獨特的魅力煥發著個人主義的光芒，完全違反了左傾學者聲稱的**集體蒙蔽**的愚民形象。但是，這樣的現代消費主義精神如何從十八世紀的西歐發展出來？坎貝爾遵循韋伯關注內在意義的讀心術，繼續追蹤基督新教在十八世紀的後續演變，最後找到了現代消費主義精神（前述被左翼批判所否認的現實）在十八世紀的前身——浪漫倫理！

坎貝爾發現，喀爾文教派過於嚴苛幾近殘酷的預選說後來漸失人氣，人們覺得應該相信上帝慈愛世人的溫和形象，同時帕斯卡（Blaise Pascal）、斯賓諾莎（Baruch Spinoza）、康德（Immanuel Kant）等思想家也一一在哲學辯證中碰觸到造物主的神學討論。自然神學降低了對人格化神旨的揣度，轉而讚美大自然超越凡人的極致神奇造物，這也為現代消費者的誕生預埋了沉浸於物質在世的浪漫主義精神資產。

這當中尤其具有影響力的是萊布尼茲《神義論》（*Theodicy*）的樂觀主義神學，在人具有自由意志的前提下，萊布尼茲推論全能的神所安排善惡並呈的現存世界「已經是眾多可能的世界中最好的一個」。同時劍橋柏拉圖主義（Cambridge Platonist）與荷蘭的雅米紐司主義（Arminianism）也都開始強調人與神通的內在靈性，誠信的基督徒從憐憫惻隱他人的痛苦，從沉浸於悲傷中得以培育出「基督徒（善良利他的）特殊感性」（Christian sensibility）。原本新教徒尋找確認自己是選民的跡象理論，開始變成不時檢視內在悲傷、卑微、絕望、懷疑與求道的感性生涯，從淚水苦痛的懺悔中恢復屬靈信心的情緒歷程。這種情緒自制的感性主義，為十八世紀的浪漫倫理鋪好了道路！

十八世紀的英國，多愁善感（sentimental）與感性（sensibility）成為了流行語，另外一個同時間連帶盛行的是奢侈（luxury）一詞，但意義完全與我們現在直覺的財富不同，反而與情緒與感性的流暢表達連結。浪漫小說裡常見「我從未如此奢侈地縱情哭泣」、「憐憫是感性靈魂最奢侈的放縱」等類似表達，這無形中為現代消費者的休閒體驗提供了語彙，甚至可以在安貧自得或冒險驚恐中找到精神喜悅的浪漫倫理，譬如：「躺在如茵草坪上晒了一整個下午的陽光」、「在寒風刺骨的崩岩縫中匍匐前行、終於攀爬登頂的號泣狂喜」。

《理性與感性》（*Sense and Sensibility*）中瑪莉安用音樂與畫作的欣賞來觀察周遭男性是否具有真正的纖細情感、同情憐憫的溫度，珍．奧斯汀暗示了一種將「感性遲鈍」（insensibility）等同於「殘酷」的倫理感知。在跟男友威洛比單獨約會而被指責時，瑪莉安的回應是：「快樂就是最好的證明，如果我的行徑不當，我一定會感覺得到，如果確定自己做錯，就不可能快樂起來！」這在坎貝爾看來正是浪漫倫理開始成形的先聲，當中的關鍵並非消費批判最喜歡描繪的感官享樂至上，而是檢視與控制內在情緒關乎到「個體生命浪漫本質中的自我料理」。

現代消費主義的清教徒——波希米亞

談到這裡，我們不需要花費篇幅繼續進入衛斯理派循道運動（Methodism）等的後續新教演化，就應該可以理解坎貝爾在浪漫倫理與現代消費主義精神間建立歷史關聯的論證。就像韋伯真正關心的是現代（或者更準確地講，理性的）資本主義精神，我們必須補上最後一片關鍵的拼圖，才可以宣告完成這趟感性與物共舞的消費之旅。

現代消費主義具有鮮明的特徵，它在面對自己的消費行動將會招惹出怎樣的未知時，不會像處處要事先確定享樂結果的傳統消費者般採取迴避，而是相反地迫不及待就在腦海裡縱身想像，未及行動便已經開始了擁抱未知的消費興奮！「瀏覽商店櫥窗」（window shopping）就是最日常貼切的體驗，做為一種消費的現代形式具體而微地體現了想像力的關鍵。不管是閱讀小說、聆聽音樂、觀賞電影、登山溯溪、彈跳攀岩，出發之前想像預期的憂鬱、驚嚇、創傷、折磨、苦難……等都是自我幻覺的現代消費休閒裡最讓人難忘的精采片段，現代休閒中深藏著個體透過消費與內在更深切完整的未知自我邂逅的深刻願望。

那麼誰是坎貝爾眼中現代消費主義的清教徒？他提醒我們留意波希米亞（Bohemia）這種希望「能使日常生活符合浪漫倫理原則」的現代消費主義精神模範。有趣的是，相較於韋伯筆下的清教徒重視財富營利而迴避罪惡的休閒，波希米亞剛好相反，他們重視休閒而鄙視膚淺的財富積累，他們反對的並非寬裕消費，而是資產階級迷戀房屋、汽車等耐久財的創意貧乏與靈魂空洞，是的，正是韋伯所謂「沒有心肝的縱欲者！」在波希米亞眼中，資產階級「有野心卻缺乏熱情，有占有欲卻不夠渴望，有權力卻不受尊敬」，**波希米亞所否定的，並非一生懸命爲企業擴張與營利而禁欲打拚的清教徒創業家，並非野心、占有與權力，而是缺乏與自我內在更深層連結的眞摯價值。**

坎貝爾先是持續追蹤喀爾文教派如何讓位給強調自然神學與良善感性的後續新教發展，然後隨著世俗化與經濟繁榮，揭開這孕育於新教分支演化的感性如何連結上十八世紀中後的英國消費革命，最後以浪漫倫理之姿支持了現代消費主義精神的誕生。這趟深具韋伯風格的歷史分析，也為我們打破扭曲與矮化消費行為的左翼意識形態提供了歷史脈絡的有力支持。此處更值得強調的是，表徵現代消費主義者的波希米亞與當年韋伯所描繪帶著靈魂與心肝的清教徒有許多精神狀態的共鳴：他們同樣專注於個人主義式隱密內在的靈魂探索、都企圖從在世的物質經營（一邊是消費休閒，另一邊是財富累積）確認生命意義的真摯性，也都從擁抱未知的焦慮中直面自我實現（「我是選民！」）的期待興奮，最後兩者也都從延遲滿足的情緒鍛鍊中肯定自己的生活方式「更接近了所信」。

從以波希米亞為原型的浪漫倫理出發，當代消費研究藉著貼近理解經濟個體如何賦予自身消費行為真切意義的韋伯讀心術中獲得不少珍貴的發現，讓我們得以跳脫教條、對當代消費社會的生動面貌有更深刻的認識。

物的慰藉：消費是圍繞自我的宗教

人類學者丹尼爾・米勒（Daniel Miller）在倫敦一個尋常郊區街區中臥底，進行長期的田野調查。他跟隨住戶一起購物，沿途傾聽他們如何挑選商品，允許這些物件進入家庭私空間的理由，掀開了現代消費者體貼家人無私奉獻的豐富倫理考量，譬如為了不讓孩子在學校被孤立而猶豫是否破戒買玩具給小孩，擔心先生的高血壓但又想慰勞他的辛苦……點點滴滴甚至到自我解釋為家人費心採購後如何值得一個甜點的慰勞。米勒也從消費者為自己買件衣服的過程，細膩地呈現了消費者戶如何透過謹慎斟酌的消費來克服面對外觀一致的大量商品的疏離，從反覆試穿、進出一家家商店中推敲符合自我個性想像的對的那一件，購物的實作因此也是將疏離的商品納入自我世界中的去疏離過程。

在《物的慰藉》（*The Comfort of Things*）一書中，丹尼爾・米勒透過對三十戶人家室內空間與個人化物件陳列的纖細書寫，勾勒出倫敦現代都會街區裡看似極為平常的消費者，實際上個性鮮明的微觀世界。物件的故事串連起了它們終日陪伴撫慰的主人們獨一無二的生命史！米勒在此書最後運用了比擬宗教的語氣（讀到這裡，你會意外嗎？）述說他看到的消費生活真相：

> 我看到的是這些人在日常生活中建立屬於自己、帶著某種程度上宗教意義宇宙（cosmology）的努力——雖然發生的場所是最世俗的消費領域。這些現代的消費個體並非混亂沒有條理的碎片，處處斤斤計較、彼此沒有牽掛關聯。事實上，他們都在掙扎試圖建立一個個小宇宙的內在秩序，賦予它通情達理的昇華意義，就像我們一般認為的宗教，只差它是平行地環繞著自我而運轉。

如果你以為這樣的消費者再怎麼說終究還是自私的，因為他關心的並非與他不直接相關的社會問題或者陌生人的苦痛，那你就錯了！觀察人們在凡俗日常生活中道德體驗的意義構造後，道德哲學家泰勒指出：道德價值是以內在「意義地平線」（meaning horizons）上高掛的客觀存在而被人們所感知，跟在主流經濟學教科書的想像裡靠手推車的輔助，在超市裡憑個人好惡瞎拼的所謂內在偏好截然不同，面對道德價值，你絕不會用回答空服員「茶或咖啡？」的語氣說：「嗯，比起最近太多了的仁慈，我今天想多來一點正義！」

從日常消費通往更完美的自我

更重要的，泰勒提醒我們，你崇敬對待的外在價值也就是你「更內在、也更真實」的自我。雖然現實上的你可能還辦不到，但你的行為越接近那個目標，也就越肯定更接近了真我。這也是為什麼，一時因外在環境或內在誘惑做錯事的人會說：做那件事的並不是真正的我，那是我想要克服但遺憾地又敗給他的我。波希米亞的現代消費者原型，從日常生活有意識的消費實作中挖掘體會未知，接近更真實自我、甚至期望創造出符合更佳人性的美好社會，完全是同樣的道理。

現代消費者為了保衛人文價值而引發的經濟抗爭處處可見，拒買已成為九〇年代以後遍及環保、人權、勞動等公共爭議的普遍抗議手段。為了環境保護，消費者抵制汙染海洋並拒絕投資新能源的艾索石油；為了動物保護，人們抵制販賣皮草的梅西百貨；為了人權，人們抵制投資緬甸與南非的企業，動員阻止中國取得奧運舉辦權；為了反核，法國葡萄酒遭到全球抵制，以逼迫法國政府簽訂禁止核試協定。不只這些看似被動的事後抵抗，我們同樣也見證到公平交易、雨林保護、地方貨幣等正面介入消費市場運作的倫理消費運動在全球範圍展開。

內在藏著屢屢被左傾學者輕視的波希米亞原型，這些消費抗爭中的訴求大部分增加了個人的成本，透過這些刻苦甚至自我壓抑的消費，譬如必須繞遠路的採買、花費更多錢、自己攜帶餐具等明知不舒適的消費方式。所謂文青小確幸的物質財富是如此微不足道，跟他們試圖在個體消費中宣揚確認的價值對比，更是明顯不自量力，很容易成為憤青們大肆調侃的對象。但我們也不要忘了，默默地在生活的日常中堅定支持著環保、同志、人權進步價值的，正是這些成天感性地與物共舞的文青啊！

愛用智慧型手機的 MAX 韋伯
韋伯認為未來的社會將被資本操縱，人類的發展將受到制約，憂心忡忡的他若活在當代，使用試圖改變社會的科技產物，像是一隻影響眾人的智慧型手機，他的擔憂與不安能稍稍寬解嗎？

常見用來解釋消費抗議的理論認為，人們對於環境崩壞的災難或人權壓迫的苦難漠不關心，是與陌生他者距離遙遠的結果，所以只要我們努力將遠方發生的惡劣情事大量而密集地透過影像文字告知被資本蒙蔽的消費者，「被啟蒙」的消費者自會拋棄滿足私欲的消費，脫身進入政治領域成為無懼集體行動的世界公民。研究倫理消費的學者巴內特（Clive Barnett）反對這樣的看法，他發現，如今幾乎隨處可見藍色星球被汙染的悲慘資訊與心酸影像，資訊爆炸反而造成了的心智痲痺，我們與地球的「失聯」不僅並未因報章雜誌、網媒展覽的反覆告知而有所改善，反而可能因為做為觀看者的「不在場證明」與活動參與的「打卡按讚」而更加置身事外。「那麼是要怎麼做？」你忍不住發問，難道要擁抱犬儒虛無主義，回到消費主義的自私沈淪？巴內特正是在此引用了剛才提及米勒的倫敦消費者研究指出：即便看起來非常普通的日常消費都很少出於自戀，而且往往滿是指向對他人的體貼，朝向更深刻自我體驗的追求。

巴內特實際參與了英國老牌公平交易組織 Traidcraft 的消費者日常生活實作，發現解答不在灌輸消費者遠方的資訊因而理性啟蒙（不是說知易行難嗎？），而是了解之後如何在「此地此時」持續地經營一種細膩豐沛的日常感性。Traidcraft 的成功之處在於它為這種身體力行的向善意志提供了「親近的工具」，以日、週、月、年架構日常生活的韻律，營造出培養具有波希米亞情操的消費者可以持續自我修練感性倫理的道場，讓他們在鼓勵與提醒倫理的物件陪伴下，不離不棄地透過消費實踐，緩步但踏實地接近那個內心尊敬的更完美自我。就像一位上進的登山者從一開始只是懷抱初心的忐忑菜鳥，逐步踏入被裝備、技術、書籍、影像、傳奇、組織、網站……圍繞的日常化物質環境中，在物件與物件所串連起的同好網絡中受到支持鼓舞，才能夠持續精進消費品味與積蓄動機能力；公平交易運動是一個由徽章、海報、雜誌、茶杯、手冊、T恤、消費角落（譬如公司裡自由投幣取用的咖啡機）、假日市集、年度聚會所構築的物質環境，一個帶著宗教意義的小宇宙，來支持鞏固人們在消費中日漸加深加厚的自我認同。

以日常生活照映理性鐵籠漏洞

韋伯的《新教倫理與資本主義精神》讓我們通過清教徒的內心掙扎走過一趟理性的激情之旅，坎貝爾向韋伯致敬的《浪漫倫理與現代消費主義精神》讓我們遇見了波希米亞，從他們追求更真摯感性的生活實驗中目睹了浪漫情懷中閃爍著的倫理之光。坎貝爾寫作此書的最初啟發，不令人意外地，來自他目睹六、七〇年代交接之際美國青年反文化社群（counter-culture communes）的衝擊。那時的他不懂，為何在社會學大師韋伯聲稱世俗化、理性化的趨勢已成定局之際，突然會橫空冒出這群明明背景良好、卻堅持要努力探索經營不同生活方式（way of life）的中產階級青年，他們熱中於搖滾樂、迷幻藥、異教、神祕主義，甚至還想用獨立自主的精神，大膽實驗適合半游牧、自給自足的公社新生活。

坎貝爾為了解開這群波希米亞青年的身世之謎，發現了韋伯理性鐵籠感性蒼白的空洞遺漏，最後溯溪回到了十八世紀英國消費革命的浪漫主義源頭。我不確定知道年輕的坎貝爾當年在這趟旅程的起點處是否曾從《全球型錄》這本特殊的消費指南得到啟發，但我從他在加州舊金山嬉皮的起源處探照出靈光的背景揣測，幾乎篤定「當然是的！」獨立自主又精神充實的理想生活，最終仍必要以一種堅強日常的姿態成就自我，也因此同樣需要「接近工具」，採購物資與整備裝置的準確補給來支持，畢竟那些「無法取代的重要事情，就在日常生活中」！

第三部　DXS實驗室筆記：在複數的軌道中試圖著陸

歷經了人類演化與複數思考的建構後，敘述回到了自身，
重新召喚被忽視的身體性。在尋常的生活裡，在閱讀的脈絡中，
在孕育萬物的風土之間，我們都是地上的繁星。
拿起工具，成為更完整的你。

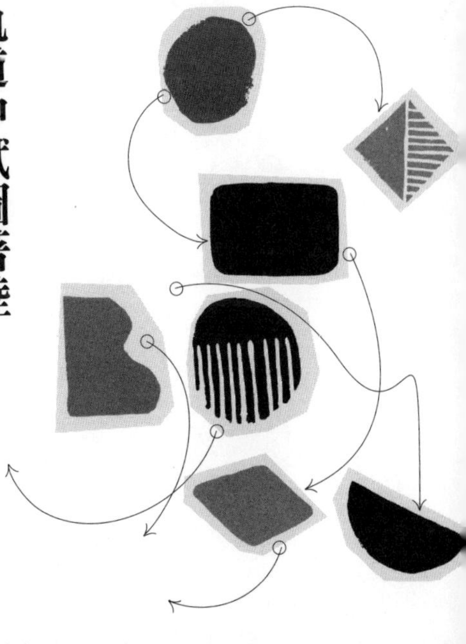

殘破世中無愧的美麗事

二〇一八年最讓我驚豔甚至傾倒的一部電影，是此刻還在 Giloo 紀實影音平台上映的《美麗事・殘破世》（以下簡稱《美麗事》）。此片由喬吉歐・費雷洛（Giorgio Ferrero）與費德利科・必亞辛（Federico Biasin）聯合執導，英文片名「*Beautiful Things*」清楚標示了這是部以「事物」（thing）為主軸的影片，主題是針對**現代消費主義生活方式的批判**，因此中文片名加入「殘破世」來彰顯藏在**消費背後**的負面現實。

無比客觀的美麗事

《美麗事》有好幾個地方讓我著迷。首先，這是部藝術創作性強且敘事手法精準的電影，影像、聲音、音樂、剪輯，每一格膠片都完美接合的神作。「噪音」與「寂靜」的反覆辯證是影片鋪陳的主要語法，畫面構圖與飽滿色彩讓人目不轉睛，配合四位主角的旁白句句到位，聲音的主旋律穿針引線，巧妙將畫面與話語首尾一貫輕巧縫合，讓我在觀影時稍一沉浸甚至分不清是在「聽畫面」還是「看聲音」。

第二個迷人之處是，此片出場人物全是職業演員，旁白表情與姿體動作都根據劇本發揮演出。主要人物出現的四個場景：德州油井、遠洋貨輪、吸音實驗室、垃圾焚燒廠都是刻意挑選，這是一部**缺乏真實事件**，不按牌理出牌且具強烈操縱性的「另類」紀錄片。我是對紀實影片與紀實攝影保持高度警戒的人，技巧拙劣者斧鑿說教讓人厭煩，手腕高明者讓我更是提高警覺。但這部得了大獎的紀錄片，從貼著原油表面與掃視垃圾的微距，到曠野沙漠與汪洋大海的廣角，鏡頭下的眾多**客體**以多姿的面貌跨越場景彼此共鳴，成了全片最稱職的真正主角。在我眼中更是無比**客觀**，讓我不只輕輕放下那些再明顯不過的操縱，甚至覺得「這不是紀錄片，那什麼才是紀錄片」？

第三個魅力是它極致的音樂性。影片的敘事非常複雜，包含同一個家庭空間的五段過場與被它們切割的四段物件生命樂章，在兩個獨立的平行軸線上交織展開，逐步堆疊放大情緒。接近尾聲時，「人」與「物」全部攜手回返，情緒飽滿到身體難以承受，超越智力所能理解的長達二十分鐘大合奏高潮，確實是如假包換的「美麗事」啊！不可思議的衝擊感驅使我在網路上窮搜後台的祕密，原來身為作曲家的導演費雷洛是先完成這二十分鐘的曲子，再配合這樂曲的結構，剪接前面四段主要故事的影像和聲音。先完成大合奏的終章，最後才將四個「樂章」的個別主題發散到各段故事中就定位。我這才恍然大悟，《美麗事》果然是靠作曲家的音樂天賦才能駕馭，電影的內容與形式都是以音樂為骨架，可「用耳朵觀看」的一部真正的「音樂電影」。

但這些都還是電影的形式創新，《美麗事》讓我不倦地反覆觀看的真正理由，是出於理性思辨的腦袋在藝術創作的感性啟發前心甘情願的臣服。身為一位熟年的社會學者，對於「資本主義」與「消費文化」的各種批判耳熟能詳，但我早在市場的研究田野中感覺，商品世界的現實存在維根斯坦（Ludwig Wittgenstein）所描述「**語言的補蠅瓶**」之外，而我只是困在瓶中的一隻小蒼蠅。這隻蒼蠅終日神經質地看著「語言的天空」，感覺光似乎通過玻璃折射的狐疑，不安地找尋著那個照理轉身就能發現，一直在那裡的玻璃瓶口。

我中年轉業進入被許多社會學同行認定是幫資本主義刺激無謂消費的設計系教書，為的就是印證自己的直感，搜尋應該就藏在接生**商品**的上游產房後台**通往更寬闊世界的那扇門**。維根斯坦曾表示：「語言的盡頭是（瓶中蒼蠅）世界的盡頭」、「但世界之外是奧祕，語言能說的我們要盡力說，無法說的奧祕，只能顯示」。影像是顯示，音樂是顯示，萬物的動靜姿態是顯示，演員的眉目姿態是顯示，《美麗事》對我是藝術送給社會學的一封「瓶外信」，一個要求我仔細拆封、不斷觀看參透體悟的召喚。

海德格跟維根斯坦一樣，把詩當成通往奧祕或另一種存有可能的「顯現」，赫爾德林（Peter Härtling）的詩作就是晚年海德格的「玻璃瓶口」，藝術的本質無關美感，它是啟發我們從「座架」（gestell）世界的技術性語言中逃脫，透過領會詩意捕捉真理、跟世界重建關係的一個機會。談電影不要爆雷是基本的規矩，我已經盡力在外圍迂迴許久，你可以在這裡停下，先去 Giloo 看完《美麗事》再回來繼續，我接著要具體描述，在我這隻蒼蠅眼裡，《美麗事》這個玻璃瓶出口的線索形狀。

重新擺置人與物

如前所述，影片以平行雙軌交織進行。第一軌是用業餘紀錄攝影的影像風格，潛入家庭的消費私生活中揭穿實情的五段窺視。呈現出被大量商品所壓迫圍繞，在喧囂噪音與沉悶寂靜間來回擺盪的情緒。導演費雷洛在專訪中說拍攝地點是自宅，並以此作為對現實凝視的紀錄片佐證。這些片段平常無奇，毫無戲味，是再普通不過的生活片段，但反而因此有了「記錄」當代現實的信實重量。

鏡頭運動進入私空間最終停駐對焦的「現實性」，並非靠演員們演技營造的人味（他們比較像背景），而是給家填充飽滿生命力的商品物件：電影開頭第一段電視螢幕裡的機器人、女主人沖澡時如同舞池般炫麗喧嘩的臥室、小孩不在場玩具不停轉動的遊樂間，生日派對進行中兀自忙碌打轉的洗衣機，唯一無聲的一段是派對結束，少了物件男女主人便彷彿無法對話的死寂（好悶來點音樂吧，不然，打開電視多點人氣也好）。

《美麗事》的主題雖是資本主義消費生活的批判，但我們常見對焦於「虛假的」行銷廣告操縱以對照「真實的」生產過程的敘事手法幾乎沒有出現。電影開場第一個鏡頭便直接落到商品鏈末端，貼近觀影者的消費生活與居家空間，從那裡揭開了「人」與「物」主客辯證的序幕，並用「噪音」與「寂靜」的對比來為銳利創意的觀察角度提味。在過於廉價的資本主義批判充斥的當下，《美麗事》為我們提示了重新對消費文化進行哲學反思的可能。

談到**人與物**的辯證，設計史上自許「以人為中心」（human-centric）的造物志趣從來不是新鮮事，達文西集科學家、設計師與藝術家於一身，是三位一體綜合了時代理性與感性的代表人物。一四九二年的經典畫作〈維特魯威人〉根據古羅馬建築師維特魯威（Vitruvius）《建築十書》的描述，將一位男性人體放入方與圓構成的幾何框架中央展示「完美比例」，讓這位不只虛構而且從來不合「標準」的男人，成為幾百年來「以人為尺度」的設計思維象徵（icon）。弔詭的是，原本投射在這象徵上祈求完美的意欲成了衡量理性的現實尺度，將人歸屬於自然之下的初衷成了將自然臣服於人的中心的濫觴。建築史學家科洛米納與威利的說法揭穿了當中的弔詭：維特魯威人是設計師們「在設計人之前就已經設計好的人的想像」；換言之，設計實際上「造人如物」卻用語言自我欺騙是在「依人造物」。

製造精神錯亂的「維特魯威人」早該退位，新時代來臨前需要新的感性做先聲。

當設計圈吹起復古人文風、熱情宣揚「人本設計」之際，二〇一八年台北雙年展《後自然：美術館作為一個生態系統》與國美館台灣雙年展《野根莖》的策展方向絕非偶然。台灣藝術圈意圖打破舊思維的僵局，重新擺置**人與物**的分際位階，見證時代氛圍的悄然蛻變。

為了打破維特魯威人在年輕設計師腦袋裡根深蒂固的象徵位置（iconic position），尋覓許久後，我終於找到當代英國攝影藝術家尼克・維賽（Nick Veasey）的《X光》作為替代。由於活人無法承受X光的放射線傷害，維賽的作品大量重複地使用已過世大嬸芙烈達（Frida）的屍骨，以及自行車、汽車、椅子、照相機等各式物件協力，拍下細膩透視人們日常活動的X光圖像，「物」在他的作品中彷彿是長著筋骨肌肉的活體，而「人」則如一部零件組合成靈活動作的機器，在人與物合體的拍攝瞬間，我們洞察到生活四周原本看不到的「美麗事」。你現在或許不難理解我的雀躍興奮，這麼多年來凝視「芙烈達大嬸」的眼光，終於在意外邂逅《美麗事》的那一刻穿透攝影平面的限制，向前延伸進入消費文化裡貼近日常的影音立體空間，找到邏輯一致、音韻天成的新視界！

四位創意「陌生人」

現在，你看完電影回來了嗎？讓我們繼續看《美麗事》最精采的敘事主軸。透過描繪商品從生到死的一生，來揭露被消費所蒙蔽的資本主義全景，這樣的手法並不少見，丹諾利澤（Cosima Dannoritzer）的紀錄片《電燈泡之預知死亡紀事》（*The Light Bulb Conspiracy*）就是當中的佼佼者。《美麗事》的導演在商品生命史更寬闊的幅員中，神來之筆在四個出乎意料的領域中找到四位代表人物，說了一則以無比輕巧的真摯態度面對「物件世界」（object world）的精采故事。

美國德州油田的鑽井工人，從地底深處抽取原油——最終進入許多商品內裡「推著我們前進的地球血液」；貨櫃輪的菲律賓作業員，在無邊無際的海洋享受單身生活，繞行五大洲一個接一個的異國城市，卸貨、上貨補充我們的日常物欲；義大利的工程老宅男，在絕對無聲的吸音室裡採集各種商品的聲響，從量化數據中聆聽、鑒別物件的內在品質；瑞士先進垃圾焚化廠的技術員，終日全副武裝與四伏的危險相伴，目送被人們始亂終棄的合葬商品在烈火中得以善終。

四個登場人物與他們登場舞台的選擇，都看出導演的慧眼獨具，每一次下刀都靈巧有致讓人折服。相較於我們被商品緊密包圍住的擁擠日常，這四位標誌性人物如《駭客任務》（*Matrix*）裡的神人側身一小步，輕鬆閃開商品買賣的連鎖彈道，獲得在觀物中洞察人生苦樂的絕佳位置。他們是德國文化社會學者齊美爾（Georg Simmel）口中「涉身其中卻同時保持距離」的**陌生人**。這個冷靜關照世事的「距離」也反映在環繞他們的空曠空間，讓他們以周遭物件為注腳的存在自剖格外清晰動人。

在沙漠曠野中交友成長的油井工一臉滄桑，回首被父母拋棄的親情失落，但卻也在油田裡規律撞擊發聲的汲油千斤頂找到寧靜豁然，像母體呼吸的溫柔頻率撫慰了懷裡孩子的不安，垂手可得的金屬物件像是遊樂場裡的諸多玩伴，彼此碰撞敲擊合奏樂章。

大海上孤獨航行的船員終日在船艙甲板嬉戲，談起岸上豔遇一派樂天，看似玩世不恭但也有真心告白的性靈時刻。想著跟心愛的女人結婚，閉目細數陸上生活的理想物件（上千隻雞、還有牛、房子、煮菜的油香……）想像田園風光裡甜蜜的家，儘管雲遊四海，但他笑著說：「人沒有夢想，等於哪裡都沒有去。」

「長得像猴子」的義大利工程師出場是故事的關鍵轉折。兒時跟身為大提琴手的母親索討一架鋼琴，但終究對音樂的文學感性無能，只能用工程宅男的數字與方程式解析聲音的「物性」。這樣單調無趣的他，卻在曾被當成刑房的吸音室裡把握到生命的寧靜自持，跪坐著「收聽」自己身體物件的聲音（心臟跳動、血液流動、肺的縮放）而醒悟到活著的單純幸福。

曾經販賣吃角子老虎機而大發橫財的垃圾焚化爐技術員，他在什麼都有的垃圾堆中看見人心的荒謬，但也在垃圾轉換能源廠裡找到人生的價值與使命。滿布警示器的能源廠內充滿危險卻也正是他的職業驕傲，「生命處處都在冒險」他說。「我們成天製造廢物沒有自己收拾，但總要有人來做這件事。」

四個象徵人物，來自不同的國家，使用不同的語言，站在不同的場景。但隨著故事展開，旁白開始交疊互為注解，物件開始彼此共鳴，跨距漸大但差距縮小，疊合為一說出了與物共舞，彼此共鳴的真理：「噪音讓我們忘了自己，噪音掩蓋了恐懼」，但「生命的起源是寧靜，也終將在寧靜中結束」。

不管他們渴望的是親情、愛情、成長還是榮耀，最後都成全了人與物的世界和解的一種存在的可能，同時也還給了商品物件「遲來的公道」。

超脫兩敗俱傷的物我鬥爭

法國社會學者拉圖曾說：「人道主義者老愛譴責人類被物化，但他們徹頭徹尾沒有意識到，這樣的說法對物並不公平」。《美麗事》不是一部帶著教條主義宣示色彩的資本主義批判電影，在「人」與「物」的三角習題中，我們太習慣於將人與人我們自己怯於面對的問題物化地推卸出去，批判物與物的商品體系如何在人與物的關係中，單向地擺布麻醉了（其實「裝太久無辜」的）我們，然後還無情地否定他們陪伴過我們人生同行的時光。

我們總是便宜行事地用物件的噪音，來掩飾人與人共處困難的內在恐懼，只要不停止消費就可以避開寂靜的恐懼，自我感覺良好一切都會沒事。《美麗事》沒有對複雜的問題給出簡單的解答，但它誠實地點出人跟物永遠擺脫不了的曖昧關係，就像貫穿全片的聒噪不止的機器人與溫柔安靜的泰迪熊。但如果不是因為他們不棄不離的陪伴，我們如何能夠躲在指指點點他們的背後抹去模糊的自我？

《美麗事》還暗示著：物件不只陪伴，他們還看守著希望，就連在吸音室裡把美妙的天籟都拆解成聲音數據的宅男工程師，都可以從謙卑聆聽我們「也是物件的身體」而悟道解脫。

電影以一對男女在空無一人的購物商場中共舞收尾，人與人如兒童般純真無邪地嬉戲，觸碰彼此的臉龐，自在地伸展肢體，牽手奔跑散發著喜悅，你看不出一旁自制地退場的商品們，正默默旁觀會心微笑著嗎？《美麗事》將標準字「Things」正中央的「i」字旁刻意畫上這「雙人舞」的姿態，那是殘破世裡不需強加批判姿態「括號」的單純美麗事，不僅沒有一絲反諷的意味，反而是藝術直覺的召喚，為我們提示了一個超脫兩敗俱傷的物我鬥爭，一起逃逸消費文化困境的「捕蠅瓶出口」。

設計，東西的誕生

實踐大學工業產品設計學系期末作品展演，邀請了前台北設計之都執行長吳漢中到學校與我對談，年輕的未來設計師們預先出了個響亮熱情的提問：如何讓「**設計改變社會！**」接到這題目，我心裡想：「**設計能夠改變社會嗎？**」就算可以，「**設計需要去改變社會嗎？**」從研究社會學的學術機構中年大膽轉軌到設計學院教書，歷經兩年多來教學現場的現實校正，答案還會是肯定的嗎？坦白說，我的直覺沒有改變，雖然詳細完整的理由仍未釐清。但這並不奇怪，因為人們對改變下賭注時，從來都不需要絕對的保證，需要的只是「合理的希望」（reasonable hope）。

談到「改變」（Change），自然聯想到美國前總統歐巴馬（Barack Obama）以及他的競選口號：「Yes,We Can!」，事情確實有了改變，但不是歐巴馬希望的方向。二○一七年的美國新政局讓當年的口號變得百味雜陳充滿嘲諷，川普主政後美國社會經歷許多讓人始料未及的重大改變，種族主義蠢蠢欲動、氣候變遷與國際協約被否定；移民開放大幅緊縮；LGBT 社群遭受打擊；網路中立性慘遭廢除……諸多被（現在我們知道）輕率地認為進步運動不可逆轉的文明成就一一被新的改變所背叛。美國之外的「轉變的弔詭」也不遑多讓，還記得二〇一一年由突尼西亞茉莉花革命開啟的「阿拉伯之春」嗎？一度被認為第四波民主化的樂觀改變已成了挫敗的苦難，反而啟蒙原點的歐洲文明在大量難民湧入下，正承受著社會瓦解的莫大危機。當然不要忘了台灣的太陽花運動，以及勞基法修法爭議讓許多人義憤填膺，認為是又一次倒退的改變。

電影《男朋友女朋友》裡有句讓人印象深刻的台詞：「妳不要怕，明天一醒來，台灣就不一樣了」，那是二〇一二年的電影，五年後我們醒來，楊雅喆導演給了我們關於「無愛的未來」的《血觀音》，黃信堯導演則給了我們笑中帶淚的《大佛普拉斯》，這是我們必須學著面對令人頓挫的時代氛圍，單單「改變」已無從引發興奮，現在許多人學乖，害怕的反而是「明天一醒來，台灣萬一又不一樣了」。以社會主義或資本主義為名，靠著大有為國家或者自由市場的魔力，遠離日常的這些抽象而高遠的權力，總是在徵召我們的熱情後，丟下我們陷入「改變」與「反改變」的**永劫回歸**。

我不清楚跳脫這一切有沒有可能，但我知道，它必然是一種讓權力回歸到凡俗個體手中，沉澱到大眾五感所及的範圍內，成為日常培力的踏實改變，而這難道不正是「設計」的守備範圍嗎？「**設計能夠改變社會嗎？**」榔頭、地圖、手推車、智慧型手機無一不改變了世界的面貌，事實上，舊石器時代的敲製石器催生了我們現代人的祖先，連人類本身也是設計的產物。然後重要的問題來了：「**設計需要去改變社會嗎？**」當然！這正是我離開學術高塔向設計轉向直覺成理的希望啊——相信**向社會轉向的設計**會是這個時代通向未來的新出路。

這不單是個人的直覺，長年在紐約大學社會學系任教的莫洛奇教授（Harry Molotch）是我的前輩先行者，沒有他《東西的誕生》（*Where Stuff Comes From*, 2003）給予的鼓舞，讓我從社會學的思想叢林裡隱約看到一條人煙稀少通向**設計所在社會**的蜿蜒小徑，我不太可能在幾年後成為在實踐大學設計課堂裡笑談「設計與社會共同未來」的社會學者。《東西的誕生》出版時，我剛在中研院社會所升任副研究員，學術生涯跨過一個階段，於是閉門檢討，規畫未來的長期研究方向。從博士論文的國際運動鞋採購市場開始，回國後經歷過幾個產業研究的累積，關心的社會學課題固然有所不同，但靜思之下赫然發現都與設計相關，物件也都扮演著因果解釋的關鍵角色。這些反思引領著我最後下了決心，將未來的研究生涯賭在**設計**與**物件**上。

沒想到，開始搜集研究文獻後馬上碰到了大麻煩，幾乎找不到任何認真對待設計的**社會學文獻！**莫洛奇教授《東西的誕生》這本奇書簡直如荒漠甘泉，早在我設計轉向的啟程處等著我，沒有先行者豎立標竿的優異社會學研究當作晨昏對話的心靈夥伴，或許我早將「**社會跨設計**」（Design X Society）的願景當成不切實際的幻覺退陣下場。時光荏苒，轉眼間我在實踐設計學院擔任教職也已一段時日，有了在設計教室的教學田野中提煉社會學的新體驗，如今對媒合社會學與設計也有了更篤定的體會。所以二〇一七年我回頭找了群學出版社，幫老朋友協力規畫「Socio-Design」系列，第一棒上場的自然是莫洛奇教授這本精采萬分的設計社會學力作，召喚新血加入絕沒有藏私的理由。

莫洛奇教授是在都市社會學、環境社會學、災難與媒體研究等領域都曾經做出創新貢獻的知名社會學者，尤其在《都市財富》（*Urban Fortune, 1987*）中分析都市地產的金權網絡如何在都市地景的塑造上發揮關鍵的角色。他所提出的分析概念「都市作為成長機器」（growth machine）更是影響深遠，因而在二〇〇三年獲美國社會學會頒贈終身成就的殊榮。《東西的誕生》一出版旋即在次年獲得Mirra Komarovsky獎推薦，從原本金權城市政經網絡的社會學分析，一下跳到香水口紅、吐司麵包機、公共廁所這些小尺度的設計風景，堂堂一位大教授中年轉換為文青風情，改變不可謂不大。如果你以為這是他偶爾為之的小品之作，那就錯了。莫洛奇教授在《東西的誕生》出版之後，二〇一〇年與羅拉．諾倫（Laura Norén）合編《馬桶：公共休息室與分享政治》（*Toilet:*

Pubic Restroom and the Politics of Sharing），接著又於二〇一二年出版檢討公共場所監視器的《質疑安全：我們如何在機場、地鐵與其他模糊危險地點走錯了路》（Against Security: How We Go Wrong at Airports, Subways and Other Sites of Ambiguous Danger），從莫洛奇教授已經成形的出版方向，可以看出《東西的誕生》並非意外的插花之作，而是他立意經營**設計社會學**的重要起點。

《東西的誕生》這本書問世以來並未對社會學界造成太大的影響，與莫洛奇早年從政治經濟學的角度切入金權城市的大受歡迎形成強烈對比，這個結果完全在意料之中，原本對資本主義敏感批判的左翼社會學者竟然熱情擁抱起「設計」！這本專書如果被社會學圈推崇，群起追隨那才令人意外。莫洛奇教授果然是社會學界的識途老馬，清楚自己將會遭遇社會學讀者的慣性抵抗，他針對這些必然質疑的回應早就預示在本書內文的重要關節。

這本書的序言〈我的來歷〉非常簡短，從**我**到**東西**，人與物平等對稱的格式呼應著英文原書名的「東西從哪裡來」，自省與交心的意味濃厚，甚至帶著內行人才嗅聞得到的動人感傷。從六〇年代的左派憤青轉到鐵定會被年輕時的自己不屑的「設計」，他反思來時路交代了一番心情：

「針對人們所使用的東西找麻煩的那股狂熱，現在我卻認為是低劣的政治策略，從智識層面來說也太天真。」（群學，2018）」

莫洛奇的生父經營汽車零售，母親的家族則從事電器生意，商人的家庭傳統給了他成長的重要支援，金錢的奧援他應該心知肚明，但精神洞見的啟蒙或許要到他年齡見識漸長，準備好寫這本書時才豁然開朗吧？帶著自我批判的懺悔口吻，莫洛奇說道：「那些哺育過我的手曾被我反咬一口，被我的嘴，也被我的腦反咬」。直接面對並思考設計的社會學意義，對他而言，是脫離社會學慣常同溫層的契機，**「本書試圖澈底解開（東西從哪裡來）這個問題，而且希望解開的方式能讓我跳出自己生命歷程裡的緊張，引導出未來的一些新路向」**。

相信設計物可以是社會進步的助力，很難不被社會學的「同行常識」認定愚蠢犯了化約論，主張資本主義商品可以是消費者精神自由的媒介，更鐵定是中了商人行銷伎倆操縱商品拜物的毒。年輕時的莫洛奇無非帶著這樣的腦，重重反咬了父母一口。

這本書翻過序言後開啟論證的第一章〈接合物：好與壞〉以及為這本書做總結的第八章〈道德規則〉，頭尾一貫都以直言檢討這種「資本主義批判」的制式論調破題，要社會學者戒掉「對別人的東西說三道四」的壞毛病。這樣直白的書寫有方便讀者的好處，不投緣的死硬派很快就會心生反感，掉頭離去省得浪費時間。而那些早覺得哪裡不對勁的讀者正好可以熱身，準備拋棄成見，用開放的精神，遊歷莫洛奇教授精心安排的物件身世之旅。

回到更早，想想這一切轉機萌芽之際，要是自己沒有社會學需要好好研究設計的念頭，大概不會出現與《東西的誕生》的邂逅。年輕的台灣社會學者「我從哪裡來」的動機線索，平行於莫洛奇教授的反思，或許可以提供台灣讀者一些在地脈絡的想像，給還在設計與社會的門檻旁猶豫跨界動機的朋友參考。

一、回到發展的原點：

發展社會學是戰後台灣社會學與國際接軌的一個重要領域，當年在現代化理論與依賴理論的爭辯中，台灣找到「東亞四小龍」的學術定位，也因而受到國際社會學圈的青睞。如今市場全球化、網路科技、中國崛起、金融危機、氣候變遷……世局已然不同，而「發展社會學」更早隨冷戰背景結束而銷聲匿跡。但生態、永續、食安、能源、老化、安全、人權等眾多問題並未消失，反而大論述解體失靈之後，從分散去中心、貼近在地的社會創新與制度實驗下手，成為有識之士關注人類社會未來發展契機的焦點。

設計（無關商業或公共）本質出發點都在解決問題，它的重心不在高遠的法規政策，而是在貼近人身體五感所及的日常場域中，透過力求準確的環境調配來驅動社會實作的改變，進而達到社區與生活改善的目標。社會學如果不能有效連結設計，等於也斷絕了社會變革最終要被落實檢視的最後一里。凝視人們與物件交接物質日常中的苦與樂，回到當初踏入發展社會學的初心，「更好的社會生活」需要的是，如莫洛奇的概念所言，「接合」（lash up）可見不可見的事物網絡而讓**東西**得以穩定存在的努力，證諸過去社會學突破巢臼的創新創業（如本書第二部〈古典社會學家在「設計的」當代〉），沒有比**重新帶回物件**的設計社會學更適合提供如此的改革洞見了！

二、產業升級的出路：

台灣社會學圈在面對產業轉型的課題時廣泛預設著對新興高科技產業的偏好，半導體、液晶面板、奈米、生技產業逐級而上，充滿著後進國對掉入「落後」、「脫隊」不進則退的焦慮。過去大抵上社會學研究對於傳產殘留的興趣主要擺在探究生產分工網絡的彈性，勞動體制如何壓抑勞動，還有台商如何在外移地連結政商治理的課題。儘管產業結構上更接近義大利中小型家族企業主導的體制，但透過設計加值擺脫代工，從而走上魅力品牌的義大利式產業升級之路，幾乎沒有社會學者深入探討，新舊產業交替的「升級」這種社會學者自己最喜歡批評的線性想像可能暗中作祟。

我衷心希望莫洛奇這本書可以幫助我們移除，不管是因為硬派理性思維（非常符合「代工體制」對技術、成本與紀律的崇拜）或者因為對資本主義的不信，無法正面直視設計中藝術與感性創意的障礙。弔詭的是，比起兩兆三星這類產業扶植計畫在水電、交通、土地等公共建設與租稅補貼政策偏好上向大型企業傾斜、甚至排擠到其他社會部門的弊害與風險，用設計加值產品創意與品牌魅力的產業願景，反而更容易讓產業與社區結合，更適合多元分散的社會民主，也是更加「社會友善」的路徑，不是嗎？

三、進入造物的倫理：

社會學消費理論經常導向人們在商品消費中異化與消耗反抗意志的結論，但證諸現實，消費抵制與抗爭幾乎普世存在於當代重要的社會爭議與運動。設計產品的消費者在面對商品價值時，顯然有超出功利主義享樂計算的認知框架，道德不安與倫理信念伸張同樣驅動當代的消費選擇。他們在網路與現實世界中積極串連、評價、監督、牽制著企業種種商品設計與行銷的作為。**消費社會**從歷史舞台上現身帶給企業與社會的最大挑戰，反而是如何跟使用者進行不被看穿陳腔濫調的對話，甚至如何透過設計物件的媒介，培力積極消費者（active consumers）參與到更大範圍的社會變革。

《東西的誕生》中提及了許多品牌如巴塔哥尼亞等，對於環境生態改善等公共目標的價值訴求。事實上像蘋果與耐吉那樣被抗議團體批評得體無完膚的品牌，最終引導他們往上游改善設計製造流程的壓力主要還是來自品牌愛用者。他們用購買與使用行為，公開地與品牌「簽署」這些公司必須履行義務的價值承諾，當然也有權給這些品牌退場壓力。我們更不該忽略，公平交易組織與綠色和平等公益倡議團體，它們正是大量運用設計手段來傳遞、動員、累積運動能量的高手！就如莫洛奇教授所言，跟他們抗議的對象一樣，同樣也需要透過設計策略與設計物件「說故事」以創造出為善的時尚！

好設計一直是設計師專業自省的持續發問，從改善個人生活、友善環境生態、降低災難衝擊、到促進社會溝通與避免歧視；從早期工藝美術運動與包浩斯的淑世理想，到近年商業、非商業的許多「社會設計」的案例，不只設計可以從社會學處得到助力更開闊準確地理解如何「縫合」（lash up）物件到真實世界，連結設計實作的社會學可以期待更**唯物地**接近消費生活中平常公民更真實的倫理處境。

四、攜手設計回到實踐：

設計是一門實作的知識，設計學院裡包含了許多從提案到創作，一個環節扣緊下一環節從身體實作的體悟中求知學藝的課程安排。但從中研院純學術的經院高塔往下看，設計學院甚至搆不上知識生產的末段班，頂多只是錯誤地自以為高階抽象知識下滲到低階實作的知識應用。刻板化的扭曲想像將「動腦的知識」與「動手的實作」切割成涇渭分明的兩個世界，於是「說的人」真以為可以思想指導「做的人」，「做的人」私下則暗自訕笑「說的人」只會出一張嘴；說與做的巨大鴻溝不正是台灣從教育到經濟在面對時代挑戰下轉型失敗的悲劇表徵？

傳統學門分立的專業堡壘無法有效回應時代的劇烈變化，這在先進國家早已被察覺洞悉。新的體認如今集中氣力在打破傳統的二分框架，思考姿態要保持在貼近實踐的現場，發問的奧義不在正確與否，而在能否有效引導更開放的探索。知識自始至終不脫人類在特定時空下解決問題的實作產物，是人類與時俱進探索環境、持續演化的創新證據，這是杜威等美國實用主義者早就提出，遠比那些沿街叫賣的市儈版本更為深刻的「設計思考」。

攜手設計有助於社會學克服危機重拾實踐精神並非臆測，近年來歐美社會學與設計圈頻繁交流，已經是方興未艾跨領域知識實驗的現在進行式，從「實踐社會學」（practical sociology）、「創作式方法」（inventive method）、「直播社會學」（live sociology）的概念就可以看出社會學往設計靠近的新動態。莫洛奇本人參與「設計韌性」（Resilience by Design）結合設計的跨領域都市創新實作平台，拉圖近年來頻頻參與藝術策展以探測（detect）適切於**人類世**的知覺布署，無非都反應了亟欲透過社會跨設計探索社會學創新可能性的最新知識時尚。沒錯，正是「時尚」！就像《東西的誕生》的終章最後一段莫洛奇引用班雅明（Walter Benjamin）有魅力的馬克思主義洞悉時尚本質，是一種拒絕再套穿**社會學**與**設計**涇渭分明呆板制服的反抗命題。

那些足以成為尋常的新奇

現代社會專業分工細膩，不需要像人類學者飄洋過海在遙遠的國度蹲點，單單在國境之內跨個產業就能感受到「文化衝擊」（cultural shock）。過往被我視為當然的事物從此不再天經地義，但弔詭地越是融入新文化，原初的自我認同反而更加敏感，有了對比之後，原本普通的變得新奇，這才意識到這樣做學問的我「原來這麼不正常啊！」當我從中研院社會學所跨界到實踐大學工業產品設計系，從專注抽象學問的政府研究機構一步跳到「斜對角」強調動手實作的設計學院，從分析群體的社會學踏入物件創作的工業設計，兩個知識社群間風格移動的距離不可謂不大。

剛開始，初見面的設計圈朋友總是誇獎實踐工設「有膽識」聘用社會學者，但我很快意會到那只是客套話，因為通常跟著就面對狐疑：「社會學者在工業設計系是要教什麼啊？」顯然聘與不聘跟魄力無關，社會學在台灣的設計圈裡仍是不知到底何用的異類。在實踐開課的第一年，《自由時報》有一則報導：〈新趨勢：實踐工設請社會學老師上設計〉，這在國外會被當成一則舊聞。短短幾年內我就認識了不少在英國、芬蘭、德國、荷蘭等各國著名設計學院擔任教職的社會學同行，但三年之後回頭看，在台灣可以確定是後繼無力。

有趣的是，相較之下就算不懂心理學，設計系師生大多直覺認定心理學與設計息息相關。畢竟設計物件不管大小軟硬，總是要供人使用，不是藝術家的孤芳自賞。人們對設計師千辛萬苦設計出來的產品有沒有好感？東西能不能輕鬆上手？更重要的，能不能激發內在的購買欲，都跟消費者的動機、情緒、認知、記憶……有關，這些不是心理學還會是什麼呢？認真起來，社會學者跑到設計系攪和確實還欠一點解釋。

不過，我拿外人的疑惑請教設計學院同事，得到的回應是一臉狐疑的「這還需要什麼解釋？」連我都出乎意料。講到底，實踐工設作為台灣極少數從人文學院誕生的設計系所，多年前任聘了心理學家還覺得不夠，對於「人文」妙趣橫生的複雜景致有更開放的理解，或許解釋了這個落差。社會學者滲透到設計學院與跨領域的夥伴們一起培育台灣未來更好的設計師，如果問我這幾年在部落裡蹲點參與觀察的最深感受，我想應該是設計文化裡「新奇」（novelty）占據的軸心位置。把這個祕密講得最淺顯直白的就屬深澤直人（Naoto Fukasawa）與莫里森（Jasper Morrison）了：

「設計師們一般都不想設計出『尋常』的東西，如果要說他們有活在怎樣的恐懼中，那就是聽到人家說他們的設計『沒什麼特別』」

是的，就跟一句**非比尋常**可以把設計師快樂地捧上天，你也可以用毫無特色（加一點漠然的眼光）輕易激怒（尤其是年輕的）設計師，甚至直接送他們下地獄。為什麼？這跟設計面向未來的本質有關，設計的目標永遠是在創造出還沒有在世上出現過的事物。設計一個早已存在的東西是一個自我矛盾的設計反命題，設計師的工作無非是透過構思、草圖、模測、量產讓一個未來的可能得以實現。無論那是一個杯子、一張海報、一棟建築或是一項體驗。

聽起來很讓人興奮，但卻是設計師形影不離的存在焦慮。每個嶄新的一天到了日暮之際最終證明只是重複熟悉的過去，就像《傳道書》所言「日光之下並無新事。」大同小異，不足為奇的微小差異充斥著世界，真正稱得上「**新奇**」（novelty）的事物極為有限。沒什麼特別是所有上進設計師的夢靨，一次過得了關，下次便不再那麼幸運。設計師是上帝之後的**造物者**，放棄休假的週末仍舊為「下一個新事物」催生。為了消解這龐大證明創意的不安焦慮，環繞著看待與處置**個案**的方式，形成了設計特殊的部落文化。從設計大師到設計學院的新生，設計師們靠談案子、接案子而存活。他們經手參與的**個案**構成了作品集，身不由己外，更不願提及的作品當然不具代表性。不論偉大或者著渺小，設計師的一生無非由他們經手參與的設計個案所組成，他們也活在其中，由幾顆新奇耀眼的主星帶領撐起，有時候被稱為個人風格的星座。

如果上帝之手創造的是自然生態系，那麼滿布夜空人造物的繁星就是一個**物態系**，站在生物鍊頂端的是君臨天下高等生物的設計經典：位於巴黎近郊普瓦西鎮的薩芙伊別墅（Villa Savoye），由柯比意（Le Corbusier）設計，一九三一年落成，現代國際主義建築原則的完整展現，至今仍是建築愛好者的聖地。一九六四年東京奧運海報，五輪之上日昇再起的紅太陽，龜倉雄策簡潔有力的設計語言，是日本戰後從廢墟中再次站起返回國際舞台的榮光，也是日本設計邁向現代世界的關鍵時刻。一九九八年，蘋果設計師強納生・艾夫（Sir Jonathan Ive）的作品 iMac G3，包著邦迪藍透明膠殼的個人電腦迷人問世，標示了蘋果從此開啟了賈伯斯霸王回歸的新時代。建築、平面、產品的宇宙裡這些具有「**標誌性**」（iconic）特質的少數是夜空中**真正的個案**。

Icon 一詞，源自希臘文的 eikenai，意思是「彷彿或是相像」，它是在我們的凡俗世界裡最接近至高神聖的一種「替代」，所有的設計經典都被等待啟示的設計者相信具有脫俗的魅力，接近與凝視它們有可能開啟靈光。傅拉瑟在《事物的形狀》（*The Shape of Things: a Philosophy of Design*）中開門見山就說：「設計是人類的自我欺騙（self-deception）」。用意並非左翼的道德指責，而是強調設計文化具有「自我指涉」（self-referential）的特質。總部位於德國科隆的塔森（TASCHEN）是個很好的例子，透過珍藏塔森的設計出版品，經典的價值變得實然可感。按照設計風格、設計史或者設計大師編排，版型大方，印刷精美。通常出現在客廳的書架門面，或者咖啡店與樣品屋的牆上。你趨前翻開扉頁，放在手心厚實沉重，映入眼簾的是散發明星光芒的作品們，爭奇鬥豔代表著曾獨領風騷的秀異手法。塔森不僅「彷彿或是想像」客觀地見證經典，它實際上直接搬動促成（make possible）**物態**系裡設計物件的地位昇華。

往**物態**系的最底層看去，小學徒們在設計學院的工廠裡連日熬夜，忙著在「死線」來臨前趕出大半在期中評圖時將被檢討稱不上作品的作品。在菜鳥與大師之間是廣大幅員的物件世界，布滿著設計師們錯綜複雜的生涯路徑。並非所有的個案都生而平等，作品的創意含金量必須通過許多制度的關卡被一一烙印認證，參展經歷、競賽得獎、雜誌報導、圖鑑收錄、客戶清單……等每一個項目都帶有細膩切分「秀異」與「庸俗」的層級，被國際頂尖獎項「提及」（honorable mention）的榮耀遠比菜市場競賽獲得的冠軍獎杯更能打開往上一層市場移動的升級機會。如果你仔細觀察高手參與遊戲的玩法，就會發現拿捏「普通」跟「新奇」的辯證分寸藏著許多「眉角」。

艾夫的果凍電腦 iMac G3 是個很好的例子，日本工業設計師好友跟我斬釘截鐵地保證，這樣的設計絕對不可能在日本出現。即便他的閱歷豐富，我還是請教了更多的日本設計師來印證他的看法，他們都高度默契地贊同而且給了一致的理由：iMac G3 浪費了太多機殼內的空間。在把精巧壓縮眾多零件與機能到狹窄空間內，當成**真本領**的日本設計文化中，如果連這種基本設計感知都沒有的設計師，竟然還用透明外殼刻意將自己的「無能」外露，甚至會激起同儕的道德憤怒認為是不知羞恥。換言之，這些設計老鳥都清楚，只有合乎市場定義新奇的「普通潛規則」才會被認可為新奇，菜鳥耗神費力追求過度**新奇**，結果只會加速滅頂。

我在實踐工設負責大學部與研究所的「設計個案研討」課程，這是門爆滿的選修課受到學生的熱情歡迎。社會學關注**尋常**，設計師渴望**新奇**，我跟他們通過觀看個案享受社會學與設計難得的交流，也為我的社會學想像力帶來不少啟發，我許多跨界的田野文化衝擊可以想見來自於準備這門課的經驗。

精神醫學佛洛伊德的小漢斯、人類學馬林諾斯基的超布連島、生態學達爾文的加拉巴哥象龜、史學查爾斯．提利的法國旺代，我在設計學院外頭所理解經典個案足以突破我們既有「看世界框架」的撞擊衝力；或者商學哈佛個案的推敲、英美法庭判例的辯證、病毒案例的醫學突破、科學辦案的犯罪深究、兵棋推演的戰役模擬，相較於量化研究在大量資料的前提下對少數模型變數的變異量操作，個案研究雖然凝視的對象數量有限，但正因為它們是複雜糾結又豐富統合的整體，「一沙一世界」為文明提供了打開新視野的探測線頭，但這些個案研究的應用邏輯放到設計學院裡全失了焦。

雖然設計明明是由恆河沙數的**個案**所搭建起來的國度，但一味將設計個案作為凝視的對象，尋求創意靈感的啟發通路。卻對普通避之唯恐不及，牛怕會傷害設計師的美學品味，讓它漸漸走出設計「觀看個案」的特殊文化。不是所有的設計師都欣然接受這樣的發展趨勢，莫里森便認為**無視於普通**已經構成了設計文化的危機，年輕的設計師們跟作為他們專業前身的工藝職人日漸疏離，結果是他憂心警告的失去純真。這也是他跟深澤直人聯手策展《超級普通：感受尋常的美妙》（*Super Normal: Sensations of the Ordinary*）想要傳遞的重要訊息。

官政能老師是創立實踐工設系，開啟台灣人文設計教育的前輩，是我在校園裡日常對話設計，肯定教育價值的熱情好友。我在開課前特地向他請益「設計個案」的教學法，他回憶起當年在普列特藝術學院（Pratt Institute）的求學經驗。兩位老師用完全不同的方式在課程中運用個案，設計史的老師羅列各種建築樣式、美術運動、設計風格在不同國家、不同時期的代表性個案。同學們學習辨識這些個案在設計史中承先啟後的特質與意義，這也是我們最常看到透過「經典」喚起設計專業認同的歷史敘事。另外一門課，對官政能而言更加有趣，那位老師每堂課都用成百上千的個案投影片，讓學生密集不斷地暴露在個案的視覺轟炸。目的是讓學生習慣材質、色彩、手法、形體、構造、機構、功能、語意等各種面向，瞭解如何拆解描述一個個設計物件的構成，讓「設計語言」逐漸熟悉上身在創作時能觸手可及。

追求新奇毫無疑問是設計的本質，深澤與莫里森都不會反對。自由

「超級普通：感受尋常的美妙」
深澤與莫里森聯手策畫的一場展覽，挑選生活中的常見之物，呈現它們在不可或缺外，內斂的優異設計。因為超級普通的緣故，這些物件才能長久地伴隨人們度過陰晴圓缺。

的心靈，確實是站在藝術與工程交叉口的設計不可或缺的原動力，我一直很欣賞官政能「一個人的創作性」的主張，強調設計教育最終還是「一個人」的學習經歷，要回到**個體**豐沛熱情的纖細感性找回創作的力量。經典的背後藏著預設的天才靈光，凝視這些個性耀眼的偉大經典，理解它們背後的創作故事，為「解碼」天才的創意提供了「逆向工程」的想像線索。設計系學生最喜歡提及的作品中，菲利普・史塔克（Philip Stark）的外星人檸檬榨汁機〈Juicy Salif〉，是證明設計師代表脫俗出眾、創意自由的象徵。它超乎尋常的話題外形以及擺明**非實用**的灑脫，跟普通毫不妥協強烈對比，也是設計圈喜歡拿來提點大眾不可小覷設計專業點石成金創意紅利的案例。

但總愛強調**見樹又見林**的社會學者如我，更希望學生能用**新奇**與**尋常**的雙眼看世界。是的，**真正的新奇**確實困難無比，但困難所在真的是捕捉不到那獨一無二的靈感乍現嗎？深澤與莫里森聯手《超級普通》展覽的二〇〇七年，蘋果推出了澈底改變世界的智慧型手機 iPhone。當年的許多報導對這怪東西充滿狐疑，但幾年後當三星改弦易轍發表一系列神似 iPhone 的新手機，被笑稱「向蘋果致敬」後回應：手機不就一塊玻璃面板，然後總要有個外框、有個順手的按鈕，手機不長這樣「還能怎麼樣？」我聞言恍然大悟，為了新奇而新奇只會把設計師帶入單行道的無尾巷，**尋常與新奇**原本就不是分割對立的兩回事，我們應該認真學習的是那些**足以成爲尋常的新奇**，迴避了尋常我們不可能理解真正的新奇。那些尋常到甚至連設計師是誰都已不可考的設計個案「**超級普通**」，比起大眾心想「明明貴又不好用」，可是如果不讚賞崇拜就會顯得自己沒有設計素養的榨汁機，不是更值得我們虛心凝視、用心學習？

從 Kindle 電子書的 Page Flip 看兩種「脈絡」觀的典範更替

閱讀是人類長久歷史以來非常熟悉的經驗，書籍肩負了文明承載與傳遞的任務，捧書展讀便開啟一道入口，跨越時空不識彼此的知音得以溝通思想、傳情達意。電子書想要融入人類的閱讀世界，得先正視樸實卻是無比強悍的對手：紙本書。亞馬遜無疑是電子書最有力的推手，從書籍上架販售的上游後台到讀者文字接觸的末端前台，成功營造出一個數位閱讀文化的完整生態，但電子書閱讀經驗的演化卻極為緩慢，少見令人心悅誠服的突破，紙本書隱形高牆的陰影依舊籠罩。

亞馬遜推出 Kindle「Page Flip」全新使用介面

Kindle 從二〇〇七年開賣至今，亞馬遜在使用者經驗上軟硬兼施創新不斷，但質疑「電子書能不能取代紙本書？」的聲音從未止息。顯然電子書並未能承接傳統閱讀的真髓，甚至不時出現研究發現警告，閱讀電子書容易讓人分神，無助於記憶，甚至還會降低閱讀者的理解能力。但這些幾成定論的看法可能要重新評估了，亞馬遜經過多年努力後重新想像電子書的閱覽方式，推出稱為「Page Flip」的全新介面（以下稱「撥頁」

以區別「下一頁」的翻頁）。在大尺寸的 iPad Pro 上使用過後，覺得亞馬遜這次終於爽快地擊中閱讀經驗的甜蜜點，這個電子書閱讀介面的改變看似微小，但已悄悄翻轉了我們對**脈絡**的設計想像。

撥頁導入後，出現在 Kindle 使用手冊的核心位置，之前的介面設計元素，像是「導覽列」（Navigation Bar）與「占位符」（Placeholder Mark）現在環繞著「撥頁」這個新的中心重新安置，成為它的周邊輔助。在撥頁的背後是改變了設計思維的亞馬遜，那是關於「閱讀」的何種全新想像，而我們又可以從中學習到關於「脈絡」的什麼呢？

先來看一段撥頁的廣告影片。一對老少坐在機場長椅上閱讀，新世代讀的是舊時代的紙本書，老太太手上拿的反而是電子書，從角色的設定透露出亞馬遜攻堅爭取傳統紙本讀者認同的自信。這年輕人意識到老太太在觀望，立即停頓撥翻到另一頁，迅速回到之前的閱讀；老太太也不是省油的燈，使出**新招數撥頁**示意我也做得到。小伙子見狀後使出絕技，火速翻到書末圖表，參考完又迅速回返之前頁面繼續閱讀；老太太面對挑釁，不慍不火使用撥頁功能照樣輕鬆辦到。一老一少頓時笑得開懷，電子書與紙本書的隔閡在世代交流的那一刻似乎被抹平了。

你可能感到懷疑，這麼簡單的小伎倆需要亞馬遜拋掉什麼電子書閱讀的舊想像？未免太誇張了。（話說回來，另一個有趣的問題，確實技術上簡單那為何等那麼多年後才推出？）

舊路徑：回首 Kindle 閱讀經驗的來時路

讓我們先回顧一下亞馬遜推廣電子書的設計攻守策略，亞馬遜知道，將電子書的目標設定在完全取代紙本書並無太大意義，重點是讓使用者感受電子書帶來紙本書沒有的好處。而在此之前，首先要盡力排除使用者預期的電子書劣勢，也就是從「竟然沒那麼差」甚至到「居然這麼多優點」。

要創造「竟然沒那麼差」的第一印象，著重於增加書籍入手的迅速便利（Whispernet），降低電子螢幕的反光刺眼（電子油墨），減少電池充電頻率。然後是針對紙本閱讀的習慣做表層模擬，保持使用者閱讀的熟悉慣性。譬如，書本厚薄大小的手感，左右展開的視覺動線，翻頁時的擬真動畫效果，書籤標示以及筆記和畫線重點。一旦確定底線做好了防守，接著就是致力於發揮數位閱讀的科技優勢，讓人有感於「新時代來臨」的好處。輕便可隨手攜帶大量書籍內容不消說，字體大小可隨意自由調整，閱讀裝置之間無間斷閱讀，內建字典可即時查詢，閱讀配速與剩餘時間的動態資訊，當然還有連結網路的社群分享。

這些策略都極其合理，執行結果也確實建立了獨特的數位閱讀生態。但回到核心的閱讀體驗，大部分使用者仍舊同意那些負面研究評價，尤其在閱讀需要更繁複理解與全神貫注的書籍時，電子書明顯仍是「不完整的閱讀」。問題是，即便深有同感的讀者也很難說清楚那個「關鍵的缺塊」是什麼？視線跟隨文字行走，安靜無聲的閱讀行為，簡單普遍又歷史悠久，卻是設計研究艱難的挑戰，牽涉到洞察之前，設計者對於**行爲**，**脈絡**甚至**身體**未經檢視的後設定見。

「重新想像」還是「首次面對」閱讀？

如果我們要讀者提出電子書辦不到的事，他們最常的動作應該是用拇指壓住紙本書書口快速撥頁。沒錯，就是亞馬遜廣告影片中男孩的終極武器，也是老少跨世代和解的契機。不可思議的是，試著回憶我們的經驗，即使在快速撥頁的過程中，只翻開局部的頁面，人們還是可以快速瀏覽後直接找到定位，或者先限縮到幾頁內的範圍，然後拇指減速前後梭巡，抵達記憶中閱讀過的片段（很像我們路邊停車時排檔轉方向盤調整車身的連續動作）。

但這次亞馬遜的觀察誠懇到位，「撥頁」這種一看就跟電子書無緣，就算刻意模擬也頂多只是滿足些懷舊風情的小動作終於被認真看待，也因此看清、瞭解了**閱讀的本質**。

閱讀迷人之處何在？一書在手樂趣無窮，它的入口極其簡單，但進入後與文字交流的體驗異常豐富。文字解讀的空間感多層飽滿，貼近細微、拉寬遼闊，深淺幾乎無限；時間感更是魅力無窮，隨情節與心情急行緩步，文字音符在心中演奏成聲，閱讀的每一刻都是獨具風格的即興演出。這些都不只是心思內在與物質設計無關的過程，而是手指、書面、文字、眼光協調一體的實作，換言之，是電子書設計的用心努力可以逼近的體驗。

閱讀，一直都是雙手並用，心思不斷調控決策，在文字的虛擬空間、意識之流中頻繁往返的積極活動。不管是要往前重訪故事人物之前出現時的場景對話，恍然大悟回頭確認是否讀懂了之前感到困惑的段落，瀏覽尚未閱讀的章節預感走向以免迷失方向，甚至探望在另一條歧路上的讀者分身確定仍在等待會合。我們暫時離開目前的閱讀點，開始「撥頁」的動作意義多重豐富，在在顯示出閱讀的非線性。每一次的「離開」都預設了要再「回到」約束的分手點，書本章節文字所搭建的虛擬時空則構成了**閱讀的身體**持續穿梭運動的經緯座標。

想想其他日常動作應該有助理解，假設你是右撇子，試著只用右手去轉開果醬瓶蓋，在平滑桌面的一張紙上簽好你的名字，為你的襯衫扣上鈕釦。你會意識到被你長期忽視的左手如何樸實忠誠，低姿態地扮演輔助的角色。留意你自己的閱讀習慣，每次右手撥頁離開之際，左手的食指（以我的習慣）總是默默地卡位等著閱讀視線的歸來，「撥頁」是**在與不在**，離開與留守同時俱在的閱讀動作，它說明了閱讀跟其他許多的社會實作一樣是「**身體化**」（embody）的活動。

兩種「脈絡」想像——實證工程 vs. 現象實作

「撥頁」的基本動作流程如下：輕按當下閱讀的頁面中央，縮圖移至一角隨侍在旁等候，畫面讓位給放大的前後複數頁面，手指刷動以前往目的地頁面，閱畢後按之前離開時的頁面縮圖回返到剛剛進行中的閱讀段落。如果撥頁是支持紙本書閱讀經驗的核心動作，先忽略目前的操作方式為最佳解，為什麼會被忽視這麼久？

「撥頁」的重點不是「縮圖」或「導覽列」這些互動設計的技術元件，也不是該上下或左右「頁面滾動」才合理的課題，這些創新甚至在電子書前的互動裝置就已經存在。事實上，撥頁的簡單動作長期被亞馬遜忽略，因為從亞馬遜理解閱讀的後設認知架構來看，上述這些創新元件就已經足夠解決問題。還記得愛因斯坦曾經說過的名言嗎？「我們不可能用我們創造出問題時一樣的思考方式來解決它們。」事實上，我們（說服自己正在）解決問題的方式大都是配合手邊準備好的答案去界定（適合它們解決的）問題。

閱讀時我們因為各種理由需要**定位**所處的位置，而定位又需要我們對意識焦點周邊的「**脈絡**」（context）有所掌握，定位與脈絡一體兩面一直都是電子書最難解決的讀者困擾。關於脈絡，設計社群一直存在兩套截然不同的看法，兩套界定問題、思考解答的後設架構，而「撥頁」之前的亞馬遜對於脈絡的理解是其中之一實證主義工程思維的版本。

平板電腦不可能像實體書允許撥頁，它終究只是一片允許人們與其互動的面板螢幕，但這不意味電子書上的閱讀想像就只能是：透過翻頁的獨立單位（discrete unit）

隨時間向前堆疊的線性活動。幸或不幸，實證主義「脈絡觀」的設計正是透過這付眼鏡在看世界。豐富的閱讀行為遂被這科學思維的慣性化約到「視線與對象」，「腦袋與文字」成對聯繫的基本單位。閱讀時，字句在讀者視線掃描下一旦產生意義，就出現「資訊記錄」的設計需求，解決之道當然就是提供便利的工具，讓使用者進行資料定位的處理，畫記重點、夾入書籤、註記佔位符都是人機交接的觸點。

一旦閱讀者完成資料儲存的動作，電腦得以開始代勞讓人腦放空喘息，人們的記憶被貼心地轉換到外部的電子資料庫，之後想到要提取時，電子書只要設計提供讀者資料庫的視覺化介面，不管是「瀏覽列」、「縮圖矩陣」或者書籤、標記的「清單」就能輕易在需要時回返。這套思維的極致是亞馬遜發展出一套取代頁碼的電子書「位碼」（location number）系統，更適合排版機動自由的電子書閱讀環境，讀者只要記下位碼就可以很快搜尋到想要去的位置，**脈絡**在此已全然失去意義也沒有必要。

看見「活動中的脈絡」（Context-in-Activity）

「撥頁」看起來像是刻意走回頭路、模擬傳統閱讀的肢體實作，這在實證主義的「脈絡」觀下簡直是一種退化，或許可以滿足懷舊的感性需求，但沒有真正利用到電腦的時代優勢。但這套工程直覺是個絆住創新的認知框架，亞馬遜現在清楚，而我們應該跟著學會：閱讀行為並非由「資料處理」分隔獨立的動作單位所組成，閱讀是一種腦袋、思維、眼睛、手勢、文字渾然一體的活動，是動態地在文字段落間跳躍著自由行進的身體實作，是一種真正投入文字之際物我不分的「身心沉浸」。

最興奮的閱讀經驗往往出現在，閱讀中途突然領會了前面讀過的某一段話，現在（第11頁）不斷改變著過去（第1頁到第5頁）的意義。或者現在（第10頁）理解到必須先回到過去（第2頁）以便前進到未來（第11頁）。想想，如果閱讀的本質如此，那麼標記「當下覺得重要」的閱讀資訊以便需要時能回頭檢閱，僅只回應了非常有限的閱讀經驗，甚至是內在的矛盾。你不可能在閱讀「當下」就預知這裡「將來」會變成很重要，如果可能，那閱讀只會變得極端乏味。

導入「撥頁」之前的電子書，在越需要思辨的與結構越複雜的內容上越容易創造閱讀的挫折、記憶的衰退、理解的貧乏，這種現象會難以理解嗎？

「撥頁」最讓人驚艷的是，我們正在閱讀的頁面因為要暫時離開而迅速縮移到畫面角落，送行然後忠誠在一角等待我們視線回返的動作。我懷疑若非考量以電子油墨為基礎的 Kindle 閱讀器的品牌體驗完整度，否則，這個動作在多點觸控的平板螢幕上可以透過左右手連動設計得更加輕鬆自然（參考 iPad 軟體 Paper53 在筆記本間移動畫頁的手勢）。那麼，既然互動元件都還在，這個**重新想像閱讀**後的電子書新經驗改變了什麼？意味著怎樣的**定位**與**脈絡**思考？

亞馬遜的「撥頁」統一地設計成不需要動用雙手，但重點在此：閱讀是非常複雜的身心物協調的實作，在越是精采的閱讀經驗中，人們越處於積極主動而且多線往返的吸收思辨。「撥頁」的實作裡「此側」（離開）與「彼側」（前往）的縮圖分別落在兩條思辨平行進行的閱讀軸線，同步繫起這兩端的不是其他，正是閱讀者的**身體**。這個閱讀中的身體，眼光、腦袋、手指、文字、圖式融合一體經歷內在的時空旅行，**定位**與**脈絡**都是動態地在閱讀中生成的。大半沉浸於閱讀中的讀者並不知道在撥頁動念之際，左手食指便悄悄扣住紙頁「定錨」的默契；這種**身體實作的脈絡觀**，思維方式受惠於海德格之後的現象學觀點，而非與眼動測量之類的客觀觀察絕配的實證主義人因觀點。

「脈絡重要」（context matters）很多設計師都知道，問題是：脈絡用什麼方式重要？設計者無論如何都必然存在對「脈絡」的看法，真正影響設計的是這些未必自知的

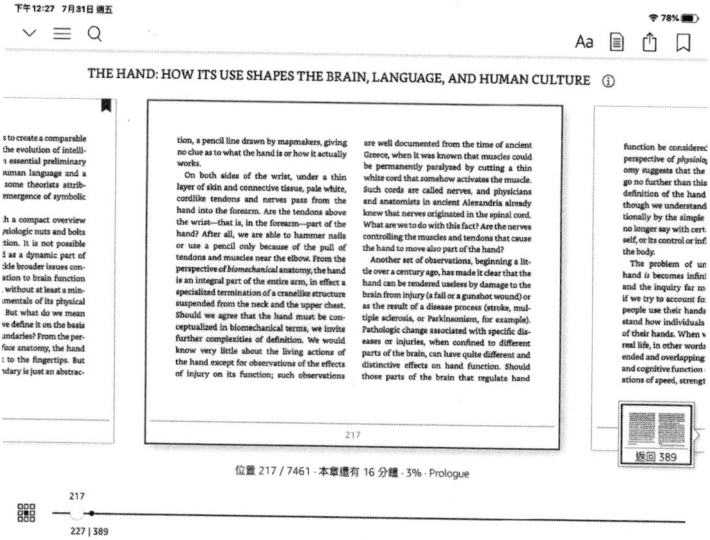

定見，因為它們引導觀察也塑造了提問與答案的方向。「身體實作的脈絡觀」在乎的是「活動中的脈絡」（context-in-activity）。試著想想，之前連畫重點都沒有的段落，沒有經過「資料處理」彙整登錄，一旦因為後來的閱讀有感，要怎樣才能找到過去確定真有領會突破？「撥頁」還有一個從之前的認知架構看來「退化」的地方可以提供解答。

上圖，閱讀中頁面暫時縮到右下角後，鄰近的頁面放大以記憶中的全頁樣貌左右排列，比起底下的「導覽列」及上面的抽象「占位符」，文字段落排列與畫線重點的版面裡藏著在閱讀活動中同時構成的「脈絡」。

身體記憶會提示搜尋中的自己定位的線索，譬如大約在畫黃線重點之前不久讀過的段落，或者視線餘光掃過左頁段落頭「On both sides of the wrist,…」的文字自然喚起「之前來到這裡時」的思緒轉折（或者甚至只是閱讀這段文字時周遭的咖啡香與背景音樂），從而想到目標文字應該就在附近的預感。所有這些文字的鬆緊、段落的排列、留白的位置，當然還有之前初訪時親手畫下的重點黃線，都足以成為閱讀重訪時的身體化脈絡（embodied context）。

畫黃線的記號在此有了不同於「資料登錄」的意義，更接近身體經歷一趟獨一無二閱讀體驗的簽記（signature），像在買來印製好的風景明信片畫上自己旅遊感觸的手跡，承諾未來回憶之際得以安心豐滿。相較之下，我們可以趁此留意在導覽列與頁面文字中間的那行「位碼」，上面寫著 Loc 215 of 7461，想想它又提供多少實感（make sense）的脈絡幫助？

因為閱讀是社會實作，是身體化（embodied）的內在時空體驗，沉浸於閱讀當中就算無視四周人物走動，卻也正在儲存或隱或顯的脈絡線索。想想我們日常生活中遺忘與記憶的片段，尋找的對象可以是一串鑰匙或準備好要說卻忘了的話，我們如何走一趟回頭路，或者一段段回述之前的經歷來幫助回想，那是我們最熟悉的重建脈絡的生活智慧，「閱讀」這古老的行為仍屬於這個範疇。

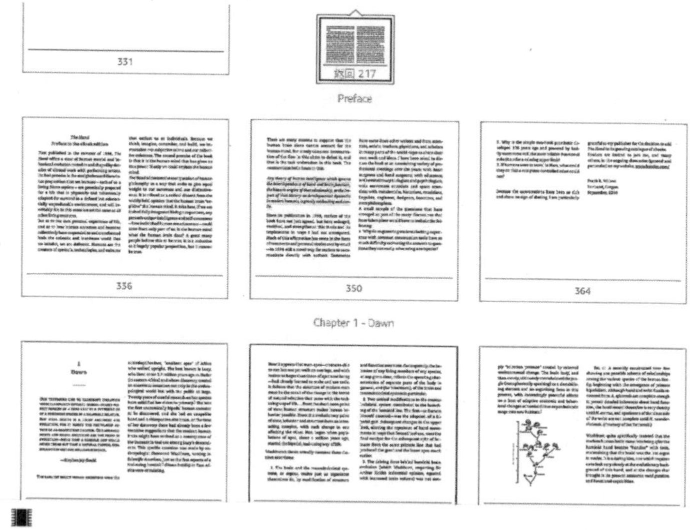

上面是「撥頁」更進一步「放大」後的畫面，上下按照章節排列的矩陣圖，給了讀者更長尺度閱讀旅程的整體印象，陪我閱讀一小段落吧！帶著期待心情讀過的「前言」，四頁橫著精簡排列，還記得最後緊湊的三個小段落收尾；接著一看就知道是第一章，人類頭骨排列下來的樹枝圖，當時特別注意過尼安德塔人頭骨還在那裡，之前讀不太懂的那一段記得就跟在圖的後面……「撥頁」就像這樣，喚起了人類千年來跟書本心思情緒交流的原始記憶。

讓手思考，讓身體記憶

在實證主義的脈絡觀下，電子書的設計曾經出於相信智慧電腦足以拯救笨拙人腦的工程樂觀。做出讓人們只要隨手做出定位的資料輸入，把記憶搬出去交給電腦，人腦便可不再受困於無效率記憶的過度設計。實情可能剛好相反，這解決問題的認知框架引導出許多聰明的設計解方，但這些答案可能本身就製造出了不必要的問題。

現象學關照下身體化的實作脈絡觀，讓亞馬遜終於懇切地面對紙本閱讀的智慧。閱讀體驗如果完整而積極沉浸，書本與人的互動本身就會提供內在親密的空間感與時間感，一個更加完美跟著每個人的閱讀體會成長的脈絡，將記憶或者喚起記憶的線索在閱讀的第一時間便儲存到閱讀者身體內部。手可以思考，身體可以儲藏記憶，脈絡不在外面，只有「上身」的脈絡（embodied context）才是跟我們所關心的活動有關，陪我們實現閱讀樂趣的**眞脈絡**。

關於視覺、身體與記憶的微妙關係，琳達・漢可（Linda Henkel）的研究非常有啟發。她發現同樣前往美術館經歷導覽，與那些不時拿起相機拍照記錄的同學相較，只靠肉眼觀看的同學們記得更多的展品與細節，透過電子媒介進行的體驗確實容易造成記憶衰退。上課用拍照代替筆記，究竟是在促成記憶還是加速遺忘？答案可能反映了兩種「脈絡觀」的差異。這研究更有趣的發現是，當參觀者的拍照行為搭配「拉遠」與「縮近」展品的調整焦距過程，他們的整體記憶提升到與只靠肉眼觀看的參觀者相同，甚至連那些沒有拍下的展品也留下記憶。美術館的學習經歷變得更完整，因為更完整的身體體驗促成了更真切地記憶。

電子書一旦還給閱讀者面對書本時翻前、跳後、拉遠、縮近，更積極融入與文字活潑對話的可能，怎麼說都比伴隨美術館參觀的相機更可以期待洗刷過去「怎麼做都不對」的冤名。或許，電子書的時代現在才剛要「撥頁」開始！而對我這設計學院的社會學者而言，更感興趣的問題是，Kindle 設計故事中顯示的另一種「脈絡」看法，在電子書之外更多的設計領域中可以刺激出怎樣的創意？可以讓「**社會**」與「**設計**」拉得多近，創造怎樣的跨界火花？

從達蓋爾到全球影像場景

七〇年代開始風行的**視覺文化**（visual culture）如今已是上了年紀的概念，現在不只數位科技的發展打開了五感沉浸的更多體驗可能，運動冒險、手感慢食、實體市集等更多空間體感與互動經驗復甦與新興的跡象似乎都在宣告「後視覺文化」的來臨，英國里茲都會大學設計教授朱利安（Guy Julier）在本世紀初提出**設計文化**（design culture）概念試圖取代視覺文化。但當年聞言拚命點頭稱是的我屈指一算，眼看都快二十年了，固然有新的文化內涵加入，視覺文化似乎依然沒有衰退的跡象。我們終日在手機、平板、穿戴裝置、智慧電視、觸控告示板……等多屏幕間快速切換的數位生活，只讓視覺的負荷變本加厲。曾因過勞失明的我對此感受尤其強烈，也恍然大悟想起媒體哲學家傅拉瑟的《攝影的哲學思考》（*Towards a Philosophy of Photography,1984*）以及書中所描繪的，如今我們日益熟悉的**全球影像場景**（global image scenario）。

改變世界的技術影像生產機器

傅拉瑟的宏觀視野顯示在他以兩個時間節點，便大刀斷開人類文化歷史進程的理論構圖：首先是大約在西元前兩千年誕生的線性書寫，長期由神話主導的符號意象承受文字書寫的辯證衝擊，人類文明跟著脫離了史前時代；接著以此為背景，他迫不及待地直接大膽設下第二道分隔線：相機的發明，探討這個「**技術影像**」（technical images）的生產機器如何繼文字書寫之後再次改變了人與世界的媒介關係。

依照傅拉瑟的理論，我們終將被洪水般四方湧來的影像所包圍，即便傳統影像也都將在全數流入這座大壩後轉換為技術影像，從排灣族的百步蛇圖紋到名畫清明上河圖無一倖免。人們手持相機以狩獵者伺機而動的獵捕姿勢與機器合為一體，快速調整參數後按下快門，紀錄各種凝固影像的事物狀態（state of things）。但傅拉瑟慧黠地提示，人們是在影像生產機器內部程序允許的技術框架下生產影像，這些影像並不單純地再現，相反地，將模糊我們人類身處的世界，直到連攝影者都活在影像包圍的場景中而成為其後果（function）。比起針對影像的解碼，我們更熱中於透過攝影將自身投射到影像之中，如是逐漸遺忘創造影像的初衷，是為了不讓我們**在世界中**的活動失去方向（disoriented）。

《攝影的哲學思考》出版時，蘋果公司的麥金塔電腦才剛推出，網際網路則要到九〇年代才開始踏出校園實驗。當年，讀者閱讀他的描述應該會覺得抽象難解，但我們檢視二〇一七年的調查資料時，傅拉瑟的**全球影像場景**意外清晰地展現在眼前。那一年，每天有兩億張照片被上傳到臉書；十二億張照片加入到谷歌相簿。據 InfoTrends 的估計，全球人類合力在一年內拍下一點二兆張照片，也就是單單一天便按下三十二億次快門。攝影術的起源一般認為是一八三七年的達蓋爾銀版法，相較在那之前沒有真實影像紀錄的漫長時光，攝影只有不到兩百年的短暫歷史。譬如我們熟悉的文豪莎士比亞肖像，清晰可辨的光闊額頭與嘴上的小八字鬍也僅是揣測而已，想到過往人類為了將記憶留在手上，攬讀、傳閱遭遇的重重困難，如今人手一機日常隨手拍攝被視為理所當然，達蓋爾如果還在世肯定看得瞠目結舌無法逆料如此的激烈轉變。

不僅相機成為大眾普及器材，攝影本身也有了劇烈的改變。二〇〇七年問世的 iPhone 為相機產業帶來噩耗，在手機攝影品質一日千里的追趕下，數位相機銷售只經歷了三年好光景。根據日本相機影像器材工業協會的調查，相機的全球出貨量從二〇一〇年的一億兩千萬台直線墜落減少八成，到二〇一七年只剩下兩千五百萬台。二〇一三年一項非正式調查便指出九成的受訪者只使用手機拍照，不使用相機拍照的人已是絕大多數，**按下快門**早成不切實際的表達，儘管以食指伸直下壓「咔嚓」來示意照相，仍然殘存在我們的習慣動作裡。

攝影文化的細節悄悄經歷了數位革命，實體的相簿被束之高閣、相片沖印店也幾乎絕跡。在手機上拍照後，修圖軟體迅速派上用場，在相同的螢幕上裁切畫面、細部編修、甚至可以事後對焦、調整景深，或乾脆一鍵套用智慧濾鏡，幾分鐘內便可直接上傳分享！二〇一九年終全球擁有手機的人口到達四十七億，高階手機的攝影品質已逼近交換鏡頭的專業相機，從大眾攝影的快速普及與豐富實作來看，人人都是攝影師的時代已然到來。然而儘管過去我們理**解攝**影時隱然預設的相機產業已被抽掉現實地基，我們對於**攝影**的想像，卻似乎還沉溺在上古時期的達蓋爾銀版，遲遲沒有正視 iPhone 誕生的當頭棒喝！

機器製造的藝術？

從攝影誕生以來，關於它的論述思維便一直被兩個主要問題左右：

一、攝影這個根據光學自動客觀地捕捉，而且具有高度可複製性的影像媒介有沒有可能成為一項藝術？如果視其為一種藝術，它具有怎樣擺脫繪畫的分離自主性與創作可能？二、攝影在既捕捉又扭曲現實上出現的矛盾緊張在倫理上如何辯證？它是在喚起知覺、促成理解，還是在被動的影像消費中孕育自欺與麻痺？

在攝影史的不同書寫中，畫意主義、沙龍攝影、紀實攝影、商業攝影、概念攝影等各種風格分支的辯證容或存在差異，但沿著「紀錄」與「創作」交織的這兩個發問主軸一直沒有太大的改變，許多「作者」與「作品」被大量地參照引用來論證評論者各自的觀點，關於攝影本質的思辨空間也依此展開。

但這些討論大多心照不宣預設了兩件事：一、脫俗／非大眾的專業影像創作／紀錄者理當是焦點，不管他們是風格鮮明的攝影師或者為資本企業服務的影像專家。二、影像討論的趣味首在從照片「雙維度表面」（two dimensional surface）的影像閱讀中揭露攝影詭異或魅力的來源。對比於這兩者，對於**攝影的身體**與攝影的**機器**，尤其是攝影做為一種連結這兩者的實作極少賦予有系統的關注，這也難怪儘管攝影實作已經歷了前述天翻地覆的數位革命，大眾攝影還在持續中的驚人演化甚至威脅到了專業攝影的生機與地位，卻依舊動搖不了攝影評論的視線焦點。

傅拉瑟的《攝影的哲學思考》是非常少數盯著攝影動作（photographic act）的例外，另外就是與班雅明、巴特（Roland Barthes）、桑塔格（Susan Sontag）同為大師，卻常被強烈對比地敬而遠之的法國社會學者布迪爾（Pierre Bourdieu）的攝影論，與他人合著的《攝影：一種半吊子的藝術》（*Photography: a Middle-Brow Art*）談的是大眾日常生活中業餘玩家們的拍照實作（practice of taking a picture），並且以此中產階級趣味的研究為基礎發展出成一家之言的名著《區分：品味判斷的社會批判》（*Distinction: a Social Critique of the Judgement of Taste*）。

從我們身處數位時代的大眾攝影生活回頭尋找這個「現在」的歷史源頭，認真閱讀的年輕攝影愛好者，應該不解於何以攝影專業論述膠著在達蓋爾銀版技術，或塔伯特（Henry Fox Tabolt）以其卡羅攝影術完成最初攝影作品集的《自然之筆》（*The Pen of Nature*）？是的，達蓋爾銀版讓攝影開始「有限地」普及，但那種需要在大量光源下，屏氣凝神靜止十五到二十分鐘，然後在卡羅攝影術下還要費時翻轉成正相的「攝影」，與我們「全球影像場景」的日常攝影體會、帶著肉身手眼協動的實際拍照經驗南轅北轍，讓那些依附在彷彿上古歷史的攝影論述，就算平民攝影師們讀來如何深邃巍然，總是帶著一絲幽魂附身時代錯亂的疏離：「這真的是在談攝影？」

活在當下的大量記錄

在那個攝影的上古年代，大部分私人與家庭照片都只能在照相館的玻璃屋裡拍攝，再親暱的家人為配合長時間靜止不動，照片中呈現的姿態都無比僵硬、面無表情，讓人聯想到死亡。同時也因為對光線的依賴與順從，加上攝影曙光乍現之初與主流藝術繪畫不可避免的強烈對比，產生了將攝影歸於自然之手透過相機兀自描繪客觀世界的詭異思辨。綜合這些條件，每一張得來不易的照片，只能成為剝離了生活脈絡、無涉於拍攝者體驗的孤立存在。難怪這些影像評論總是知性上充滿了後設分析，感性上擺脫不了悲愴憂鬱。

我們熟悉的日常大眾攝影有著被生活脈絡自然浸染的基本特色：攝影者就是在場的生活者，照片並非為了某種純粹的創作動機而被拍攝，而是在人們工作、旅遊、居家、運動時選擇拿起相機／手機留下紀錄的**關係中的攝影**；攝影者不是主流攝影論述中經常被預設的那種抽象、外來笛卡兒式的**純粹觀察者**，雖然必須要提醒的是，作者性（authorship）在大眾攝影中的薄弱並不意味著無名的平民攝影師沒有個性與美學表達的攝影欲望，即便開動前對著「完美擺盤」的佳餚用心選擇「拍攝角度」與「美食濾鏡」的攝影工夫，都可以看出為平淡的日常妝點個性與美感的庶民堅持。

傳統攝影基於技術、成本與同儕壓力的考量，屏氣凝神**按下快門**那構成了攝影戲劇性關鍵一刻的莊嚴、謹慎甚至沉重老早就消失了，總之多拍一些再挑讓攝影的「瞬間」跟著「決定性」的非必然而變得鬆散，有時只因手指誤觸轉瞬間在手機裡便儲存了大量的連拍影像檔案，即便如此，批量刪除也輕而易舉。這種在生活中隨處可以不假思索地大量生產影像的攝影節奏，不只一掃過去（依照攝影理論文字描述的）照片總是帶著一**股陌生不安的死亡氣息**，拍照已經成為「活在當下」的大量紀錄證據，散發著高感度光學元件恩給的輕浮（light）愉悅。

文字消退，影像先行

大眾攝影同時也挑戰了嚴肅攝影論述中一再強調的，在缺乏文字的脈絡注腳下被鏡頭框架的孤立影像主觀強加或被動接受訊息的危險。我無意主張摩荷里納基（Moholy-Nagy）的「影像文盲」（photographic illiteracy）已是過往雲煙的假警報，事實上傅拉瑟也拉高分貝要我們警覺「文字消退，影像先行」即將到來的文明危機，但這種「被框住的孤獨影像」的觀察已經不再能反映數位攝影的實情。首先，不只數位照片在拍攝時便已經自動紀錄寫入了攝影的後設資料，譬如光圈、快門、日期、鏡頭型號等，還包括按下快門那一刻，攝影的身體活動所在的脈絡性資訊如 GPS 位址等，這些數位痕跡是沒有一張照片完全孤立的證據，也正是在此，任何一台數位相機對擁有它的主人都存在這樣的可能危險：悄悄站到攝影者的對立面成為變節報馬、洩露主人不為人知祕密的情報出賣者！

被動的資料寫入還只是開始，主動寫入資訊才是大眾攝影的遊戲重點。數位生活的攝影實作越來越凸顯出「分享」的社交欲望。**攝影**的意義也在這個新的作業流程中有了全新的定位：首先，沒有牽掛地輕鬆順手大量拍攝；然後，從中挑選出最能表現「活在當下」美感與個性的影像做進一步的編修，這步驟已不止於基本的裁切、明暗、對比、色調調整，還可以從去背、美白、瘦身一路無止無盡地試驗下去；接著在確認上相體面無誤後釘上人物場景的標籤（tag）、加上文字詮釋的最後潤色（final touch），最後送到網際網路上分享儲存才算走到攝影作業的完美句點！

攝影的身體，按快門的你

按下快門的所謂照相動作在此已經成為人們為了展演人生而進行影像編輯的材料搜集，不只與死亡扯不上關係，反而正是以日記（diary）或日誌（log）的想像，向世界直播自己「活在當下」的訊息，在臉書或IG上發布照片時不忘加上文字旁白是許多人認為完整地處理好照片的規矩，數位時代的大眾攝影師本尊已經從影像的「獵捕者」（image hunter）搖身一變成為了「編集者」（editor）！

我希望前述簡單勾勒幾筆的理論／現實落差已足夠喚起你對既有攝影論述的直覺懷疑，歷史應該要配合「通向未來的現在」與時俱進地不斷重新書寫，當七〇年代的**視覺文化**已經在數位當代蛻變成傅拉瑟在一九八四年預視的**全球影像場景**，那些一直被纏身在一八三七年達蓋爾銀版的攝影史想像，以及寄生於陳腐技術典範關於攝影本質的失焦論述，也就成為了我們看清當下攝影生活，與面對其現實挑戰時不必要地抽象障礙。

為了恢復**攝影的身體**的全面時代感知，我們有必要從大眾攝影的角度重新標記與拜訪攝影史的「現在」起點，

為大眾而生的布朗尼

柯達公司推出的布朗尼相機，一台為孩童設計的簡易相機。以簡單的構造，牢靠的品質，意圖讓更多的使用者都能拍下世界的美好。兒童之外，也將觸角延伸到女性使用者，鼓勵攜帶布朗尼走出戶外，拍下人生沿途的美麗風景。是將攝影推向大眾化的一大功臣，也在相機歷史上擁有一席之地。

從那裡找到我們往下繼續思辨日常攝影的概念啟發，而答案在我看來就在一九〇〇年柯達推出的布朗尼（Brownie）廉價相機，從此澈底改變世界影像面貌。尋常的社會設計一旦站上這個重新畫上的「攝影史起跑線」或許可以為我們帶來關照當代全球影像場景全新的視野。

稻地展的幕前話幕後事（寫於二〇一八年十月稻地設計展後）

實踐工設碩三同學組成的「地平線下」設計團隊和我一起集體策辦的「稻地設計展」剛在十月二十八日落幕，這是我們師生眾人畢生的第一次策展。沒有工班，沒有邀件，從零開始，動腦動手，凡事自己來，十個人上山、十個人下山，一個不能少。從起心動念到開幕短短不到三個月間完成，開展後卻超乎意料之外收到各界的正面鼓勵。

序曲：日本民藝館館長來了

「空間極小、能量卻異常巨大」、「近年來最接地氣、最最感動的展覽」、「不只讓人驚豔，簡直淋漓酣暢」、「一場令人感動，不看會後悔的設計展」、「一個再樸實不過的展覽，但卻情深意重，情真意切」、「一場物件、體驗、環境，在地與論述彼此都有共鳴，而且共鳴得很細緻的設計展」、「我看見確確實實的細節堅持，一個有態度的設計展」、「七件高純度作品，追求完美的展示，構成了一個『就應該在這裡』的展出」。

如果這些臉書上的觀展感想讓我們受寵若驚，那麼二十六日那天工業設計系學生們眼中的超級巨星，許多設計師敬仰學習的精神導師——深澤直人先生翩然到場簡直就是一顆震撼彈，即便撤展數日後仍在同學心底餘震不斷。那天，為了更直接溝通策展背後的民藝詮釋，我選擇倚靠許久未使用的日語進行導覽，我在門口迎接深澤先生的駕臨，一起步入二樓展場，接著底下的開場：

深澤先生，身為日本民藝館館長的您特地在百忙中親臨「稻地設計展」，讓我們感到非常光榮。我們是實踐工設的一群師生，這是個沒有國家、企業、學校的資助下，由同學們自掏腰包決意要在大稻埕策的展。為什麼要這麼做？因為我們有個訊息要向社會傳達。以「稻地設計展」為名，我們自問三個問題：大稻埕是什麼，有什麼意義？設計的本質與設計師的角色是什麼？最後，「策展」還有什麼可能？工業設計師到大稻埕接地氣應該呈現怎樣的展？我們給這三個問題的答案只有一個，那就是「民藝」！

後台場景：回到三個月前

我的研究室「DXS Lab」在那時還是碩二的這群同學們齊心布置粉刷下開幕，同學選擇在我的生日送了張小鐵桌，背後塗滿我上課時的「名言」與「圖示」，這班同學跟我分外有緣，到我大學部、在職班的課堂上課，觀念想法也格外契合。後來在迎接暑假的 Lab 期末派對上，我初次聽到他們的策展提議：在十月大稻埕國際藝術節時辦一個設計展，創作手法是現成物再造，然後這展就取名叫「**稻地**」，我完全可以理解這些組合的道理，只是沒有想到他們當真想大幹一場！

暑假一如往常度過，我也早忘了策展這件事，開學前同學們又跟我聯絡，說他們開始到大稻埕街上**選物**，「老師一起來玩嘛！」按照規定必須遷出學校工作室的他們很聰明，以「前進大稻埕」策展的期中展名義，跟實踐大學租借了暑期空檔的敏初廳，在裡面重建臨時工作室，開始現成物再造的創作。

八月二十二日，透過我的中介，他們初生之犢不畏虎在展場選項中直接挑戰大稻埕地標，屈臣氏大藥房老建築的「小藝埕」二、三樓，我這個三代在大稻埕創業，同時也是藝術節催生者的老台北人一下感覺責任重大，萬萬不能壞了大事，跟著決定跳入策展火坑跟年輕人一起打拚。

九月十日，離正式展覽只剩一個月，「地平線下」這個新生的設計團隊從實踐工設的地下室浮出地表，在敏初廳校內策「稻地再造展」拿出他們的第一個作品。坦白說，我看了頗為憂心，從文字、作品、展台到擺設漏洞百出，大約只有四個作品讓我放心，完全無法想像一個月後如何在長寬高都放大十倍的展場空間中現身。同事們出於關心開始跟我獻策如何填充展場與低調脫身之道，畢竟不需要跟一個學生展覽過不去。

一陣焦慮長考之後，我決定選擇用力前進，而不是轉身撤退。燒肝賣命的設計評圖經驗讓我理解，不到最後登場前勝負都尚未決定，我準備全身皮肉繃緊放手一搏，加入學生未來一個月的絕地反攻。我想，這些學生必須全神貫注於各自設計創作的突破精進，然後老天保佑進場時能全力發揮策展分工中各自的角色。我能做的是對整個「稻地展」的概念與實作完整性預作準備，於是開始大量塗鴉書寫策展理念與構思展場空間與動線，暗自設定他們現成物再造時「絕不允許越線」的設計規範門檻，只要在這無形的策展框架內，我就盡量支持這群年輕演員自由演出，默默祈禱他們能在最後時刻發揮出潛能。

開展前夕，年輕設計師們果然不負期望，拿出高純度與個性鮮明的七件作品，符合我心中設定**五%設計，九十五%在地**的比例分配與創意發想的多元向度，一個反覆出現的「稻地」主題下活潑生動的七個創作變奏終於到齊，吃下定心丸後，剩下就要在空間與動線規畫的策展密合度上對決勝負了！

負責文案的黃婕與江婉秀兩位同學，心思細膩為每個作品寫下清爽解說，樸實真摯沒有贅語。但她們到了展前兩天已心力耗盡，我於心不忍，便挑選了些與民藝呼應的大家名言，讓他們放大後貼在牆上，然後也叮嚀「稻者禾也」、「新民藝」等關鍵字不可遺漏。我跟同學長期培養的默契開始發酵，例如我才剛開始緊張還來不及提醒，便見到他們已將柳宗悅先生關於「與神邂逅」的那句展場收尾準確貼到定位！

負責平面的施信呈同學非常成熟而金地做出反映民藝風骨該有的內斂設計風格，我提議把展名壓縮到只有「稻地設計展」，甚至再將「設計」兩字收藏到幾乎不見，英文展名只留DAO-DI兩個發音，讓我苦思許久的「稻地／道地／到地」三重意義可以對應，副標題在平淡無奇的「A Design Exhibition」後面掛上策展位址的「at Dadaocheng」，這一切在師生高度默契與信任氣氛中被一一接納，讓我將空間、符號、動線、物件全面縫合到「一個民藝答案」的策展構想得以順利展開。

負責空間規畫的郭家靖同學做事謹慎大器，卻完全不在意原本的企畫幾乎全被我打散重組。二樓入場的熱身空間塞入三組互動裝置（其中一組呼吸燈可惜無法如願），最重要的三樓展場我大膽提議弄成一座像被包裹在相機裡的暗室，然後將選物全部擠到暗房外面的L型廊道。兩個空間當中只留一道像鏡頭般的光路，最後對齊兩扇大小窗戶的中線搭建一寬一窄的循環動線……所有策展空間的破壞大挪移都將挑戰他們的能力與意志，我本來精神繃緊準備迎戰的師生衝突完全沒有上演，「有點困難，但有道理，就來實現吧！」簡單爽快的專業對話讓我也跟著鼓起鬥志準備開幕一搏！

向場所精神致敬──七個低調「作品」的民藝發聲

踏入鋪滿金黃稻殼的三樓展場，迎面第一個作品是「絲瓜絡」，設計師向庶民友善環境的健康生活器物致敬，明亮剔透的容器方便洗澡時手握，鏤空的商標讓使用後的積水自然流出，三叉的轉頭跟絲瓜原本三孔的頭端完美契合，適合固定、旋轉與替換。使用與攜帶都更形方便的容器讓先民與自然共生的智慧可以融入現代生活，以加值的禮品包裝向世界傳遞訊息（設計師：程証群）。

溯源八仙果原型的陶瓷罐，儲存的不只是珠寶、乾果等實體之物，還保存了由葡萄柚切割掏空再填充的原始意象，以及先民堅持用紅線綑綁放射線條的生活美感，在被系統零碎分割經驗的當代生活中修補了人們關照原貌的日常親近，煙燻效果的表面處理與考察茶器的基本變形讓它在融入既有的生活器皿上毫無罣礙（設計師：郭家靖）。

旺來燭台的紅銅配件同樣最大限度保留在地的物件文化系統，一、五、七號的規格尺寸反映了使用經驗的集體慣習，但是讓原本敬而遠之的神桌供品輕易走入客廳書桌博取年輕的心，菱格的玻璃面因為紅銅光罩的集光反射而更見璀璨，熄火的銅細棒讓原初宗教儀式的莊嚴在日常使用中延續可感，補充燭台之際年輕人與長者在大稻埕不期而遇，文化薪火的默契相傳可期（設計師：施信呈）。

縮小尺寸的塑膠米袋，繼續輕巧、堅固、可靠的收納機能，翻轉邊緣後的四方造形在桌上煥發新意，日新國小師生造訪「稻地」，受到啟發在設計師帶領下動手做起御守袋，同樣印證了在地親近、友善創意的道理，帶著稻殼填充的紀念品回家，展覽期間最引人注目的一幕鄉土美學的動人場景（設計師：黃婕）。

被誤以為與平凡物件不搭調的水晶燈高掛，抬頭一看原來是由大稻埕隨處可見的中藥罐串連而成，九層不同尺寸十二道切面的瓶身連接垂掛、四百八十個瓶罐同心圓地旋繞五圈、構成光彩四方折射重四十公斤的「平民水晶燈」，居中懸掛於神位置的原型宣示了「稻地」策展**看見日常物件**的主題，也讓地標建築的美在照耀下更加醒目（設計師：葉柏佑）。

竹籐棉被拍用合理長度的折角固定，形成一張椅面圖案熟悉又意外美麗的椅凳，過長或過短都無法取信的「椅腳」恰到好處讓人們可以輕鬆接納、欣賞其美姿（設計師：王耀皪）。最後，竹編扇子跟入口的絲瓜絡一樣原型清晰可見，幾乎讓人忘了設計師的巧手靈思，但三片扇子巧妙縫合形成自然弧度的竹編包，輕鬆展現了清涼雅致的夏日潮樣式（設計師：江婉秀）。

這七個作品在有趣的變化中重複訴說一個**五％設計，九十五％在地**的「稻地」主題，設計師們雖然自掏腰包策展，在大稻埕的文化原型前卻寧可選擇低頭抹去姓名，當然更看不見設計師流行放大自我的輕浮身影，民藝的「他力道」與「無名」在這裡充分體現。但是透過設計師縮小自我，讓人們觀物之際尋思美的源頭而獲得「感官啟蒙」，重新看清了日常物件的樸實之美，文化薪火得以在世代間親密傳遞的五％設計，難道不更能讓人們肯定設計的專業角色與文化使命？

張力統合的循環空間——一個走鋼索的策展

一開始，我就想策一個「位址」澈底關鍵的設計展，不從一個「封閉箱子」的展間開始，然後照慣例用聲光物件去放肆擺布人們的感官。相反地，訪客剛進入二樓「暖機運轉」的第一站，我就生怕他們忘了置身在大稻埕，牆上貼滿大稻埕的街景，文字句句提醒，篩米竹盤裡稻穀撥動得沙沙作響，氣味地圖的展桌讓訪客們熱身。

「氣味」如同香水與背景音樂默默作用卻常被忽略，二十種就地蒐集的「氣味方盒」讓記憶探索變得格外有趣，「嗅覺」是極適合「稻地」的五感抽離，一方面地圖上的大塊色帶標記出氣味的「集體性」，另一方面嗅覺充滿個性（一人的惡臭是另一人的撲鼻香）探索必然聯繫到個人隱私的內省（設計師：吳永銘）。

過了界定「稻」與「地」的玄關後上到三樓展場，七百公斤的稻穀地與懸吊半空的水晶燈上下包裹住一個暗黑的封閉展場，七個物件在當中反覆共鳴，讓人們意識到不在現場卻也無處不在的大稻埕仍在日常滲透。我大膽地在有限空間中硬是切割出一大一小（L型）的分離空間，形成金黃稻地喚起記憶的內圈暗室，以及通過一道窄門回到開放世界，面對窗外大稻埕現實的明室廊道。人們由黑暗偽主場踏入日常物件原生地的稻地「選物展場」之際，光線直射下瞳孔不自覺收縮適應，在恢復視力焦點的瞬間確實（literally）看到了近在眼前的竹扇、布袋與棉被拍，親切的日常美感油然而生，於是「看見」不再只是文案，而是真正回到大稻埕的體悟。

我刻意移除大片窗台前的展桌，在人們與窗外當年「道地」的稻埕位址間不應存在設計的遮蔽，七個加入創作的原型物件再度野放回到四十件大稻埕日常選物沿牆排列的隊伍當中，牆上寫著莫里森的名言「超級普通，對我來說是設計最完美的狀態」，這是個不再排他作態，不再對人們的「美學素養不夠」指指點點的設計殿堂，所有物件無不親民，走入大稻埕便垂手可得。我在靠窗最明亮的側面設計了一道僅容單人通行，像從開啟的教堂大門走向幽暗深處神壇的紅磚長廊，每個人用適合自己心情的配速緩步與物一一戀戀私語，在廊道盡頭與神相遇展開私密告解的對話。站在

稻地／道地／到地

在大稻埕屈臣氏大藥房（今日的小藝埕），地平線團隊策畫了「稻地展」。在三樓展廳的地板上灑滿稻穀，看似富麗堂皇的水晶吊燈事實上是中藥鋪慣用的透明塑膠粉罐……「5% 設計，95% 在地」，當設計回到原點，當設計面對原型。（繪圖：郭家靖）

「教堂」入口，用先前在暗室裡面向「水晶燈」中藥罐相同的反思仰角遠望，柳宗悅「工藝之道，即使是凡夫俗子，與神的邂逅機緣也是相同的」的一段話堅定地刻印在牆上。於焉，「集體性」的發現在「個體性」的內省中合為一體，「民藝」的新氣味在這趟探索的旅程中被記憶喚起！撥開被黑布遮蔽的「告解室」之後，訪客回到先前正準備踏入「稻地」的原初位置，許多人很自然地想重新確認「看見日常物件」之美的體悟，便跟著踏上稻地又一次繞行，進入一個在「封閉／開放」、「裡／外」、「暗／明」、「作者／他力」、「新奇／普通」、「廣場／窄巷」間循環反覆的環形結構，

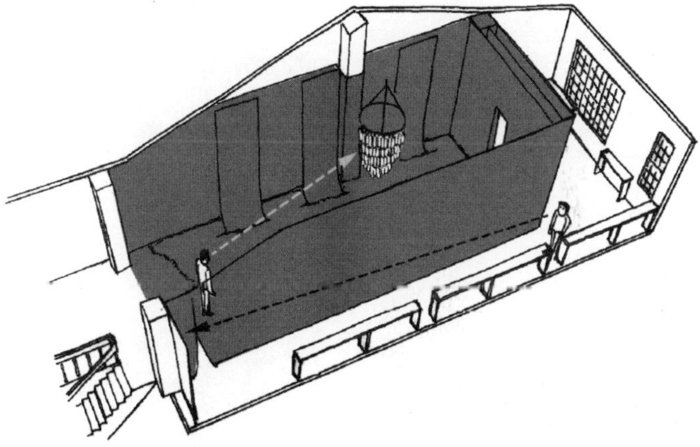

循環反覆繞行的稻地展場

藉由 L 型的空間，製造出「暗／明」，「裡／外」，「作者／他力」……循環的環形結構，於場域中移動的身體不時聽到新民藝召喚：稻地、道地、到地。（繪圖：郭家靖）

身體移動當中不時聽到場所精神的新民藝召喚：**稻地、道地、到地！**

送別——與深澤先生的最後對話

我陪伴深澤先生的解說終於接近尾聲，我們在告解室的一隅，民藝館初代館長柳宗悅的啟示文字之下做最後的交談。「這個展場的空間其實也只是五%，我希望到訪的來賓在推開布幔，離開展場，最終回到大稻埕街上後，得到的是百分百更真切踏實的大稻埕」。

深澤先生低頭沉思一下，緩緩道出：「果然，**設計還是要回到原點啊！**」還沒有等到我接話，他跟著又說：「然後……**面對原型！**」

我手掌輕拍牆上年輕設計師「向原型致敬」與在地風土結合的七件協力創作，跟著說道：「柳宗悅先生推動的民藝是個非常重視流通的運動，民藝運動追求的不外乎『看的方式』的改變，一旦我們看日常物件的視線改變了，那麼『做的手』（作り手）與『用的手』（使い手）的距離也就拉近了。」

深澤先生聽了點頭稱是，我跟著說：「所以，我在想，如果這些年輕人的設計創作最終能夠量產，又重新流回到孕育它們的大稻埕裡，回到『原地』，那就太好了！」

深澤先生聞言開懷地笑了。

「是啊，如果能夠那樣，就太好了！」

「**原點**、**原型**、**原地**……啊原來如此！」

啤酒、玉米與在地媽媽：一則「社會設計」的小故事

朋友Shuwei跑到花蓮參加一項禾餘麥酒舉辦名為「玉米收成小旅行」的活動，我是事後在臉書上看到照片才發現。他在那裡巧遇旅遊達人工頭堅，那是留言串的話題重點，工頭堅的登場並不意外，應該是為旅遊設計的可能尋找靈感刺激，但身為社會學者的Shuwei怎麼會出現在玉米田裡？

在玉米田裡破冰

就在一週前，Shuwei得知我在日本家族旅行，聯絡我幫他買本急著需要的日文書《日本發酵紀行》，把兩件事串連起來，大約就猜想得到他突然出現在花蓮玉里玉米田的原因。從麥酒開始順著發酵製程往前，就會碰著發酵菌這個肉眼看不見的微生物，然後繼續往發酵之前尋找故事最初的另一半，當然就會抵達作為原料的玉米。「玉米收成小旅行」顯然是個往上游回溯逆向體驗「從產地到餐桌」的活動設計。

我看著照片裡那群業餘的採收工／下鄉的旅行者，眾人在田間農事的空檔圍坐大

樹下喝著手中的啤酒，照片的背景模糊但我心嚮往，腦海裡拼湊著花蓮玉里的山水雲靄、田園景致、天地風光，然後看到關心地方創生的 Takeshi 加入了留言討論，跳出與 Shuwei 的一串新對話：

Takeshi：「**我可沒辦法跟陌生人喝酒。**」
Shuwei：「**我們都不認識，還一起採玉米！**」
Takeshi：「有沒有破冰？」
Shuwei：「**就喝酒啊！**」

兩人的對話往返極為簡要，完全沒有贅字，從酒、玉米、冰最後回到酒，像一首點綴風物的四行詩，這對話裡還包括了三種人：**我**、**陌生人**與**我們**，簡單具足人間關係的基本範疇。

照片裡這群跑到玉里的「陌生人」有什麼共同的關係？第一層的關係是他們都對啤酒情有獨鍾，而且還是具體地因為以花蓮玉米為原料的這瓶啤酒才有了緣分，酒的消費者是他們的第一個共同身分。其次，他們都是都市的消費者，不是生活在玉米的產地，他們是往產地移動的外地「**旅行者**」。對在地的農家而言，玉米關係著生計或者個人出生與成長的在地記憶，但絕對沒有旅行探奇的休閒意義。旅行聯繫起了這群來自各地的陌生人，但讓這樣一趟獨特有味的旅行成為可能的，嚴格講起來並非啤酒。我們需要好好表揚的，是在背後默默做工的發酵菌，沒有發酵菌，即便有玉里的玉米也不會有這瓶啤酒風味醉人的「物性」，這群陌生人也不會在它的穿針引線下跟花蓮玉里結下旅遊的因緣。

故事裡的第一位旅行者——玉米

所以不要忘了，玉米才是第一位「**旅行者**」，不是為了找到它才溯源移動的第二批遊客。人與玉米相遇的故事，不管是從人或從玉米講起，都是因為酒的生命史。不像你我僅只憑空想像，Shuwei和酒友們踏實移動，身體力行追到起點，與在都會飲酒時緣慳一面的產地玉米會面。要看到、摸到入味禾餘「在地酒」的玉米還不容易！特別會文字神遊的「沙發馬鈴薯」聰明得很，啤酒館裡擺著幾株產地直送的玉米是常見的宣傳伎倆，走一趟住家附近的菜市場也能輕鬆見到玉米的身影。

但那些都不算數，因為重點是確認**玉米跟土地連結**在一起的「完整模樣」，否則就像你到了英國，卻只在倫敦的書店裡自拍閱讀莎翁作品的姿態令人惋惜，走訪一趟郊區小鎮亞芬河畔史特拉福，才能在莎士比亞的故鄉街坊中，親身體會文學的樸實氣息。完整的玉米株立在地上，有葉有莖有根，還有鄰靠著的露珠塵土，甚至看得見看不見、與玉米共生的好蟲壞蟲們。所以，酒友們長途跋涉旅行，嚴格說來不是為了玉米，而是為了讓那些特殊口感的啤酒成為可能的「山水雲靄、天地風光」，到場的身體具體可感、孕育出產地玉米的「**玉里的萬物**」。

這當中，還包括一群很容易被看漏了的生物，一個讓這許多玉里的「物們」得以用「有機」的特定聯繫方式（「黑箱」的另一個名字）彼此串通（或者排除，譬如「害蟲」），而終成都市來的偽收成者消費體驗的關鍵中介者。他們回到起點的時候還會碰到一群在地人，通過臉書的紀錄，等著接待他們的是跟玉米一起在地共生的種植者阿里媽媽，還有左鄰右舍來自五個家庭的當地玉里媽媽們。都市旅者抵達玉里那塊田地的一刻，期待已久的玉米終於在他們的眼前現身，但它們的出現其實早在那之前，經歷過一段複雜交際的在地過程，玉米的生命史，翻土、播種、除草……甚至還經歷過風災、雨災、地震、蟲害的許多曲折，溫度、水氣、風速、溼度——造就了它花蓮玉里在地玉米的豐富個性，與酵母菌在旅途中結識攪和最後成就、都市飲酒者口中的風味。

總之，是因為所有這一切準確而具體的銜接，才讓（afford）這群陌生人在那裡發生的諸多相遇成為可能，包括大樹下眾人圍坐飲酒的那一幕，沒有經歷過的 Takeshi 首先開口：「我可沒辦法跟陌生人喝酒。」Shuwei 的回答暗示更多的不可思議：「我們都不認識，還一起採玉米！」

「我們都不認識」，確認了事情發生前的**陌生人**身分；**我們**還一起去採了玉米！但，說實話，需要為此感到驚訝嗎？採玉米就跟戴上戒指一樣是這群人早串通好、彼此綑綁經歷的約束證物，玉米（還有天、地與神）見證了這段因緣，確認了我們不是普通陌生人的身分，陌生無疑但不似路人甲乙般完全澈底地陌生，從我這慵懶成性的旁觀閒人眼中該驚訝的是一開始的動念，「你們」竟然都承諾為了都會超市裡多得是的玉米，大老遠跑到花蓮的玉里，刻意安排自己跟樹根還札在土裡的「在地」玉米接觸幽會！

瞧這畫面多好！Shuwei **就站在**玉米田裡，我從他的四周看到聞到了花蓮的氣息，他一手同時抓著不久前剛親手採的玉米（手套還在，證明他「身體勞動」的經歷），以及開瓶暢飲過的禾餘白玉啤酒瓶。是的，這也是一趟啤酒倒轉來時路的玉米返鄉之旅，玉米與啤酒，起點與終點，飲酒客與收成者，消費與產地，發酵菌與玉米農，生命的無數迴圈。「呼答啦！」的那一刻，照片紀錄的是大家（酒、玉米、蟲、草、風土與水、酒標與田地、農民與飲者，還有別忘了勞苦功高的發酵菌）齊聚的「圓滿」故事！他另一隻手認真地舉起手機，慎重地自拍，紀錄自己身體那一刻的視幻興奮，台北與花蓮的距離，縮小到他掌心手指間的酒瓶與玉米！

「有沒有破冰？」Takeshi 就是硬要打破砂鍋問到底。這還需要問嗎？「就喝酒啊！」，沒錯，沒有關係就不喝酒，但酒也會生成關係啊！酒酣耳熱，都喝酒了怎麼會不破冰？看到 Shuwei 簡潔的回答，我突然間對酒通融人情的「物性」也有了肯定。故事從玉里或台北講起都可以，玉里那裡，一顆種子落地，台北這裡，一杯啤酒入喉，玉米輾轉邂逅與酵母菌共舞，酒客浪漫動念起身尋覓風味。坦白說，這個故事並不特殊，客觀而言，我們日常生活的許多片段，如

站在玉米田中的 Shuwei

人，玉米，啤酒，三者在此相遇。不在啤酒館，不在超級市場，是在玉里的風土之中。這是一趟玉米的返鄉之旅，當然相遇的不僅於此，還有天光、薰風、昆蟲、酵母菌……

果把被我們視而不見的中介過程一一開顯，哪一件不牽涉到許多物件與人的反覆交織，這個「從餐桌到產地」的旅行規畫也並不少見，它揭開的不過是「尋常」的本來面貌。

這尋常世事的運作道理怎麼說？世間萬事無非如此，就像我這不厭其煩、勤奮「點名」繞口令般的文章所描述的，無非是物連結人，人連結物，「人物」——登場交手的故事裡盡是**物語**。物與人從來無法俐落分割，讓我們在戀戀風塵裡流連往返的動人存在不都是「人＋物」才能展開的事件？從這「酒客尋找玉米」的故事中，我們也看到，從原本以為的單數，變成多重人／物交織的複數過程。原本酒客們一杯啤酒入肚口感自知的主觀物體驗，用仔細描繪的反向工程（reverse engineering）打開背後的一連串客觀的流程黑箱。原本分離各自飲酒的陌生人約定完成的一趟旅程，就如經歷了馬克思所說由「自在階級」（class-in-itself）變成「自為階級」（class-for-itself）的啟蒙，成為「一起採過玉米」通達事理、全觀知酒的陌生人。

傳球，傳球，傳球

這發生在花蓮玉里一個下午的活動時間短暫，只是像足球賽中一記踢球的微小動作，或許只有盤球移動兩碼多靠近球門些的變化，但它顯示出一個想像中更接近尋常但也因此更具發展潛力的「**社會設計**」（socio-design）世界觀。真實的世界中，物件無所不在，這些人與物的每一段寸步串連，都暗示著開放的可能性。設計的選擇就像足球賽中的傳導，每一個環節都有可能被干擾中斷或者停頓不前。去了一趟產地、體驗收成、也在現場喝了酒，然後呢？球要不要繼續往前盤帶？而最終目標的球門又在哪裡？從餐桌到產地，從產地到餐桌，盤球、傳球、停球的過程中許多物件忙碌不停地在當中頻繁做媒。無妨把這「玉米收成小旅行」活動當成一番為「眾物」構思角色、設定形象、安排出場、編織關係、指導戲碼的設計過程。有時候劇情開展中一個意外出現的小角色，乍看之下似乎可有可無，但天知道說不定就為更精采的續集埋下了伏筆。

像是這次小旅行活動中間登場的「小熊便當」，內容就是五個當地家庭的媽媽跟在地食材協作的成果。每位媽媽做一道小菜，每道小菜都邀請了當地的農作物參與，黑豆飯、玉米捲餅、紅薯、蕗蕎，甚至來自村子裡野生梅樹的醃梅子。勞師動眾遠赴花蓮舉辦活動，卻只讓玉米上演獨角戲豈不浪費了花蓮的好山好水？在這中場休息的便當裡還裝了玉米的在地好朋友，多了好多熟悉玉里，在「啤酒回鄉」這齣戲裡可惜了的悶騷配角。沒人知道這便當留下了什麼伏筆？劇情到了下一集會有什麼樣的變化？但我們可以確定的是，從此玉里就不再只是「玉米的玉里」，每個配角都可能為下一齣戲擔綱大任。

想想蟻人，連這麼微小的角色都可以成為漫威新系列的主角，讓影迷們興奮期待更加流連忘返愛上漫威小宇宙，小旅行的主辦單位說得好，「便當」本身就是一個策展！但展不應該只發生在便當盒的範圍內，它為「啤酒」之外許多未來可能待寫的**物件史**（另一條傳球射門的隱形路徑）預先熱了身，我們可以靜靜等待（或者應該催促鼓譟？）下一批球員們上場「讓球賽繼續！」

讓條路給我們的孩子：為了這個城市的未來！

二〇一八年規畫 SCID「設計跨界講座」（DXS Forum）講者名單時，我第一個想到的邀請對象就是「還我特色公園行動聯盟」（特公盟）的朋友們。我實在想不出來還有誰比他們更適合給設計系學生上一堂社會課，打破關著他們的思考鳥籠（門其實一直都開著）。

公園，一方面涉及公共，二方面銜接自然，兩者都是都市內部零碎化「家庭隱私主義」（family-privatism）的**外部**，是都市生活的空間活化劑。然而，在戰後美國帶頭的資本主義陣營經濟復甦中形成的當代設計，卻剛好是不假思索地依附在這種「家庭隱私主義」的前提上展開，走一趟家樂福商場就可以看到都市人在下班後透過購買「對的產品」來解決生活上許多（如果不是「所有」）問題的社會群像。

但公園裡的遊具顯然超乎這種「私人消費」的有限框架、卻又無法推托無關設計的守備範圍。聽特公盟的媽媽們侃侃而談**用特色遊具創造特色公園**，設計漏接的事實絕對可以逼迫學生們反省專業的範圍給自己個交代。

有趣的是，藉著將公園議題更進一步落實對焦到遊具（這不是一流的設計思考，什麼才是？）兒童這個從早到晚、日復一日被家庭、學校、安親班「輪流監視」的弱勢都市居民，也就跟著出現難得的機會被凸顯成為都市的主體，「特公盟」正在把孩子從家庭隱私主義中解放出來！

我從這個非典型社會運動中看到了遊具這個設計物改變社會的可能，野放被隔離在家庭隱私空間中關愛眼光（read「監視」）的兒童，遊具先從千篇一律的罐頭中解放，然後是沒有特色的公園被解放了的遊具打開個性風采，最後「共融遊具的公園」釋放了都市生活的集體活力。

很多人聽了我這番「詮釋」，認為我過度聯想了特色公園的運動意義。現在，我很後悔那時候沒有撂下狠話「我們等著瞧！」。二〇一八年底，特公盟的朋友們推出「兒童重返街頭遊戲」募資計畫，號召一**起上街玩吧！**我心想 **Bingo!** 只要把公園換成街頭巷尾，所有我前面說的「還我特色公園」運動的意義都在「兒童重返街頭遊戲」上重現！這次社區裡的兒童走出家庭隱私空間，在**分隔**他們的街道上相遇，一起遊戲。

街道本來一直是把一個個關在建築體裡的家庭接合成「真正活社區」的臍帶平台，

但我們對街道的「設計想像」曾幾何時被服務資本主義物資與人流「不知從何處來」更不知「何處去」的快速流動目的所綁架，現在孩子們再次「現身」，接著在公園遊戲以後，又要拯救解放我們早就在「家庭隱私主義」下名實不符的所謂都市「社區」！我早就迫不及待想看看這次募資與後續活動如何讓我設計系學生的DXS想像，繼特色公園之後，再次「升級」。

有沒有注意到？「還我特色公園」與「兒童重返街頭」連主題文字都有著一致的語意結構——一種帶著「都市鄉愁」（urban nostalgia）的「平反」訴求（rehabilitation，從創傷中回復元氣）。故事的一開始，是從前從前，處處可見特色公園，孩子們都在街道上相遇、嬉戲、成長的原本美好的都市。這個在傳統社會運動眼中或許只是都市中產階級媽媽們溫情感性的「非典型運動」背後，其實藏著高度理性的訴求。她們要對抗的後來「讓都市走了樣」的壞蛋們可是一點都不好惹，我從「還我」與「重返」讀到了運動媽媽們另一種**轉型正義**的嚴正立場：拿回原本屬於我們的美好！

有趣的是，讓我們誠實講明白，現在等著募資成功上街頭遊戲的孩子們並非「重返」。我們這些擁有兒時城市記憶的大人們，如果繼續串通好守口如瓶，孩子仍舊只會緊握著大人的手等著過街。想像分隔著他們的是「馬路如虎口」，社區的孩子眼光注視著擦身而過的陌生彼此，他們一直都被隔離著，關在我們以效率為藉口，縱容汽車占據街道、穿刺切割社區所創造的城市裡。

需要被喚醒的，是我們自己記憶裡的兒童，帶著他（我們內在的孩子）重返街頭，對大人我們不是重溫過去的溫情時刻，而應該是關係到「世代正義」，彌補因我們的短視給了現在孩子們欺瞞與剝奪現在的孩子們機會。把老虎關起來，即便只是暫時，「讓條路給我們的孩子」，是為了給過去與現在的孩子們許一個更好的城市未來！

街道是孩子的

曾經，社區裡的街道是孩童的遊樂場，在柏油路面上用粉筆一格一格畫好，最上面的是半圓形的天空……後來大人告訴孩子們馬路如虎口……什麼時候才能撤除當心孩童的交通號誌？讓孩子們再次擁有街道。

跟尼采一起登山（或下山）：成為更真實的你

登山背包與裝備已經打包完成，雖然外面下著大雨，明天一早六點不到就會出發前往奇萊。明晚此時如果沒有被大雨擊敗，我會在為後天攻上奇萊主峰的前進基地：成功山屋紮營過夜。希望依照計畫登高攀頂，走過主北峰之間傳說中壯闊的高山草原，然後預計在週日傍晚回到平地。

值此情景挺適合介紹最近正在讀的一本新書：凱格（John Kaag）的《在阿爾卑斯山與尼采相遇》（*Hiking with Nietzsche: On Becoming Who You Are*）（中文版：商周出版，2019）

尼采（Friedrich Nietzsche）跟現代哲學／社會學的發展有著密切卻常被忽略的關係，傅科、齊美爾、阿多諾、海德格、拉圖……等許多我心儀的學者都受到他的影響。但是跨過刻板印象準確理解尼采並不容易，凱格發現一個理解尼采思想最恰當的方式，起身跟隨他的腳步走入瑞士與義大利邊界的阿爾卑斯山區，在一步一步趨近山的路途上體會尼采的肉身掙扎與精神蛻變。

驕傲的獅子

事實上，這正是凱格本人做過的事，甚至還做了兩次。十九歲時，他的哲學老師給了他一個裝有三千美元的信封，要這個方正規矩的大男孩走出封閉的斗室，停止苦思冥想的內心辯證。「去！去瑞士，去走一趟尼采走過的路！」第二次是三十七歲那年，他已成家有了小孩，遭遇不耐重複單調生活的中年危機，決定帶著一家三口重登尼采與年輕的他走過的山徑。《在阿爾卑斯山與尼采相遇》正是對這趟哲學反思療癒旅程的一番紀錄。

《悲劇的誕生》（*The Birth of Tragedy*）問世後，尼采成為學院的異端，他糾纏人事困境之後決定放棄努力融入學院的日常，主動選擇離開大學所在的巴塞爾前進施普呂根。從那裡走入阿爾卑斯山踏上與孤獨對話的歧路，從毀棄安定秩序，面對未知中鍛鍊**成爲眞實的自己！**凱格這本書讓人讀來欲罷不能，交織著尼采的行思與作者的人生體會，青年、中年的尼采與凱格不斷地在山屋斗室、在冰原懸壁、沿著崎嶇山路對話辯證，一個精采等身大的尼采於焉誕生。跟我這位台灣的中年山友，一位青春遠去、年輕時的衝撞血氣不再，一面仍夢想著再做一件「或許還有可能」的事，一面天天陷在中年老爹育兒瑣事的社會學者交心。

凱格的前一本書是《美國哲學》（*American Philosophy: a Love Story*），提到「美國哲學」就知道他跟我一樣，是對艾默生（Ralph Emerson）與梭羅等「超驗主義者」（Transcendentalism）素有好感，又敬仰詹姆士（William James）與杜威（John Dewey）的「實用主義者」（Pragmatist）。這個契合讓這趟跟著尼采一起的**登山閱讀**充滿了好友重逢的喜悅，尼采、凱格與Jerry三位中年男子一起回首來時足跡，低頭檢視當下、體會中年的喘息，朝那不可企及的高聳山巔望去，暢快結識會心交流。

契合的地方不只於此，還有從凱格的山友尼采口中透露得知，跟我長期關心的民藝恆久緊張的內在關係：「**永劫回歸**」（eternal return）如果是**成為自己**的障礙，不就否定了在不斷重複的日常中出現「美學自我」（aesthetic self）的任何可能？中年男子脫離學術體制的奮力一搏會不會只是薛西弗斯的徒勞悲劇？如果最終證明失敗，那會是怎樣意義的失敗？如果成功，會不會反而象徵了最終的墮落屈服？還是，男人一生最後的一場花火，迎的只是終於超越了「成功／失敗」的那一瞬美感？答案，尼采應該會說：

「只有勇於離開平地、向山靠近的人才知道」！

「那不能殺死我的，使我更堅強。」

「大多數的男人，那些獸群，從來沒有嘗過獨處。他們離開了父親與母親，但只是接著爬向太太，默默地屈服於新的溫暖與新的關係。他們從未落單，從未跟自己傾訴。」

所以，我該停筆，準備明天與奇萊（已經經歷三次失敗撤退後）的第四次約會！

純真的嬰兒

奇萊登頂前白霧瀰漫的碎石坡很陡，由谷底捲上的風很強，連大人都不易站穩，空氣極冷讓戴著濕透的手套攀爬上山的我們陷入了兩難。是的，我們。我帶著家裡唯一的小男孩 Kaya 一起上山，那一刻我們歷經了十小時的行走疲累非常，腳下就是身體必須懸空暴露感十足的懸壁。身為父親，我也只能在距離之外守望，看孩子聚集全身的力量，學著在每一步的當下料理自己。學著細膩冷靜地處理沒有人可以替代的狀況，孩子必須克服恐懼與困難，一個人前行。

第二天傍晚，我們拖著一身的疲憊與滿是塵土的裝備，在台中高鐵站的速食店裡等著北上返家的列車，山剛給孩子上完一堂珍貴，受用一輩子的課。Kaya 勇敢、專注，父親眼中的「辛巴」學會了獨立，累積了自信，驕傲的老獅子很高興陪孩子走過幽谷登上山峰。

我們在奇萊山頂時收到一個意外的任務，為聲援台灣登山家張元植與呂忠翰攀登世界八千公尺高山的「K2 Project」拍攝一段〈島嶼天光〉的大合唱，孩子似懂非懂跟著唱了。我在速食店裡拿手機給他看了 K2 峰的資料影片，突然好奇小男孩究竟怎麼樣看這件事。見過 Kaya 本人的朋友中，沒有一位相信這麼瘦小的男生會出於自願攀登高峰。尼采《查拉圖斯特拉如是說》（*Thus Spoke Zarathustra*）裡克服**永劫回歸**的精神三變足以激勵老男人的鬥志，但那跟小男孩的距離恐怕遠超過 K2 峰的抽象高度。

我們父子一起爬了那麼多次山，從沒好好坐下來聊過「山與登山」，意外地我們在高鐵站速食店裡進行男人對話，話匣子一開讓我受到驚嚇。這孩子的回答不脫稚氣，但童言童語中對自己感受、經歷過什麼，卻有著超乎想像的自信，透露出一種毫無矯飾姿態的哲學清明：

父：Kaya，登山有時很痛苦你也知道，但是為何你看那些大哥大姐都很喜歡登山？你可以了解嗎？

子：每次下山後，像現在我在速食店，雖然外表沒什麼改變，但我感覺裡面突然變得比外表更大了，更有力量了。嗯……就是好像寶可夢一樣，要開始「進化」！

像有一種「新的力量」在身體裡面一直要衝出去，也不知道要跑去哪裡！

父：我懂我懂，那你覺得山為什麼會有這個魅力？

子：嗯……（沉思了好幾秒），應該是因為「高度」吧？

父：是耶，山基本上就是高度的現象，還真一定跟高度有關。但為什麼？你越爬越高時都在想什麼？

子：嗯，怎麼說，就好像山頂上「有什麼東西」在等著我。

父：（愉快大笑）我好像也懂那種感覺耶，但那是「什麼」在等你？你到山上有沒有遇到？哈哈。

子：嗯……我想應該就是「頂點」吧？越爬越高，你看東西的「角度」就不一樣，只有在頂點才有那個角度啊！（兩手作勢比給我看）

父：山最高的地方一定是「頂點」，但「角度」？

子：「頂點」可以看得到更多，一定的啊！你在低的地方，先爬到上面的人就往下看你啊！他一定比你早看到什麼！

父：有道理耶！山頂就是那顆山上再沒有比它更高的地方，當然看得最廣！

子：Daddy，不是這樣嗎？只有最高的地方才可以「單純的看」。

父：你是說可以躺下休息不用再爬了嗎？哈哈。然後下山以後呢？

子：你就會開始期待下一座山啊！

父：但是，爬到山頂前要花好多時間力氣，中間都不好玩嗎？

子：不會啊，因為高度，你就會期待看到不一樣的生物啊。在平地，你看到的都是那些已經知道的東西。但你越往高處，生物都不一樣了，草啦，鳥啦，樹啦，而且不知道接下來還會碰到什麼。

父：我知道你不喜歡爬郊山，但那也是有高度啊，高山有什麼不一樣？

子：Daddy，低的山都很人工，沒有離開人多的地方，就沒有「冒險」的感覺啊！

父：「冒險」？什麼意思？你在高山上有碰到什麼「冒險」？

子：不是「冒險」嗎？低的地方人很多，很多規定「一定」要那樣的東西，一定要走，一定要停。高山上凹凸不平都沒有一定的走法，到處都可以搭帳篷，雖然不一定安全。這就是冒險啊，因為到了山上「什麼都不一定」！

父：那你有沒有什麼登山的技巧可以教小朋友的？

子：登山還好吧。你就……盡量一小步一小步走，不要走到會喘。還有，山上的石頭，有的看起來很大，但你還是要踩踩試試，繩子也一樣，有的會騙人，石頭會滾下去。啊不就說嗎？山上「什麼都不一定」！

父：嗯，我懂你說的冒險了，那你有什麼登山的心得？

子：沒有啊，就是不要放棄，一直走一直走，最後都一定會走到。

勤奮的駱駝

從奇萊北峰下山之際，我沒有想到那可能是我這輩子最後 次攀登高山。長年坐姿不良地密集打字、閱讀讓我的健康開始惡化，頸椎受傷的症狀從左手指的一點間歇麻痹，一個月間像飆車般轉變成肩頸背手幾乎無時不止地抽搐麻痛，連睡眠時都要不斷地被翻身的疼痛吵醒。

我的其他兩位登山夥伴，尼采在結束一段愛情與友誼糾結，引人非議的三角關係後潦倒落單，偏頭痛、嘔吐、昏眩的舊疾失控。一八八八年從阿爾卑斯山撤退到義大利溫暖的大城杜林，在舒適的「墮落」（decadence）環境中療養。在不到一年間，迴光返照般完成了《偶像的黃昏》（*Twilight of the Idols*）、《反基督者》（*The Antichrist*）、《華格納事件》（*The Case of Wagner*）……等六部最後的著作，耗盡氣力重估一切的價值，然後再度惡化終至神智不清。

凱格年輕時跟隨尼采的腳步入山，在「超人」的理想感召下，經歷了偏執節食的自我否定／自我控制差點喪命。尼采終究陷入瘋癲，沒能回到他魂牽夢縈的阿爾卑斯山徑，但凱格在多年後帶著妻女與尼采的所有著作沿途覽讀，再度「跟尼采一起登山」。

這次他學會了接納成為自己必然真實而尷尬的中年兩難，下山之際心安理得地回到美國哲學傳統——梭羅《湖濱散記》的超驗主義懷抱。

驕傲的獅子跟駱駝象徵的日常集體決裂，脫隊獨自踏上冒險成為自己的英雄歧路。但獅子並非人類精神演化的終點，連尼采也只能在「超人」之前黯然潰散止步。尼采回顧一生的思想自傳把自己放到耶穌的位置，模擬羅馬帝國行政長官彼拉多（Pontius Pilatus）向眾人展示身披紫袍，頭戴荊棘，被鞭笞到不成人形的耶穌時的話語，《瞧這個人！》（*Ecce Homo: How One Becomes What One Is*）孤獨的老獅子在病痛纏身、接近瘋狂，進退兩難的困窘中仍堅持「萬獸之王」尊嚴的姿態眼神！

下山之後，我的日子陷入每週反覆進出醫院就診復健的**永劫回歸**，我戴著口罩枯坐在候診室時經常想起山上的空氣，當然也不時想起同樣思慕高山困在杜林的尼采，想到被他認為「墮落，但也充滿可能性」的山下日常，病痛之前的我不也一直都活在裡面嗎？有一天，我突然恍然大悟，我們日常生活中的**非日常**大約出現在三個時刻（moments）：**節日**，尤其是大型的祭典節慶；**旅遊**，走向高山（或者異國遠行）；最後就是**病痛**，因而入院或甚至住院的診療間。

人生這三道通向**非日常的門扉**，一個把日常的你我「拉高」到宗教的精神高亢；第二個將身體平行「橫移」推離熟悉的都市；最後一道，像今天，把身體「下拉」到靠近病老壞死、陰陰鬱鬱的生命底層。人的生命有限，凱格、尼采或我都一樣，在「日常／非日常」眾多虛線間來回穿梭，但日常的實相奧義仍舊半遮面地跟我們玩躲貓貓。駱駝重複單調的日常裡藏著希望，或許不該偏執地繼續背向，因為「日常」裡才有所有我們在乎的人事物（everything we care），孩子純真無邪的笑，事業競技場更有人味的尊嚴，親人噓寒問暖的關切招呼，因為在乎我們活著，因為在乎我們奮戰！祭典、旅行、登山與病痛，難道不是因為這凡俗世間的**尋常在乎**才有了意義？

父子登山

登山就是一步接著一步走，每一步後的高山都是充滿未知與期待。當下山後，小小登山客 Kaya 覺得像是神奇寶貝一樣經歷了一場進化的過程。登山是一道通往非日常的門扉，只要不要放棄，一直一直走，最後都一定會走到。

這樣想的我終於理解到身體苦痛的意義，它讓日常的每一跨步都變得無比真實，手指在鍵盤打下的每一個字無比鮮明，痛的身體反饋暴露易感恢復了親密，必須反覆小心踩點，不就像爬在一座平地的高山，祕訣？聽小男孩純真兒語的「登山哲學」沒有錯：

「沒有啊，就是不要放棄，一直走一直走，最後都一定會走到」！

看地上的繁星（作為終章也是緣起）

在鏡子中確認「自我」，在媒體上窺見「他者」，我們的生活大致如此。因為這層分隔，即便是再沉重嚴肅的事故，戰場的煙爆血腥無比刺激，南極的冰架崩垮可以壯美，一切都可以淪為一番「觀看他者」的娛樂，而既然是距離之外的娛樂，誰還會冬烘地認真在乎真假虛實？然而，這種距離並非必然，一旦認同使得「他們」成為「我們」，觀影可以成為「自我觀看」的共鳴經驗，媒體也可以是確認自我的鏡子。

台灣荒腔走板的媒體暴走讓這種「自我觀看」成為一項折磨，這是我們早知道的事，但一度被賦予希望的「社群媒體」，在最近臉書越演越烈的假新聞風波中，也面對極大的考驗。我們像被軟禁在扭曲魔鏡中的人質，在數位時代同溫層的「過濾氣泡」（filter bubbles）中更加模糊了在混亂時代中前行的方向與力量。

還有什麼樣的媒體可以期待？很多人在思考這個問題，完成集資計畫的《週刊編集》提供了一種意外地古典的閱讀想像。你有可能正是「訂閱人生第一份報紙」的近萬名熱情新訂戶之一，在攤開的報紙中展開的不只是看「世界」與「我們」的全新方式，也是用全新姿態認同自我的你。

二〇一六年十二月二十日，我在揮汗攀登北大武的山徑上獲得取中的邀請，要我為《週刊編集》寫一個關於「**工具與人如何改變文明**」的專欄（你此刻即將掩卷的此書正是由此開展），名稱是熟悉貼切的「親近工具」（Access to Tools）。我的腦海立刻閃過《2001 太空漫遊》（*2001: A Space Odyssey*），然後他竟然也很有默契地跟著提起，簡單幾句對話後我們又埋入鬱鬱蒼蒼的山林擁抱中。一天不差整整半年後，二〇一七年六月二十一日，我當初以為只是登山客們「口頭說說」的夢想，竟然不可思議而且還有模有樣地問世！我握著熱騰騰剛出爐的報紙在手上，看到封面橫欄一行「2017: A Space Odyssey」與底下仰望著天空繁星的一個人與他的貓，左下角印著《2001 太空漫遊》作者克拉克（Arthur C. Clarke）的一段話：

> 自洪荒時期，大約有一千億人在地球這顆行星上留下了足跡。這是一個十分有趣的數字，因爲無獨有偶地，在我們所處的銀河系中，大約有一千億顆恆星。也就是說，在地球上出現過的每一個人背後，都有一顆星星在太空中閃耀著……

「人們總是仰望天空，因而沒人注意到地上的星星；燕子啊，妳就從天空來告訴我們星星的故事吧！」一邊聽著中島美雪演唱自創曲〈地上的繁星〉的動人歌聲，我在想，目光從書頁上移開的讀者你，是否跟我一樣看到了燕子翩然來臨的身影。

謝辭

這本書的出版是我中年人生二度出航後的第一個停泊港，對個人知識生涯具有跨過一座分水嶺的特殊意義。我要感謝中研院的師友們提供我回國後長期專注於學識成長的環境支持，實踐大學工設系同事們體貼入微的照顧與教學熱情的鼓舞，《數位時代》的偉雄、《週刊編集》的取中與《La Vie》的敘潔給我雜誌空間磨練跟社會傳情達意的功夫。我特別要感謝兩位 DXS 實驗室的戰友，偉婷一年前加入義工讓實驗室從困境中恢復活力穩健地茁壯，雙囍出版的祿存耐心專業的一路相挺讓我手中這枝拙筆終於可以產出可親的文字。最後要謝謝 JFK 小家庭的另外兩位成員，Febie 惠文對我無可救藥的浪漫衝動一直保持溫柔耐心與堅定的支持，Kaya 禾也在父子相處的無數時光中乖巧體貼地窩心陪伴，你們如天使的愛是 Jerry 老爹世界裡一切萬物存在的日常理由。

*本書收錄大部分文章脫胎自《週刊編集》專欄「親近工具」，經增加內容，調整結構，重新撰寫而成。謹此致謝！

雙囍文化 01
尋常的社會設計——
一位任性社會學者的選物展
The Marriage of Design and Society:
How Humans, Tools, and Environments Might Be Re-composed

作者　鄭陸霖
主編　廖祿存
封面設計　廖韡設計工作室
內文排版　線在創作設計工作室
插圖　oddeva

社長　郭重興
發行人兼出版總監　曾大福
出版　雙囍出版／遠足文化事業股份有限公司
地址　231 新北市新店區民權路 108-2 號 9 樓
電話　02-22181417
傳真　02-22188057
Email　service@bookrep.com.tw
郵撥帳號　19504465
客服專線　0800-221-029
網址　http://www.bookrep.com.tw
法律顧問　華洋法律事務所　蘇文生律師
印製　成陽印刷股份有限公司
初版 1 刷　2020 年 08 月
定價　新臺幣 420 元

尋常的社會設計——一位任性社會學者的選物展
/ 鄭陸霖著 ,-- 初版 ,-- 新北市；雙囍出版 ,
2020,08
320 面；公分 ,--（雙囍文化 ;1）
ISBN 978-986-98388-3-2（平裝）